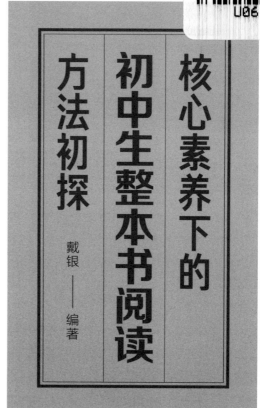

核心素养下的初中生整本书阅读方法初探

戴银 —— 编著

本书是江苏省『十三五』重点规划课题『基于核心素养的初中生整本书阅读教学的研究与实践』的研究成果。

古吴轩出版社

编 委 名 单

编　　著：戴　银
参与编写人员：王旭平　王俊芳　陆　艳　郭　蕾
　　　　　　　王伟霞　丁宁宁　唐云芳　史香香
　　　　　　　奚　敏　谢柏林　曹雪梅　吴佳洁
　　　　　　　王文彬　王景棣　郭建琴　姜　丽

前　言

　　整本书考查走进中考已经许多年，初中语文老师研究"如何读整本书"也已经不少年了。笔者记得4年前刚开始研究整本书阅读的时候，网上搜索得到的可供参考的资料数目仅有300余条；4年后，这个数目已经增加到30 000余条。大家研究整本书的热情由此可见。

　　这几年，笔者依托江苏省"十三五"重点规划课题"基于核心素养的初中生整本书阅读教学的研究与实践"，带着自己的团队，扎扎实实研读统编教材必读的12本书，研究全国关于整本书的考题，发现关于整本书考查虽然形式上百花齐放，但本质上其实就是考查学生是否真正阅读了。

　　什么叫真正阅读？笔者认为，一本书能在学生心里产生烙印才叫真正阅读。通过阅读，学生不仅能了解一本书的故事梗概，熟悉书中的人物形象，还能捕捉到作者精妙的写作手法并恰当运用，能精准把握作品的主题，与作者、书中的人物、名言和时代对话，汲取其养分，甚至在若干年之后还能够从书中获得人生启迪。这样的阅读才能称为真正阅读。

　　因此，我们开始设想能不能编写这样一本书，可以带领师生走进阅读的深处。经过4年的研究，我们终于有了一些收获。我们试图通过"整本书阅读，凸显'整'字，重在'读'字"这一理念，打通阅读的命脉。凸显"整"字，即在阅读数量上要整体规划，在阅读手段上要整理方法，在阅读效率上要整合内容，做到真阅读。重在"读"字，一是导读激趣，让师生都能读起来，并能概括出整本书的具体内容；二是深读提炼，让师生都能读进去，提炼有助于阅读与写作的方法；三是研读思考，让师生都能读出来，读出终身成长所需要的精神力量。

　　在方法上，我们通过思维导图，让学生通读统编教材的12本名著（本书节选其中10本），理清文本脉络，熟悉文章结构；通过概括情节，让学生感知每本书的主要内容，提升概括能力；通过比读、读写结合、表演助读等手段，让学生深入阅读；通过个性化阅读，让学生读出情趣。在考查方式上，对文本简单的书，我们通过填空、选择、简答等题型让学生积累基础；对文本复杂的书，我们通过语段阅读，让学生前后联系，举一反三。我们通过梳理、研究和实践整本书阅读的方法，编写了这本书，检测学生阅读效果的《初中必读名著导学》三本书也应运而产生。

本书得到了丹阳市教育局、丹阳市教师发展中心的领导和丹阳市初中语文教师的大力支持与帮助。在此，笔者对他们表达深切的谢意。编辑们也为本书付出了很多的心血，这里也一并表示感谢！

当然，由于编著者水平有限，本书还有不足之处，敬请各位读者批评指正。

目 录

整本书阅读：凸显"整"字，重在"读"字

——以统编教材必读书目为例谈整本书阅读

整本书阅读是贯彻在语文学习中的一种指导思想。早在 1941 年，叶圣陶先生就在《论中学国文课程标准的修订》中提出："把整本书作为主体，把单篇短章作为辅佐。"2011 年 7 月出版的《语文课程标准（实验稿）》在教学建议部分也做了这样的表述："培养学生广泛的阅读兴趣，扩大阅读面，增加阅读量，提倡少做题、多读书、好读书、读好书、读整本的书。"初中语文教材在此基础上，有了自己的编排体系。初中阶段每学期推荐 2 本名著，并配备 4 本自主阅读篇目供学生阅读，力图给学生打好阅读的底子。

这样初中阶段必读书目共有 12 本，推荐书目也有 24 本，一共 36 本。这么多的书，如果没有一套行之有效的读书方法，可以说，读书将行之不远，收效甚微。结合二十余年初中语文教学一线经验，我认为整本书阅读在于八个字：凸显"整"字，重在"读"字。真正做到：读起来，读进去，读出来。

一、凸显"整"字

所谓凸显"整"字，即整本书阅读在数量上、结构上、思想内涵上要体现一个整体效果。简而言之，体现在三"整"：整体规划、整理方法、整合内容。

（一）整体规划

整本书阅读的定义在当今有很多争议。王栋生老师说："读整本书，书店当然不会卖半本书了。"显而易见，他将整本书的概念界定为阅读一本本完整的书。深圳市新安中学吴泓老师在《语文学习要读整本的书》一文中提出："我们读整本的书，是指以一部经典或者一个核心人物为中心，根据学生在一定的年龄段可能达成也应该达成的语文能力或者语文素养，整合五类以上的材料，进行有目的、有计划的阅读与研究，最后写出研究性文章（含写作、展示、评价、反思等环节）的这样一个过程。"他的观点中以整合材料为主。我个人比较认同王栋生老师的界定，整本书阅读就是让学生阅读一本本完整的书。

　　基于整本书篇幅、内容、难度考虑,整体规划即从阅读体量、阅读难度、阅读内容、阅读计划这几个方面对整本书阅读进行规划。

　　就阅读体量而言,庞大烦冗,需要我们合理规划。《语文课程标准(实验稿)》规定初中三年时间学生要完成 260 万字的阅读总量。以必读篇目为例,要读完 12 本书籍:七年级上册《朝花夕拾》《西游记》,七年级下册《骆驼祥子》《海底两万里》,八年级上册《红星照耀中国》《昆虫记》,八年级下册《傅雷家书》《钢铁是怎样炼成的》,九年级上册《艾青诗选》《水浒传》,九年级下册《儒林外史》《简·爱》。一学期大致有 20 周,我们需要在篇章上进行统筹安排。

　　就阅读难度而言,难度较大,需要我们合理规划。整本书不同于我们平常阅读教材中的课文。课文大多是单篇文章,比较简短,通常三五分钟就可以读完;而整本书,少则一两天,多则三五月,需要较长时间的阅读、反刍。读整本书也不同于读节选、部分章节,有的书籍本身也存在理解上、记忆上的阅读障碍,需要我们难易搭配,合理规划。我们可以根据学情先难后易,前紧后松地安排阅读。

　　就阅读内容而言,包罗万象,需要我们合理规划。我们可以分为必读与选读两种;也可以按文体分为文学作品、科学作品,以及应用文体等。初中三年时间教师要在文体上好好搭配,选择适合学生年纪、年级、性别、个性的阅读内容。

　　就阅读计划而言,需要有的放矢,还需要全盘考虑、整体规划。根据书的特点以及学生特点,制订适宜的读书计划,让每个学生都能完成必读书目的篇数。结合平日的教学,我们不难发现,这 12 本必读书的特点大致可以分为:难懂的,如《朝花夕拾》《艾青诗选》《儒林外史》《西游记》《水浒传》;人名情节烦琐的,如《红星照耀中国》《钢铁是怎样炼成的》《简·爱》等;细碎的,如《艾青诗选》《傅雷家书》等;太长太厚的,除了《朝花夕拾》《骆驼祥子》外,其他 10 本书都具备这个特点。这样的话,如果一味放手由学生去读,很难达到效果,因此我们可以通过问卷调查来制订计划。

　　除此以外,还有学生的问题。有的学生语文底子薄,无法进行通读;有的学生压根就没有兴趣读;有的学生刚开始还行,读到一半就不能坚持了。诸如此类,均需要每位教师通盘考虑,整体规划,制订适合每位学生的阅读计划。

　　因此,所谓整体规划,既指规划整本书,也指规划整个学生群体,使他们能顺利完成整本书的阅读。

(二) 整理方法

整本书阅读因为篇幅较长,往往前读后忘,因此,要有有效的方法,才能让学生有效阅读。如阅读初期,怎么导读;阅读中期,怎么深读;阅读后期,怎么研读;再次阅读,怎么提升。老师要帮助学生整理出一些方法,让学生有章可循。

例如,对于导读,我们可以采用思维导图——学生动起手来理清脉络,到阅读时无畏惧。教师可以引导学生将前后情节基本一致的内容放在一起阅读,便于学生有目的地阅读。比如《西游记》有一百回,如果只是一章一章循序渐进地读,学生也能读完,但是相对于整理后的划片阅读,难度就要大一些。我们可以以时间的推移、地点的转换,将情节相对集中的章节统一起来,分13次阅读。学生读完后,既能知道大致是什么内容(情节相对完整),又能感到比较有趣味。如表1-1所示。

表1-1 《西游记》阅读计划

序号	章回	相关故事
1	1~7	悟空的经历
2	8~13	唐僧的经历
3	14~17	唐僧收悟空、白龙,熊黑怪的故事
4	18~22	唐僧收八戒、悟净,黄风岭的故事
5	23~31	四圣试禅心、大闹五庄观、三打白骨精、大战黄袍怪的故事
6	32~42	大战金银角、乌鸡国除妖、大战红孩儿的故事
7	43~52	大战鼍龙、巧收鱼精、斗法车迟、大闹金兜洞的故事
8	53~63	女儿国、火焰山、真假猴王、祭赛国的故事
9	64~71	荆棘岭、小雷音寺、驼罗庄、朱紫国的故事
10	72~79	狮驼岭、盘丝洞、比丘国的故事
11	80~87	黑松林、灭法国、凤仙郡的故事
12	88~95	玉华城、金平府、布金禅寺的故事
13	96~100	寇员外斋僧、取无字经、老鼋淬水、五圣成真的故事

再以《简·爱》为例，如果只是单个阅读，学生们很容易被一个个眼花缭乱的外国地名、人名绕晕，我们可以按照简·爱先后活动的地点：盖茨海德府舅妈家—劳沃德教会学校—桑菲尔德罗彻斯特家—圣约翰家，将文本稍加整理、慢慢读透。如图1-1所示，第一个地点中依次发生的事及人员关系就比较清晰了。

图1-1 盖茨海德府早餐室事件人物关系

导读还可以从趣味出发——让学生动起脑来找到书中的趣点，激发学生的阅读兴趣。每本书的趣点不同，学生的出发点也不同，让他们去找会有意想不到的收获。如《朝花夕拾》中，鲁迅与哪些人、物打了交道，可以分为两类：父亲—保姆—老师—朋友—宠物；反动文人—邻居—庸医—封建教育—封建孝道—清留学生—日本"爱国青年"。从这个分类中，鲁迅的爱憎之情溢于言表。读《儒林外史》时，教师可以让学生发掘其中的女性形象，从他们的视角去看儒林。

阅读中期可以引导学生就经典篇章寻找对提升语文学习有用的办法，如通过精读，学会"勾画圈点"批注的能力；通过人物刻画的分析，学会写人叙事的方法。

阅读后期要引导学生与人物对话、与时代融合、与书中名言相伴，汲取自我成长的养分，从而更好地生活。

再次阅读、反复阅读，要在原来的基础上有新的突破。

关于这部分内容，后面每一课都有具体阐述，这里就不赘述了。

（三）整合内容

如果说整理方法是按部就班寻找突破点，那整合内容则是打破原先章节安排，将前后章节内容集中起来，以"人物"或"思想"为线索，将全部内容打通。这需要我们对文本比较熟悉，对人物有精准把握，有较高的驾驭文本的能力。下面以《水浒传》为例，来谈谈如何整理出合适的主线。《水浒传》最精彩的地方在于前72回对人物的刻画，我们可以这样理出人物的成长线索（见表1-2）。

表1-2 《水浒传》人物相关故事

序号	人物	主要回目	相关故事
1	鲁智深	3、4、5、6、7、8、17	"拳打镇关西""大闹五台山""大闹桃花村""火烧瓦罐寺""倒拔垂杨柳""大闹野猪林""单打二龙山"
2	林冲	7、8、9、10、11、19、20	"与高衙内结仇""误入白虎堂""野猪林被救""棒打洪教头""风雪山神庙""火并王伦"
3	杨志	12、13、16、17	"杨志卖刀""大名府斗武""押送金银担""二龙山落草"
4	武松	23、24、25、26、27、28、29、30、31、32、57	"结拜宋江""景阳冈打虎""怒杀潘金莲""十字坡遇张青""威震安平寨""醉打蒋门神""大闹飞云浦""血溅鸳鸯楼""夜走蜈蚣岭""醉打孔亮""落草二龙山""聚义打青州""南征北战""六合寺出家"
5	李逵	38、40、43、51、52、53、54、72	"斗浪里白条""江州劫法场""真假李逵""怒杀殷天赐""斧劈罗真人""井下救柴进""南征北战"
6	吴用	14、15、16、36、50、56、59、61、66	"说三阮撞筹""智取生辰纲""举用戴宗""双掌连环计""派时迁盗甲""赚金玲吊挂""智赚玉麒麟""智取大名府"
7	宋江	18、21、22、23、32、33、37、39、40、41、42、47、48、50、57、59、63、64、67、68、69、70、71	侠义江湖("义释晁盖""怒杀阎婆惜""躲避官府""浔阳楼题反诗""众英雄劫法场""清风寨结义"),逼上梁山("晁盖中箭身亡""攻打曾头市""宋江坐首位""三败高太尉""两赢童贯""李逵闹东京"),英雄聚义("梁山全伙招安""北上抗辽""征讨方腊""中计饮毒酒""骗李逵中毒""神聚蓼儿洼")
8	晁盖	14、20、40、64	"火并王伦""智取生辰纲""反济州围剿""江州劫法场""喋血曾头市"
9	卢俊义	61、62、66、68	"吴用智赚玉麒麟""放冷箭燕青救主""活捉史文恭""抓阄定主位""坠马身死"

这样整合出来的内容,有的前后连续,有的需要跳章,均以人物为核心线索,便于学生全面把握人物的性格以及作品所要表达的思想内涵。

再以《儒林外史》为例,也可以抓住四个数字"一、二、三、四"拎起全篇。"一部儒林""两个举人"(周进与范进的对比)、"三场盛会"(盛会、高会、诗会)、"四大奇人"。在咀嚼这四个数字的过程中,走进人物、走进背景,理解作者讽刺的艺术与讽刺中闪现的一点亮色。

对于大家都比较担心的《傅雷家书》，我们可以归纳整合为两大类：从父子情深、教子篇章（爱国情感、生活细节、理财之道、文学修养、人际交往）来读傅雷一家。不仅如此，还可以从做人、做事、做艺术、做学问四个方面将傅雷的思想进行整合分类。这样我们不仅可以读出一位平凡的深爱儿子的父亲形象，还可以读出一位艺术家、翻译家的爱国情。深刻体会他的家书不仅是对傅聪、傅敏有益，还对我们每位读者也有意义。

至于老舍的《骆驼祥子》，我们则可以整合出祥子的活动圈子，如下所示，这样就可以将书中的整个社会读懂。

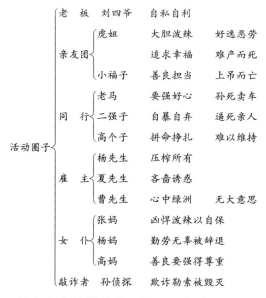

整合内容的妙处在于能通过抓住一个小细节，把握全篇的"灵魂"。这就是平常我们所说的"窥一斑而知全豹"。

二、重在"读"字

整本书阅读的关键点还在于，要让学生真正"读"书，要求学生从三个方面去阅读，把一本本书读透，简而言之就是：读起来、读进去、读出来。读起来，唤起学生的阅读兴趣，即学生愿意拿起一本书，认认真真去读，能读出点内容（包括作者、背景资料、故事梗概等）；读进去，要让学生与书本产生有意义的互动，即学生通过与书的亲密接触，能用一些方法去阅读，从中悟出一点对自己阅读与写作有益的方法,从整本书中汲取养分为自己所用;读出来,引导学生对阅读进行迁移运用,即学生通过与书本、书中人物、作者,甚至是书中的那个时代对话,能从中悟到一点道理,汲取做人做事的方法,从而滋养自己的灵魂。

前面已经说过,如果以"读透"一本书为目的,整个读书过程则至少需要三个阶段:前期、中期、后期。那么我们可以做这样的尝试:前期教师要导读,中期师生要深读,后期学生要在教师的指点下研读。

(一) 导读,让学生读起来——读出点必读书目的内容(情节梗概)

万事开头难,整本书阅读的开头也难。学生要真正读起来,难在一开始就对一本书产生畏难情绪。以初中语文教材推荐的 12 本书为例,其中有使用古白话写出来的,初学的学生可能对此会感到比较难懂,如《西游记》《水浒传》《儒林外史》;有外国名著人名地名烦琐、内容较多的,如《简·爱》《钢铁是怎样炼成的》;有需要结合陌生的时代背景来理解的,如《朝花夕拾》《红星照耀中国》《骆驼祥子》;有内容较散,需要静下心来好好梳理的,如《傅雷家书》;有语言高度精练的,如《艾青诗选》;有需要科学知识做铺垫的,如《海底两万里》《昆虫记》。这些书从其本身来看,学生真正有兴趣进行阅读的并不太多,他们更愿意以观看电影、电视剧的方式来代替阅读。

以上还只是书籍本身存在的问题,还有学生阅读兴趣的问题。有的学生喜欢冒险类的,有的喜欢游记类的,有的喜欢英雄类的,有的喜欢乡土生活类的;还有的学生,即使是图文并茂、趣味盎然的小人书放在面前,也不愿意阅读。这些情况都需要教师在阅读指导中全盘考虑,对症下药。

导读的意义就在于,用教师的读书行为告诉学生:这本书不难,有嚼头,我们有方法啃下来。具体方法有:

1. 说书

如果是语言难度较大的一类书籍,如《西游记》《水浒传》《儒林外史》类。师"说"生"听",共同读起来,能较好地激发学生的阅读兴趣。仍以《西游记》为例。将这本书安排在七年级时阅读,学生古文积累不多,读起来难度较大。这个时候,教师可以以"说书人"说书的方式每天读一章。在绘声绘色的情境中,学生适应了这种语言方式,很快就会进入阅读者的角色,让阅读真正发生。笔者多年的经验是:一般说到第十章,就可以放手让学生自己去读了。王俊芳老师以人物为线索进行的声情并茂的演说,受到师生的一致好评,从教师到学生都有了阅读整本书的愿望。当然说书的前提是:教师自身的语言功底较好,对文本有较深的理解。

2. 归类

如果书的思想内涵较深,我们可以从学生的视角归类,化难为易。以《朝花夕拾》为例,书中 10 篇文章可以分为以下两类:"我"喜欢的,如"我"的老师、"我"的保姆、"我"的父亲、"我"的朋友、"我"的隐鼠、无常等;"我"讨厌的,如那个邻居、那些猫狗、那些庸医、留学生、"爱国青年"、正人君子、封建孝道、束缚孩童身心发展的封建教育制度等。这样从"我"的视角抓住作者的情感,就能将这部散文名著里的所有文章理解透、弄清楚。

3. 思维导图

如果是内容烦琐、人物复杂的书籍,思维导图可以很好地激发学生的阅读兴趣,让他们主动感受阅读的乐趣,化繁为简。思维导图在实际操作中是教师最省心、学生最愿意干的一件事。教师只需做一个示范演示即可激发学生强烈的用眼看、动手画的兴趣。因此,在整本书阅读中这个方法运用得最多。下面以单章和内容重构为例示范思维导图。

单章思维导图。以《简·爱》为例,我们可以先读第一章,然后动手绘制思维导图。下面是一位学生手绘的思维导图(见图 1-2),可以用来启发其他学生。后面简·爱活动的三个场所也可以这样画出来,看看谁读书更认真、谁画得最全面,从而激发学生阅读整本书的兴趣。

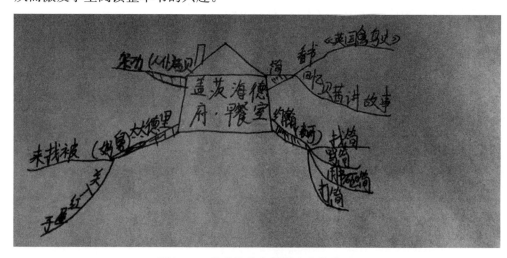

图 1-2 盖茨海德府早餐室人物关系

内容重构思维导图。这种思维导图是为了使学生加深对整本书阅读的理解,通过选择自己感兴趣的或者值得探究的专题,从书中提取相关信息,梳理信息之间的联系,重组这些内容,构建起客观、完整的认知体系,使对整本书的阅读更加深入。如《海底两万里》中,以尼摩船长为阅读主线,先归纳人物的主要事迹,由此概括出人物的主要性格特征(见图 1-3)。

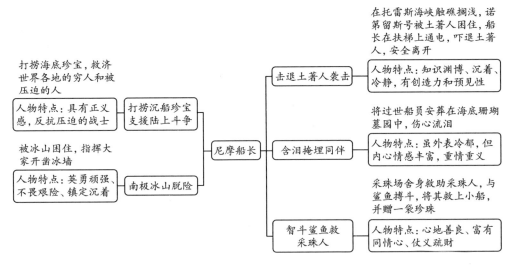

图 1-3　尼摩船长人物事迹、性格

4. 创读

如果学生本身比较活跃,可以进行创意阅读。根据目录或已经了解的内容,设计几个有创意的点,点燃学生的阅读激情。比如《水浒传》,可以设计这样一些创意点去导读:比较梁山的三位头领——王伦、晁盖、宋江;比较三位女好汉——扈三娘、孙二娘、顾大嫂;比较这样几位好汉——林冲、武松、鲁智深、李逵;比较三位军师——吴用、公孙胜、朱武。《西游记》中可以设计的创意点更多:女儿国、朱紫国等 10 个国家的风土人情;唐僧和那些女人们;孙悟空进妖怪肚子里的几种方式;太上老君一路设下的坎等。这种导读必须建立在学生思维比较活跃、能力比较强的基础上。一般情况下,可以放手让 20 名左右的学生去试一试,先选一点创读,然后从一点辐射到全篇。

5. 比读

基于学生看影视的兴趣大于读书,老师可以花一定的时间让学生观看影视作品,然后让他们找出影视作品与书本不同的地方,做记录,交流,比较优劣。这个方法对于初一的孩子很有效。

这些阅读方法的运用,旨在通过老师先行的导读行为,抛出书本的敲门砖,激发学生的兴趣点,让学生真正读起来,读懂书的基本内容,了解故事梗概与人物活动。

(二)深读,师生一起读进去——读出点提升语文的方法

笔者此处的"读进去",即指教师引导学生对整本书进行阅读,了解大致的情节,能在某些地方做一些技法上的思考,学习和掌握一些方法,切实提升语文阅读、写作能力。初中阶段,学生接触的整本书大多数为文学大家所作,有很强的文学价值,这些书本身能提供给我们很多有益的阅读与写作的方法,读这些书也需要方法。深入下去钻研文本,将会有不小的收获。

以《西游记》为例,在对其的反复阅读中,一位老师带着她的学生提炼出以下的方法:

提升阅读能力的方法有三种,即学会概括大意——通读:浏览、跳读,把握大意,如给每一章节重新拟定回目;学会品鉴人物——细读:聚焦、比对,找寻特点,如重点研究孙悟空的成长故事;学会品味主题——研读:分类、联结,抓大知小,如《西游记》到底会告诉我们什么。

提升写作能力的方法也有三种。

其一是会写景,渲染气氛,烘托心情。如第四十八回写雪的:

彤云密布,惨雾重浸。彤云密布,朔风凛凛号空;惨雾重浸,大雪纷纷盖地。真个是:六出花,片片飞琼;千林树,株株带玉。须臾积粉,顷刻成盐。白鹦歌失素,皓鹤羽毛同。平添吴楚千江水,压倒东南几树梅。却便似战退玉龙三百万,果然如败鳞残甲满天飞。

整个引文中用词十分华丽而精确,"六出花,片片飞琼;千林树,株株带玉""须臾积粉,顷刻成盐""白鹦歌失素,皓鹤羽毛同。平添吴楚千江水,压倒东南几树梅。却便似战退玉龙三百万,果然如败鳞残甲满天飞",应用夸张的比喻,虚实结合,形象而生动,将大雪漫天的景色描写得活灵活现,使人如身临其境。

其二是会写人,四个主要人物且不必说,单是一路上的妖怪,或凶,或顽,或贪,或痴,各具特点,这里不一一赘述。

其三是巧用诗词,增添文章的诗情画意。

《西游记》中诗词大致可分为四类:写景诗词、描人诗词、叙战诗词和传佛诗词。如第二十三回一首写秋的诗如下:

枫叶满山红,黄花耐晚风。老蝉吟渐懒,愁蟋思无穷。

荷破青绔扇,橙香金弹丛。可怜数行雁,点点远排空。

"枫叶满山红"道出时在金秋,菊花在晚风中摇曳;远行路上,蝉声"吟渐懒",似乎有点点愁绪。思家?恋国?唐三藏或许正想起唐王的话"宁恋本乡一捻土,莫爱他乡万两金",果然"思无穷"。"荷破青绔扇,橙香金弹丛"两句最好,十个字,便把秋之"杀"与"喜"皆道出来。一面是"荷破",便是残败之象。古时,秋天是刑官行刑的时候。从四时看,秋为阴;从五行看,秋季属金,秋又是战争的象征,欧阳修道"天地之义气,常以萧杀而为心"。另一面是"橙香",道出秋的另一面特征。所谓"春华秋实",秋天正是收获的季节,故诗人用一"金"字,尽述其中喜意。尾联二句"可怜数行雁,点点远排空"表述全诗的感情基调:无论秋天的果实带给人们多么大的喜悦,西行路上,毕竟前途茫茫,不知何时返故乡。唐三藏看到雁归,便起了思乡之情。

当然,《西游记》中可以学到的方法很多,老师可以选择最适合学生的几种加以介绍。

在阅读《骆驼祥子》时,老师与学生反复实践,最推荐的方法是圈点批注法,即圈点批注地精读部分篇章,做到在阅读中学有所获。有老师和同学总结出了以下注意事项:

(1)圈点勾画的应该是文章的重点、难点、疑点,或者是自己深有体会之处。

(2)批注可以从作品的内容、结构、写作手法、语言特色等方面着手,或展开联想、想象,补充原文内容,或写出心得体会,提出自己的见解。

(3)经典作品需要反复阅读,每次圈点批注可以有不同的侧重点。一般是循着由易到难的顺序进行,从解决字词方面的疑问到重点语句的理解,再到全篇内容的把握。

(4)可以给自己设定一些圈点和批注的符号。如用圆点或圆圈表示精警之处,用问号表示质疑,用叹号表示强调,用直线表示需要着重记忆或领会,用波浪线表示重要语句,用竖线或斜线表示段落层次的划分,等等。符号设定之后,每个人要养成固定使用的习惯,这样在整理读书笔记时才不至于凌乱。

这样的做法，不仅让学生读懂了一篇文章、一部作品，还让他们知道了作品好在何处。日后将这样的方法加以运用便成了自己的技能。示例如下：

地名他很熟习，即使有时候绕点远也没大关系，好在自己有的是力气。拉车的方法，以他干过的那些推、拉、扛、挑的经验来领会，也不算十分难。况且他有他的主意：多留神，少争胜，大概总不会出了毛病。至于讲价争座，他的嘴慢气盛，弄不过那些老油子们。知道这个短处，他干脆不大到"车口儿"上去；哪里没车，他放在哪里。在这僻静的地点，他可以从容地讲价，而且有时候不肯要价，只说声："坐上吧，瞧着给！"他的样子是那么诚实，脸上是那么简单可爱，人们好像只好信任他，不敢想这个傻大个子是会敲人的。即使人们疑心，也只能怀疑他是新到城里来的乡下老儿，大概不认识路，所以讲不出价钱来。及至人们问到，"认识呀？"他就又像装傻，又要耍俏地那么一笑，使人们不知怎样才好。

> 这是祥子的生意经。
> "嘴慢气盛"写祥子的性格，优劣分明。
>
> 语言简洁，憨态可掬。
> 祥子的相貌气质是他的保护色吗？
>
> 坐车人与拉车人，到底谁在揣摩对方上更胜一筹？

再以大家较害怕的《艾青诗选》为例，我们可以学习它高度精练的语言及外在特点。比如它的排比句式：

她含着笑，洗着我们的衣服，

她含着笑，提着菜篮到村边的结冰的池塘去，

她含着笑，切着冰屑窸窣的萝卜，

她含着笑，用手掏着猪吃的麦糟，

她含着笑，扇着炖肉的炉子的火，

她含着笑，背了团箕到广场上去……

单看这几句话，似乎太寻常了，但如果应用到写作中——比如写我们农村的亲戚、家人——只需改动几个词语，便紧贴着我们的生活。通过写我们熟悉的劳作场面，我们眼前是不是就打开了一个个画面。同时这些句子又可以组成段首排比句，为我们文章精美的结构蓄势。

还有一些富有哲理性的诗句可以用来升华学生作品的主题,起到画龙点睛的作用。

《傅雷家书》除了情真意切地书写生活的部分可以让我们领会到写作之妙外,它的书信体格式也值得关注。在信息化时代,我们已经忘记了一个曾经最重要的交际手段——书信。它是与具体收信人的私人通信,其实在今天,这种形式仍旧有着积极的意义。它是一种最常用的应用文,有着固定的格式。按通行的习惯,书信格式主要包括 5 个部分:称呼、正文、结尾、署名和日期。示例如下:

一封家书
李春波

亲爱的爸爸妈妈:

你们好吗? 现在工作很忙吧? 身体好吗?

我现在挺好的,爸爸妈妈不要太牵挂,虽然我很少写信,其实我很想家。

爸爸妈妈多保重身体,不要让儿子放心不下,今年春节我一定回家。好了,先写到这吧。

此致

敬礼!

李春波

一九九三年十月十八号

李春波的这封信虽然短,仍由以上五个部分组成:

称呼:第一行顶格写,有的还可以加上一定的限定、修饰词,如"亲爱的"等,以冒号结尾。问候,如"你好""近来身体是否安康"等,可以接正文。正文:每段另起一行,空两格写,这是信的主体,可以分为若干段来书写。祝颂语,以最一般的"此致""敬礼"为例。"此致"可以有两种正确的位置书写,一是紧接着主体正文之后,不另起段,不加标点;二是在正文之下另起一行空两格书写。"敬礼"写在"此致"的下一行,顶格书写,后加一个惊叹号,表示祝颂的诚意和强度。署名为写信人的姓名或名字,写在祝颂语下方空一至两行的右侧。最好还要在写信人的姓名之前写上与收信人的关系,如儿×××、父×××、你的朋友×××等。日期,写在署名下一行。

有的时候如果忘了写某事,则可以在日期下空一行,再空两格写上"又附",并另起一行书写未尽事情。

大家可以发现,整本书读得越多,积累到的阅读与写作的方法越多,我们的语文素养就会越来越深厚。深读,师生一起读进去,在语言文字中找到阅读与写作的方法,为提升学生的语文素养服务,才是初中阶段整本书阅读的一个重要用意。

(三) 研读,学生自己读出来——读出点精神

文学能涵养人,整本书阅读最终要让学生通过研究、思考、领悟,从书中出来,为自我成长汲取一点能量,增长一点精气神。我们可以帮助孩子设计这样"读出来的方式"。

1. 汲取作品人物的精神力量

其一,与作品人物对话,发掘其内在精神。

《钢铁是怎样炼成的》篇幅长,加上国籍与时代的阻隔,学生阅读时很难产生共鸣,但当我们让学生与作品主人公对话的时候,却有了意想不到的收获。

给保尔·柯察金的一封信

敬爱的保尔·柯察金:

您好啊! 虽然我明明知道这封信您是收不到的,但我还是情不自禁地拿起了笔,给您写信。

我是一个中学生。您,一位"脸色苍白"的年轻人,戴着布琼尼式骑兵帽,挥舞着马刀,风驰电掣般地闯入我的梦中。您把神奇而珍贵的信念撒在我生命的土壤里。

当我听您用严肃而热烈的口吻诉说着战争的残酷、生活的艰辛时,我就似乎被一只坚实而有力的手臂牵引着,在朦胧的月光下,拨开密密的丛林,踏过清清的小溪,翩然徜徉在谢别托夫卡小镇的街道上,流连在乌曼区的篝火旁,倾听着跳乌克兰舞的人们发出的频频的踩脚声和愉快的欢笑声……

哦,这便是少年布尔什维克那充满艰辛、充满无畏、充满罗曼蒂克的青春吧?

在这两千多个日日夜夜里,不就是您的传奇经历使我悟出了生命中一些永恒的东西吗?

"保尔·柯察金已经融化在群众里面了,他早已经把'我'字给忘了,只知道'我们''我们团''我们骑兵连''我们旅'。"——从您身上我认识到了团结的力量。

"只要这个漂亮的受过教育的姑娘对他这个伙夫有一点儿嘲弄和污蔑的举

动,他就准备给以断然的反击。"——我意识到了强烈的自尊。

"他们中间有一部分人,不久以前,在反革命叛乱的前夜,曾经背起过钢枪,而现在,他们又都在抱着同一个志愿,把钢轨通到那堆放大量木材、温暖与生命的源泉的那里去。"——我领悟到了您高尚的人格、伟大的奉献精神。

"即使生活到了实在难以忍受的地步,也要能够活下去,使生命做出贡献!"——我理解了对失败的超越,对美好生活的向往。

迎着您锐利又不徇私情的目光,我灵魂深处的污水和泥垢,都被洗刷得一干二净。

总有一天,我会到谢别托夫卡小镇,去看看您出生和战斗过的地方,去看看瓦莉亚和她的战友们英勇就义的地方,去看看谢廖沙可怜的母亲,去听听骑兵师震天的喊杀声,去亲身体验一下革命的激情怎样在胸中激荡。那时,我定会恭恭敬敬地站立在您的面前,热切地唤一声:"您好啊! 保尔·柯察金!"

致以最崇高的敬意!

您的崇拜者:王娟

2019 年 12 月 12 日

我们看到,王娟同学在与保尔的对话中感悟到神奇而珍贵的信念、团结的力量、强烈的自尊、高尚的人格、伟大的奉献精神、对失败的超越、对美好生活的向往。这些力量一定会伴随她成长。

阅读完《简·爱》后,黄欣怡同学有了这样的感悟:

阅读这本书,我渐渐地了解了您,感动于您的勇敢与坚持,在如此恶劣的环境之下,困难的生活却从未打倒过您,您没有止步不前,而是有着坚定的意志与信念。您在这种充满磨难的生活中体验了很多,同时也收获了许多。与此同时,您也遇到了罗切斯特先生,面对地位的悬殊,您并没有因为自己是家庭教师而抬不起头,而是不卑不亢地面对自己心仪的人。您的执着、善良的品性、美好的灵魂也在不知不觉中深深地打动了罗切斯特先生。然而造化弄人,您与他的结合遇到了各种困难和阻挠,在克服种种阻力后,您最终以平等的姿态与心灵相通的罗切斯特先生走到了一起。

我们看到,黄欣怡同学在与简·爱的对话中,获得了坚强、勇敢、坚持、善良的力量,感悟到平等的姿态对美好爱情的巨大作用。这些也将伴随她成长。

其二，与作者对话，探索其写作动因。

读整本书较难的是要读懂作者的创作意图，学生们以十几年的经历去触摸几十岁的人的作品确实有点困难，但是大胆去尝试，他们也会大有收益。

读《昆虫记》中的下列文字，我们看到一位尊重生命、敢于质疑、尊重秩序、热爱和平的作者。

"可我的蟋蟀们却是我的伴侣，它们使我感到了生命的颤动，而生命正是我们的灵魂。"

"生命的进化并非循序渐进的，并非从低级到高级，再从高级往最高级。进化是跳跃形的，有的时候是在进步，有的时候却是在倒退。"

"地球是一个长了虫的核桃，被邪恶这只蛀虫在啃咬。这是一种野蛮的雏形，是朝着更加宽容的命运发展的一个艰难阶段。我们随其自然吧，因为秩序和正义总是排在最后的。"

再以《傅雷家书》为例：

看完《傅雷家书》，我与作者对话，发觉真的是细节决定成败。傅聪的成功离不开他父亲的谆谆教导。在国外求学时，父亲叮嘱他要注意礼节，围巾要与大衣一起放在衣帽间；表演前，父亲叮嘱他要穿上服装练习几遍；写信时，父亲再三强调字迹要工整写小一些，不给别人添麻烦……这些小细节成就了傅聪。我们在学习生活中也应该注重细节，如笔记不潦草、做题不跳步骤等。只有注意了这些生活中的细节才能遇见更好的自己。

——节选自佳妍的读后感

傅雷和天下的父母一样，操心着傅聪的生活。他教导傅聪对于朋友，要有情有义，但不是一味地无原则地迁就；对于师长，一定不能忘恩负义。要以泰然面对消沉苦闷，以谦卑迎接喜悦成功。这些道理是傅雷回首自己的人生历程感悟出来的，并用一份拳拳爱子之情将它们留在了信纸上，时刻提醒着傅聪，也使今天的我们受益良多。

——节选自安琪的读后感

小伟同学在读完《傅雷家书》后，提出三个观点：

第一，我认为傅雷做家长并不合格，原因是管教太严，尤其是在傅聪的生活作风上。

第二,我觉得如果我是傅聪,会感激父亲,但更多地会考虑自己的喜好,做自己最喜欢做的事。

第三,我觉得看完信以后,我学会了更好地与父母沟通,对自己现在做孩子,将来当家长,都有了一些心得。

这些孩子读完《傅雷家书》以后,学会了换位思考及辩证思维,从一位父亲的角度审视如何做子女,如何为人父。与此同时,审视本身就是一种做人的基本素养。在不知不觉的整本书阅读中,孩子们提升了做人的能力,真是件值得庆贺的事。

我们还可以设计这样的活动环节来加深学生对作者、作品的理解,如通过你对《傅雷家书》的选择性阅读,寻找你喜欢的家书金句,设计一个属于你的《傅雷家书》封面语,并说说选择理由。这个活动收获了许多高质量的作品。示例如下。

雨涵同学不光设计了封面语,还设计了完整的《傅雷家书》封面:傅聪是一位钢琴家,在父亲傅雷的眼里,他如一轮红日在这个鸟语花香的世界冉冉升起。父亲对儿子是充满期待的,儿子也没有辜负父亲的期待,成为大家心目中的"钢琴诗人"(见图1-4)。

图1-4　学生作品《傅雷家书》封面

之涵同学用细腻的心灵感知父母的辛酸,用手中的妙笔设计了感动人心的《傅雷家书》封面(见图1-5)。眼泪与酒浆,爱与培养,冲击着我们的视觉,打动着我们的心灵,真是可怜天下父母心啊!

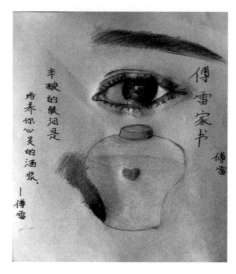

图1-5　学生作品《傅雷家书》封面

　　嘉颖同学借助电脑画板设计了另一种风格的《傅雷家书》封面(见图1-6):端坐的父亲傅雷,洁白灵动的羽毛笔,父亲用它写下了苦心孤诣的教子篇,给天下父母、子女以感染与启迪。

图1-6　学生作品《傅雷家书》封面

　　这样的活动建立在学生对傅雷的深刻了解的基础上,从而更好地走进作品本身。

2. 与时代融合,触摸时代的脉搏

我们要带着学生走进一个陌生的时代,让他们通过只言片语,了解那个时代;又要让学生走出那个时代,感知今天的时代与作品中时代的差异,从而明白读书的意义。

说起 12 部作品中最短的《朝花夕拾》,尤其是第一篇《狗·猫·鼠》的时候,很多学生会这样评价:不知所云。即使是老师们,面对这本书也有许多阅读障碍。我们不妨将它放进时代的长河中去阅读。

我们的学生在读的过程中居然有这样的发现:

《朝花夕拾》写的是"我"从幼童时代到成为参与革命的爱国青年这段时间的生命历程,可是整部书读下来有说不出的压抑。作者回忆青少年时期的生活经历,仿佛在说"我"就是在充斥着阴暗的夹缝中扭曲地生长,在中国大地上还没有一片或一寸乐土能让孩子阳光地成长。

——节选自王凯的读后感

有人说,整部《朝花夕拾》的主题就是"救救孩子",这个说法虽然不完全准确,但具有一定的现实意义。《朝花夕拾》中的邻居衍太太当面一套背后一套,造谣生事,使"我"心戚戚然;寿镜吾老师也不愿意回答"我""怪哉"一词的意思,给"我"的好奇心、求知欲泼了冷水;即使是书中的父亲,他不是天下最坏的父亲,但他却是那样对待自己的孩子的——在孩子欢天喜地要去看《五猖会》的时候命令他背诵《鉴略》。

关于"救救孩子",鲁迅说过:"这是真的,我的话已经说完,去年说的,今年还适用,恐怕明年也还适用,但我诚恳地希望不至于适用到十年、二十年后。"

如今再读《朝花夕拾》,我们发现,当代仍然需要"救救孩子""救救教育",因为孩子会发育为青年人,而青年是民主革命的根本力量,青年无畏无惧,充满青春活力,他们可以用自己的生命、青春去换取自由、解放和真理。而所有的封建主义都在扼杀孩子的天性,以致孩子变成像他们父母一样没有灵魂的机器,而"救救孩子"这响彻云霄的呐喊正是尝试从孩子们幼时就开始呵护他们,让他们成长为壮硕的青年,引领新的时代。

——节选自李倩的读后感

鲁迅在《狂人日记》中提出,在五千年的文化中,在字缝中他仅读出两个字"吃人"。因此他希望未来的青年,是没有被人吃过,也没有吃过人,没有参加过这人肉的沿袭的人。他要搐住黑暗的闸门,让孩子走到光明的地带。这就是鲁迅先生的大悲悯、大情怀。我们这个民族因为鲁迅而走向崇高,所以,《朝花夕拾》这部经典是我们进入中学要读的第一部名著。在阅读过程中,我们将一点点消除与经典的隔膜。先生不朽,后世不忘。

——节选自汪俊的读后感

当学生写出上述文字时,他就不再困惑《朝花夕拾》是一本什么样的书,不再认为鲁迅是一位睚眦必报的人,而是打破了与经典的隔膜,站在历史的长河里来读这本书,成为真正的阅读者。

3. 与名言相伴,拥有前进的力量

读《钢铁是怎样炼成的》,你一定不会忘记这样的名言:"人最宝贵的是生命,生命每个人只有一次,人的一生应当这样度过,当回首往事的时候,他不会因为虚度年华而悔恨,也不会因碌碌无为而羞愧……"

读《艾青诗选》中的这样一些句子:"为什么我的眼里常含泪水? 因为我对这土地爱得深沉。"我们体会到浓浓的爱国情怀。"人民不喜欢假话,哪怕多么装腔作势,多么冠冕堂皇的假话,都不会打动人们的心。人人心中都有一架衡量语言的天平。"我们体会到人心的力量。"个人的痛苦与欢乐,必须融合在时代的痛苦与欢乐里。"我们体会到小我与大我的关系。"人间没有永恒的夜晚,世界没有永恒的冬天。"我们体会到困难总会过去,光明就在眼前。

很多学生将这些句子铭记于心,作为自己的座右铭。

读到最后,如果学生能通过一系列自发的研读活动,对话人物、作者、时代,并从中汲取向上、前进的力量,这就叫作自己读出来——读出点灵魂了。

当然,整本书阅读值得探讨的地方还有很多,基于学情,笔者将之归结为八个字:凸显"整"字,重在"读"字。在导读、深读、研读中让所有学生能读起来、读进去、读出来,真正做到开卷有益。不当之处,希望大家批评指正。

携趣昔年事　亲近民族魂

——《朝花夕拾》整本书阅读指导

一位日本学者说："纵使日本有一千个川端康成，也比不上中国，因为中国有位鲁迅。"在那个风雨如晦的年代，鲁迅先生以文字为"投枪""匕首"，"直刺向黑暗势力"。鲁迅是一位伟大的文学家，是一位永远站在平民立场，为社会底层人物大声疾呼的作家；是一位伟大的思想家，是中国人灵魂的最尖锐、深刻的透视者，民族精神最透彻的思考者；是一位伟大的革命家，始终屹立在中华民族文化战线的最前沿，向着愚昧腐朽奋力攻击。正是在这种激烈的斗争和考验中，他获得了中华民族"最伟大和最英勇的旗手"称号，引领了"中华民族新文化的方向"，他无愧于"民族魂"的称号。

鲁迅为社会人生而写作，他的作品充分体现了中华民族语言的魅力。其中《朝花夕拾》更是一本极具价值的人文教材，在艺术上取得了很高的成就，是当时社会的缩影。这本小小的散文集在鲁迅所有的创作中，甚至在"五四"以来的所有散文著作中，都占有重要的位置。所以，统编版语文教材把这本书安排在七年级上册，作为名著阅读指导打头阵的篇目，并将阅读主题定为"消除与经典的隔膜"，充分体现了教材编者对《朝花夕拾》作为经典名著独特地位的重视。

然而，在日常教学中，我们却发现，很多学生对《朝花夕拾》并不感兴趣，读不懂。学生和这部经典名著之间有怎样的隔膜？该如何打破这种隔膜？让我们从以下几个方面入手。

一、传承经典，读出点内容

（一）"从记忆中抄出来"的散文集

《朝花夕拾》这本集子是鲁迅先生回忆自己童年和青少年时期的生活而写成的散文集，写于 1926 年 2 月到 11 月，共有 10 篇作品。《朝花夕拾》书名含义是：早上的花，到傍晚时候拾起来。鲁迅先生提及这些文章时曾说，它们是"从记忆中抄出来"的，可见，《朝花夕拾》所收集的文章都是回忆性的散文。其中前 5 篇写于北京,后 5 篇写于厦门,这些文章最初题为"旧事重提",1927 年 5 月,鲁迅对这些文章重新编订,并将总题改为"朝花夕拾"这个更具文学意味的题目,在首尾分别增加了小引和后记。1928 年 9 月,这些散文由北京未名社结集出版。这本兼具回忆和现实的散文集,笔调优美,感情真挚,记述了鲁迅童年和青少年时期的生活。同时,这些散文也从一个侧面反映了中国社会在那个特殊时代的真实面貌。

《朝花夕拾》是鲁迅先生众多文学作品中唯一的散文集,也是中国现代散文中的经典作品,既充满了温馨的回忆,又体现了理性的批判,用语生动、幽默、简明、有力,可以看成是那个年代学习中国白话文学非常好的入门书。有史料记载,1932 年,日本学者增田涉初到中国,与鲁迅相识后,虚心向鲁迅请教有没有快速学习中国文学的捷径,鲁迅就曾向增田涉推荐了自己的《朝花夕拾》。除此之外,《朝花夕拾》也可以作为写作学习的入门书。我国著名作家孙犁曾这样说起《朝花夕拾》:"在中国,从鲁迅的《朝花夕拾》读起,这是那样真实而又感人的一本小书。它教给我们记录和回忆生活的方法,使我们能把生活里有意义的部分保存下来,传世益人。"

(二) 经典与隔膜

鲁迅是大文豪,但是很少有学生知道他为什么厉害,绝大部分学生在语文课堂上所能汲取到的关于鲁迅的信息大概都是这样的:

鲁迅,原名周树人,字豫才,现代文学家、思想家、革命家,中国现代文学史上一面光辉的旗帜。他创作并出版了小说集《呐喊》《彷徨》《故事新编》,散文诗集《野草》,散文集《朝花夕拾》,杂文集《且介亭杂文》等。其作品共有数十篇被选入中小学语文课本,并有多部小说被先后改编成电影。鲁迅以笔代戈,奋笔疾书,战斗一生,被誉为"民族魂"。"横眉冷对千夫指,俯首甘为孺子牛"是鲁迅先生一生的写照。

现在业界有这样一个笑话——中学生学语文有三怕:一怕文言文,二怕写作文,三怕周树人。笑过之后,我们要反思,学生为什么怕读鲁迅先生的作品呢?在开展《朝花夕拾》阅读之初,我们调查了学生最初的阅读感受,得到以下反馈:

"初读鲁迅先生写的《二十四孝图》,简直比读甲骨文还要困难。"

"开始时,我是完全无法将《无常》坚持读下去的,只有点模糊印象,大概是神神鬼鬼,完全找不到北。"

　　"我开始时非常不喜欢鲁迅的文章,因为他的文章太难懂啦。他的文章读起来总是让我觉得冰冷而坚硬。文字也很难理解,读得特别吃力,我常常在读完全篇后还是有点不知所云。"

　　很多孩子不了解鲁迅,加上鲁迅生活在文言向白话转换的过渡阶段,学生对作品的语言感到陌生,难以理解。对于作品的难读难懂,我们也许可以从鲁迅先生自己的言论中窥见一些原因:

　　"我所想的和我所写的不一样。"

　　"我为自己写作和为他人写作是不一样的。"

　　"很多人都说我讲的是真话,但我并没有把我所讲的话完全地说出来;很多人都说我冷酷,第一是冷,第二是冷,第三是冷……"

　　"不过我总以为倘要论文,最好是顾及全篇。并且顾及作者的全人以及他所处的社会状态,这才较为确凿。"

　　所以长期以来,学生对鲁迅的印象就是三个字:读不懂!这也成了学生阅读鲁迅作品的最大困难。如何消除与经典的隔膜就成了语文教师不得不面对的课题。只有让学生了解鲁迅,喜欢上鲁迅,阅读鲁迅才能成为可能。

(三) 消除与经典的隔膜

　　《朝花夕拾》的文字量不多,总共只有10篇,为了帮助学生迅速把握整本书的主要内容和作者在每一篇作品中表达的感情,阅读之初,教师就对学生提出制作思维导图的要求,师生共同读书绘图,讨论交流。借助思维导图,学生可以快速把握整本书的感情倾向,也可深入探究人物形象。如下面几个思维导图所示(见图 2—1 至图 2—5)。

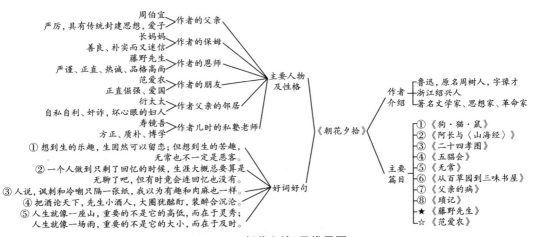

图 2—1 《朝花夕拾》思维导图

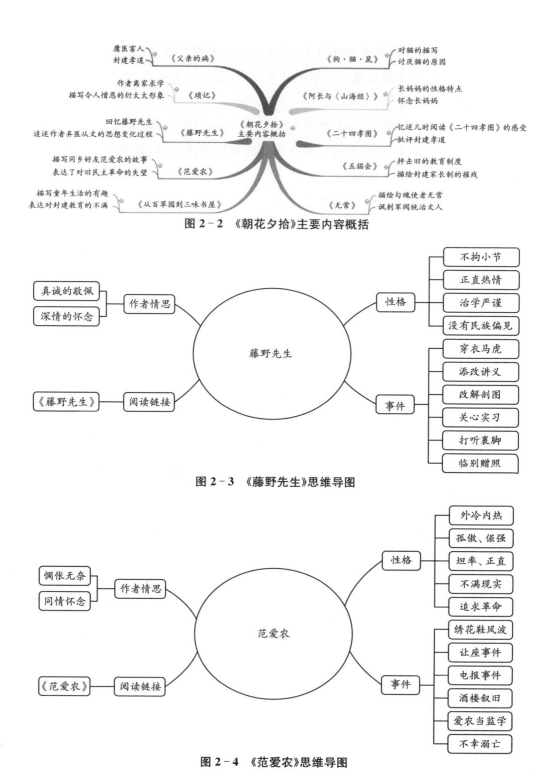

图 2 - 2 《朝花夕拾》主要内容概括

图 2 - 3 《藤野先生》思维导图

图 2 - 4 《范爱农》思维导图

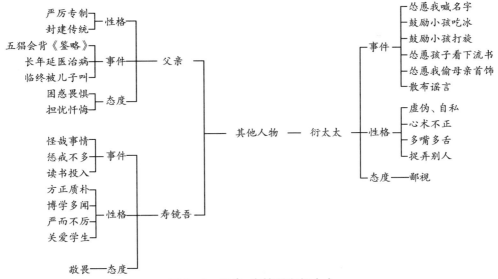

图 2-5　父亲、寿镜吾和衍太太

鲁迅先生是一位真正的语言艺术家，要想走近他的世界，理解他的思想，首先要进入鲁迅的语言世界。作为现代汉语文学语言的大师，鲁迅的语言以口语为基础，又融入古语、外来语、方言，将现代汉语表意、抒情功能发挥到了极致，极具个性和创造性。他的文学作品营造了一个精神家园，同时更是一个汉语的家园。在具体的如何"消除与经典的隔膜"上，需要我们给学生搭建一座通往经典——《朝花夕拾》的桥梁，让学生不至于与经典产生隔膜，甚至产生恐惧。具体做法如下：

1. 借助小引，明确作品的创作背景

鲁迅先生创作《朝花夕拾》时，心境如何呢？且看小引：

我常想在纷扰中寻出一点闲静来，然而委实不容易。目前是这么离奇，心里是这么芜杂。一个人做到只剩了回忆的时候，生涯大概总要算是无聊了罢，但有时竟会连回忆也没有。

——《朝花夕拾》

其中的"纷扰""芜杂""无聊"，是作者心境的 3 个关键词。作者还说，创作这一组文章，是"虽生之日，犹死之年"，由此可见作者当时的处境是非常艰难、非常窘迫的。

为何如此呢？原来，1926 年"三一八"惨案后，鲁迅先生挥笔写就《记念刘和珍君》等一系列檄文,揭露批判反动政府的无耻行径,一时遭到反动政府的严重迫害,被迫过起了颠沛流离的生活。

在艰苦的避难生活中,他笔耕不辍,还写了不少的散文诗和散文,其中就有《二十四孝图》《五猖会》《无常》三篇散文。

1926年9月,鲁迅先生到厦门大学任教。在日常辛苦的教学之余,他坚持文学创作,其中就包括《从百草园到三味书屋》《父亲的病》《琐记》《藤野先生》和《范爱农》5篇散文。

这与在北京创作的另外5篇散文(另有两篇,是作者在"三一八"惨案发生之前,在北京写作的《狗·猫·鼠》《阿长与〈山海经〉》)一起构成了现在我们看到的《朝花夕拾》的主要部分。

《朝花夕拾》小引中说:"带露折花,色香自然要好得多,但是我不能够。""带露折花"自然是比喻当下正发生的事;既然"我不能够",便留到人到中年时,再来"旧事重提"——"朝花夕拾"了。

1927年7月,鲁迅先生为这些散文补写了小引和后记。1928年9月结集时,将此书改名为"朝花夕拾"。这便是这本书和这个书名的由来。

《朝花夕拾》小引中说:"我有一时,曾经屡次忆起儿时在故乡所吃的蔬果:菱角、罗汉豆、茭白、香瓜。凡这些,都是极其鲜美可口的;都曾是使我思乡的蛊惑。后来,我在久别之后尝到了,也不过如此;惟独在记忆上,还有旧来的意味留存。他们也许要哄骗我一生,使我时时反顾。"

作者在颠沛流离的生活中,向何处寻求精神的慰藉呢? 从小引中我们窥见了端倪——故乡的种种都蛊惑着他的心灵,使他时时回忆。这些故乡的、昔年的人、事、物,疗愈了作者在现实生活的残酷战斗中受到的伤害。所以,《朝花夕拾》中温馨的回忆和理性的批判双线并行,带给我们独特的阅读体验。

2. 了解生平,梳理作者的心路历程

要读懂散文,我们可以在文本理解和知人论世之间搭建桥梁,以引导学生对文本有更深入的理解。从一定程度上说,知人论世的深度决定了散文阅读的高度。所以,帮助学生解决"读不懂"的问题,可以通过了解鲁迅生平、梳理其心路历程来搭建桥梁。

鲁迅(1881年9月25日—1936年10月19日),浙江绍兴人,原名周樟寿。

1888年,7岁的鲁迅在家接受启蒙教育,读《鉴略》。《五猖会》里所写的,就是他此时的一些事情。早也盼,晚也盼,马上就可以到东关看五猖会了。此时,父亲忽然站在身后,让鲁迅"去拿你的书来","给我读熟。背不出,就不准去看会",这让他"似乎从头上浇了一盆冷水"。

1892年,11岁的鲁迅在绍兴寿镜吾先生的私塾三味书屋开蒙。在那里,他一直读到17岁。《从百草园到三味书屋》《阿长与〈山海经〉》等文章都与鲁迅的这段读书生活密切相关。

《从百草园到三味书屋》写的是他的童年往事。此时的鲁迅,正如《从百草园到三味书屋》所描写的一样,在百草园中每个角落都能发现无限乐趣,在三味书屋中亦能在先生背书投入时偷空描绣像,自得其乐。

《阿长与〈山海经〉》里,鲁迅回忆了原本不受他待见的保姆阿长专门为他购得了自己渴求已久的绘图版《山海经》,于是,作者立刻对长妈妈充满了尊敬和感激:"这又使我发生新的敬意了,别人不肯做,或不能做的事,她却能够做成功。她确有伟大的神力。谋害隐鼠的怨恨,从此完全消灭了。"

1893年,祖父周福清因为科举舞弊案而被革职下狱。入狱8年,周家每年必须花费大笔资金,使周福清得以活命,但因此事家道开始衰落。

1896年,鲁迅15岁时,父亲周伯宜去世,家中更加艰难。周伯宜本名凤仪,秀才出身,因屡应乡试未中,一直闲居在家。鲁迅祖父周福清科场舞弊案发后,周伯宜被革去秀才身份,十分伤感,他常借酒消愁,后为病魔所缠,又为庸医所误,死时年仅36岁。父亲的病故造成鲁迅对中医的严重怀疑。《父亲的病》记述了那个时代庸医害人、草菅人命的种种乱象。这大概也是鲁迅后来到日本去学习"新的医学"的主要原因之一。

1898年,鲁迅17岁,离开开蒙恩师和三味书屋,来到新式学堂、位于金陵的江南水师学堂,并改名为周树人。1899年,转入江南陆师学堂附设矿务铁路学堂。

《琐记》一文,描述了当时的江南水师学堂(后改名为雷电学校)和矿务铁路学堂的种种弊端和求知的艰难,批评了洋务派办学的"乌烟瘴气"。

鲁迅在南京矿务铁路学堂期间成绩优异,使他在毕业后获得了公费留学的机会。《藤野先生》一文,具体记述了作者的这段求学经历和心路历程。

1902 年 3 月,21 岁的鲁迅,离别祖国,到日本留学。1904 年入仙台医学专门学校(今日本东北大学)学医。他想用医学"救活像我父亲似的被误的病人,战争时候便去当医生",为反压迫、反侵略的斗争出力;还想以医学作为宣传新思想的工具,启发人们社会改革的信仰,达到改造国家的目的。但是,当时中国的社会现实,使他终于认识到"医学并非一件紧要事",重要的是改变人们的精神状态,于是在 1906 年秋天,他便弃医从文。他离开仙台去东京,决定用文艺唤醒人民,使祖国富强起来。鲁迅在仙台医学专门学校学习期间,结识了藤野先生,并与之建立了深挚的情谊。

1909 年,他从日本归国,先后在杭州的浙江两级师范学堂(今杭州师范大学)和绍兴府中学堂任教员,在绍兴山会初级师范学堂(今绍兴文理学院)任校长。这个时期,是鲁迅思想极其苦闷的时期。

1911 年的辛亥革命也曾使他感到一时的振奋,但接着是袁世凯称帝、张勋复辟等历史丑剧的不断上演,辛亥革命并没有改变中国沉滞落后的现实,社会的混乱、民族的灾难、个人婚姻生活的不幸,都使鲁迅感到苦闷、压抑。

1912 年,鲁迅受蔡元培之邀,到中华民国政府教育部工作。袁世凯做大总统后,鲁迅随政府搬到北京,历任教育部社会教育司第一科科长、教育部佥事。后受钱玄同影响,重新投身新文化运动,并兼任北京女子高等师范学校教授和北京大学兼职讲师。鲁迅共做了 14 年的中华民国北洋政府公务员,直到被教育部时任署总长章士钊免职为止。

《范爱农》一文,记述了鲁迅与范爱农从 1905 年冬在日本相识,到 1912 年范爱农落水遇难的几段经历。鲁迅以此表达对范爱农的同情和悼念,也表达对辛亥革命不彻底的失望。

1918 年,37 岁的周树人首次用"鲁迅"为笔名,在《新青年》上发表中国现代文学史上第一篇用现代体式创作的短篇白话文小说《狂人日记》。1921 年 12 月,他还生动地塑造了阿 Q 这个形象,发表中篇小说《阿 Q 正传》。

这里,另有一人不得不提出来。这个人就是陈西滢(1896—1970),江苏无锡人,现代评论派主要成员,曾长期与鲁迅论战,是鲁迅的"铁杆反对派"之一。陈西滢曾在自己的文章《闲话》中说自己的家乡无锡是中国的"模范县",在《致志摩》中攻击鲁迅"有他们贵乡绍兴的刑名师爷的脾气""他没有一篇文章里不放几支冷箭"等。且在 1925 年支持当局压迫北京女师大学生和教育界进步人士而组织"教育公理维持会"。因而,鲁迅便在《无常》《二十四孝图》和《狗·猫·鼠》里,讽刺了陈西滢等所谓的"绅士们""文士们""教授们""正人君子们"。

1926 年 8 月,鲁迅因支持北京学生爱国运动,抗议"三一八"惨案,对北洋政府失望,于是南下厦门大学任国文系教授。1927 年 1 月,他到当时的革命中心广州,在中山大学任教。"四一二"事变以后,鲁迅愤然辞去中山大学的一切职务。小引便是创作于这段时间。

从 1927 年 10 月鲁迅抵达上海,直至 1936 年 10 月 19 日在上海因肺病去世,这期间,鲁迅创作了很多回忆性的散文与大量思想性的杂文,还翻译、介绍了许多外国的进步文学作品。

通过上面的梳理,我们对鲁迅先生的心路历程便有了更清晰的了解,这样我们在阅读时便轻松了许多。如果读者能按照上述篇目顺序来读,一定不会一下子被《狗·猫·鼠》吓蒙,相反,可能还会被鲁迅的那些童年往事和幽默语言逗乐吧。

3. 透过童趣,培养阅读的信心兴趣

虽然《朝花夕拾》并不是专为少年儿童写的,但其中写到很多关于少年儿童的事,读来让人兴趣盎然。不必说《从百草园到三味书屋》,也不必说《阿长与〈山海经〉》,单说《狗·猫·鼠》等批判文章吧,里面的故事、语言,也是有趣的,学生读这些内容一定不会对其产生隔膜和恐惧。

动物们因为要商议要事,开了一个会议,鸟,鱼,兽都齐集了,单是缺了象。大会议定,派伙计去迎接它,拈到了当这差使的阄的就是狗。"我怎么找到那象呢?我没有见过它,也和它不认识。"它问。"那容易,"大众说,"它是驼背的。"狗去了,遇见一匹猫,立刻弓起脊梁来,它便招待,同行,将弓着脊梁的猫介绍给大家道:"象在这里!"但是大家都嗤笑它。从此以后,狗和猫便成了仇家。

——《狗·猫·鼠》

这个寓言很幽默。这里的猫被狗所仇恨,其实很冤枉。因为"猫的弓起脊梁,并不是希图冒充,故意摆架子的,其咎却在狗的自己没眼力"。

关于猫,作者又讲了一个猫与虎的故事。这故事是在一个幼时的夏夜听祖母讲的。

那是一个我的幼时的夏夜,我躺在一株大桂树下的小板桌上乘凉,祖母摇着芭蕉扇坐在桌旁,给我猜谜,讲故事。忽然,桂树上沙沙地有趾爪的爬搔声,一对闪闪的眼睛在暗中随声而下,使我吃惊,也将祖母讲着的话打断,另讲猫的故事了——

"你知道么? 猫是老虎的先生。"她说。"小孩子怎么会知道呢,猫是老虎的师父。老虎本来是什么也不会的,就投到猫的门下来。猫就教给它扑的方法,捉的方法,吃的方法,像自己的捉老鼠一样。这些教完了;老虎想,本领都学到了,谁也比不过它了,只有老师的猫还比自己强,要是杀掉猫,自己便是最强的脚色了。它打定主意,就上前去扑猫。猫是早知道它的来意的,一跳,便上了树,老虎却只能眼睁睁地在树下蹲着。它还没有将一切本领传授完,还没有教给它上树。"

——《狗·猫·鼠》

这是多么温馨的一个场景呀! 夏夜、桂树、祖母、猜谜、讲故事,这样的场景,是让人一辈子都无法忘却的。鲁迅引用这个故事,到底想表达什么呢? 其实是为了表现猫的一副媚态,用以讽刺某些人,常常刻意掩饰自己的某种本性,反而会让别人觉得他更加虚伪。

鲁迅对猫的反感,乃是长妈妈告诉他的,"隐鼠是昨天晚上被猫吃去了!"于是作者开始仇恨花猫,进而仇恨"凡所遇见的诸猫"。但后来得知"那隐鼠其实并非被猫所害,倒是它缘着长妈妈的腿要爬上去,被她一脚踏死了"。但此时,作者"和猫的感情却终于没有融和"。实际上也是鲁迅无法和那些所谓"指导青年"的前辈们融合的一种委婉的表述。

再比如,许多学生阅读感到困难的《二十四孝图》。其实,也不乏许多可乐之处。

(1)一到"卧冰求鲤",可就有性命之虞了。我乡的天气是温和的,严冬中,水面也只结一层薄冰,即使孩子的重量怎样小,躺上去,也一定哗喇一声,冰破落水,鲤鱼还不及游过来。自然,必须不顾性命,这才孝感神明,会有出乎意料之外的奇迹,但那时我还小,实在不明白这些。

(2)我最初实在替这孩子捏一把汗,待到掘出黄金一釜,这才觉得轻松。然而我已经不但自己不敢再想做孝子,并且怕我父亲去做孝子了。家景正在坏下去,常听到父母愁柴米;祖母又老了,倘使我的父亲竟学了郭巨,那么,该埋的不正是我么? 如果一丝不走样,也掘出一釜黄金来,那自然是如天之福,但是,那时我虽然年纪小,似乎也明白天下未必有这样的巧事。

(3) 不过彼一时,此一时,彼时我委实有点害怕:掘好深坑,不见黄金,连"摇咕咚"一同埋下去,盖上土,踏得实实的,又有什么法子可想呢。我想,事情虽然未必实现,但我从此总怕听到我的父母愁穷,怕看见我的白发的祖母,总觉得她是和我不两立,至少,也是一个和我的生命有些妨碍的人。

——《二十四孝图》

作者联想到家乡温和的天气,表现了对"卧冰求鲤"中那个孩子的忧虑;替"郭巨埋儿"的孩子捏一把汗,还为自己"担忧"。用自己的害怕,形象地表现了愚孝的荒谬可笑和贻害无穷。作为成年人,读起这些故事,都会忍不住笑几声,更不必说孩子们了。不过,作者写作此文的目的,乃是把《二十四孝图》作为一个批驳的靶子,来"反对旧文学,呼吁白话文"。

如果我们在导读的时候,从"儿童视角"切入,学生阅读起来,一定不会感到经典作品过于高深而敬而远之。

这正如徐霞客《重游黄山日记》中所说的那样:"路宛转石间,塞者凿之,陡者级之,断者架木通之,悬者植梯接之。"我们不妨也适当地在学生阅读经典作品,尤其是一些难懂的作品时,给他们搭建一些桥梁,让他们尽可能地将自我与作者、当下与过往、文学与生活打通,从而更好更多地获取文学的养料。

二、打通语文,读出点方法

(一) 对阅读的指导意义

1. 精读与略读结合

阅读经典的文学作品,要学会使用精读和略读相结合的方法。略读全书,能帮助我们整体把握文章的主要内容。但作品的精彩部分和难点,则需要像研究课文那样精读。唯有将精读与略读两者结合,才能收获更多。阅读《朝花夕拾》,先使用略读的方法,以最快的速读默读,边读边思考:你最喜欢的是哪篇文章? 简要概括其内容。每篇文章可概括如下:

《狗·猫·鼠》介绍了作者仇猫的原因,取了"猫"这样一个类型,讽刺了生活中与猫相似的"正人君子"。

《阿长与〈山海经〉》回忆了儿时与保姆长妈妈相处的情景,表达了对她的怀念与感激之情。

《二十四孝图》重点描写了在阅读"老莱娱亲"和"郭巨埋儿"两个故事时所起的强烈反感,揭露了封建孝道的虚伪和残酷,揭示了旧中国儿童的悲惨处境。

《五猖会》记述了作者儿时盼望观看迎神赛会的急切、兴奋的心情和被父亲强迫背诵《鉴略》的扫兴、痛苦,描写了封建制度对儿童天性的束缚和摧残。

《无常》通过描写无常救人反遭毒打事件,表达了旧时代中国人民对于黑暗社会的绝望,对于人世不平的愤慨。

《从百草园到三味书屋》描述了作者儿时在家中百草园得到的乐趣和在三味书屋读书时的生活,揭示了儿童广阔的生活趣味与封建书塾教育对儿童天性的束缚。

《父亲的病》重点回忆儿时为父亲延医治病的情景,描述了几位"名医"的行医态度、作风、开方等种种表现,揭示了这些人巫医不分、故弄玄虚、勒索钱财、草菅人命的实质。

《琐记》回忆了作者到南京求学的经过,重点描写了衍太太自私、自利、奸诈虚伪的形象。

《藤野先生》记录作者在日本留学时期的学习生活及他决定弃医从文的原因,表达了其对藤野先生深切的怀念。

《范爱农》描述了范爱农在革命前不满旧社会、追求革命,辛亥革命后又备受打击迫害的遭遇,表现了对旧民主革命的失望和对这位正直、倔强的爱国者的同情和悼念。

经过初步略读,学生对《朝花夕拾》有了一个基本了解。要深入挖掘作品的内涵,还需要展开精读。精读就是深入钻研,尤其对于重点内容,需要集中精力精细地读。我们可以使用勾画圈点、摘抄赏析、比较反思等不同的方法对文本内容进行深入钻研。例如,在精读《从百草园到三味书屋》一文时,首先简述、回顾文中"百草园的美景、美女蛇的故事、雪地捕鸟及在三味书屋的后园折蜡梅花、寻蝉蜕、捉了苍蝇喂蚂蚁、课上玩手指游戏、偷描绣像"等细节,然后与学生的童年生活进行对照,使学生明确:鲁迅先生虽然看上去严肃冷峻、一脸肃穆,但他同样拥有着温馨、美好、快乐的童年时光。某种程度上说,他也曾经是个顽皮的淘小子,他的童年生活甚至要比我们的童年生活更丰富多彩。所以,我们不能人云亦云,说《从百草园到三味书屋》的主旨是"用百草园自由、快乐的生活同三味书屋枯燥、陈腐的生活相对比,以批判封建教育制度对儿童身心的束缚和损害",否则就是对作品思想内容的曲解。通过回顾文章内容,鲁迅的形象进一步贴近了我们的生活。

2. 积累与表达并举

经典著作中值得积累的语段自然是很多的,例如《从百草园到三味书屋》中经典的写景段落。在积累经典语段的同时,也要重视对学生的语言表达能力的锻炼。在学习过程中,可以向学生提出这样的问题:鲁迅先生的父亲在他兴致勃勃要去看会的时候逼他读书,使他无比扫兴,你遇到过类似的情况吗?学生大多都乐于分享自己的切身经历及感受。在这一过程中,学生会真切地感受到一位严厉、专制的家长给孩子幼小的心灵所造成的严重的伤害。学生从中感悟到鲁迅先生对封建教育和封建家长制的不满和批判。但是鲁迅先生却从来也没有责备、怨恨过他的父亲,因为他是个孝子。那么应如何看待鲁迅先生之"孝"呢?在这些主题探讨中,学生的口头表达能力也能得到较好的提升。

3. 梳理内容,归纳主题

《朝花夕拾》一共有 10 篇散文,根据表达方式和内容情感的不同,我们可以将这些散文大致分为以下三类:

《狗·猫·鼠》《二十四孝图》《无常》,以议论为中心线索,同所描述的生活片段穿插在一起,有较浓的杂文色彩。

《阿长与〈山海经〉》《藤野先生》《范爱农》,以叙述一段生活为中心,同描写穿插起来,将议论、抒情寓于描述之中。

《五猖会》《从百草园到三味书屋》《父亲的病》《琐记》,以描写一个人物为中心,同描述个人的感受密切结合,有人物传记的特点。

而无论其表达方式如何不同,10 篇散文共同的特点是都充满了深沉的情感和理性的批判,如图 2-6 所示。

图 2-6　《朝花夕拾》中心主题

阅读《二十四孝图》时,首先让学生齐读片段,讲述文中的两个故事,并引导学生说说听了这两则故事后的感受。再及时补充鲁迅的看法:"郭巨埋儿"让人心生惧惮,不寒而栗;"老莱娱亲"让人心生厌恶,感到肉麻。通过列举孝武帝的故事使学生明确:封建孝道只是统治者用来约束、愚弄人民的工具。鲁迅先生用他独有的幽默、诙谐并带有讽刺的语言,毫不留情地揭露了封建孝道的虚伪和残酷。

4. 注重个性化阅读

名著阅读尤其要在普遍指导与个性化阅读中找到平衡,为每一个学生制订其需要的、感兴趣的、关注的阅读内容。在《藤野先生》一文的教学中,教师可以引导学生小组探究:鲁迅思想转变的原因是什么?文中主要写了促使鲁迅思想转变的哪两个事件?你还知道鲁迅笔下塑造的哪些麻木、愚昧的中国人典型代表?现在的社会生活中还有这样的中国人吗?以此来引导学生发散思维进行思考,之后他们也会明白,麻木的中国人现在依然存在,鲁迅先生的作品具有极强的现实意义。我们应该像鲁迅一样,清醒地认识社会,清醒地认识自我,明白中国人的疾病不在肌体上,而在精神上。这篇文章既表达了鲁迅先生对恩师藤野先生的深挚怀念,也揭示了其弃医从文的真正原因。他说:"医学并非一件紧要事,凡是愚弱的国民,即使体格如何健全,如何茁壮,也只能做毫无意义的示众的材料和看客。"鲁迅先生对那些身受压迫和剥削却不知反抗,反而去欺侮比自己更弱小的人,始终抱着一种"哀其不幸,又怒其不争"的态度。他在这些文字中批判中国人千百年来的奴性、卑怯、自私、狭隘、保守、愚昧。但他的批判是建立在自省和自我剖析的基础上,他说了"讲堂里还有一个我",他不是居高临下,而是带着深沉的悲悯和无奈。他能一针见血地指出中国社会的病根,这就是鲁迅的伟大。在这样的发散思考和讨论中,学生进行了充满个性的文本阅读。

(二) 对写作的指导意义

1. 绘景很诗情

书中描写百草园的景致:"不必说碧绿的菜畦,光滑的石井栏,高大的皂荚树,紫红的桑椹;也不必说鸣蝉在树叶里长吟,肥胖的黄蜂伏在菜花上,轻捷的叫天子(云雀)忽然从草间直窜向云霄里去了。单是周围的短短的泥墙根一带,就有无限趣味。油蛉在这里低唱,蟋蟀们在这里弹琴。"这段文字可以称得上写景散文的典范,集中体现了诸多特点:紧扣"乐园"特点显、巧用句式顺序清、拟人比喻修辞妙、各种词性效果好、对比手法来凸显。整段文字绘声绘色，令人神往。把记叙、描写、抒情和议论有机地融合为一体，字里行间是满满的诗情画意。

2. 回忆特深情

如《阿长与〈山海经〉》："我的保姆，长妈妈即阿长，辞了这人世，大概也有了三十年了罢。我终于不知道她的姓名，她的经历；仅知道有一个过继的儿子，她大约是青年守寡的孤孀。仁厚黑暗的地母呵，愿在你怀里永安她的魂灵！"又如《藤野先生》："但不知怎地，我总还时时记起他，在我所认为我师的之中，他是最使我感激，给我鼓励的一个。……他的性格，在我的眼里和心里是伟大的，虽然他的姓名并不为许多人所知道。"——在对往事深情地回忆时，作者自然而然抒发真切的内心感受，表达深厚的真挚情感，这些文字充分显示了鲁迅先生细腻丰富的内心。

3. 语言有温情

如《从百草园到三味书屋》："我不知道为什么家里的人要将我送进书塾里去了，而且还是全城中称为最严厉的书塾。也许是因为拔何首乌毁了泥墙罢，也许是因为将砖头抛到间壁的梁家去了罢，也许是因为站在石井栏上跳下来罢，……都无从知道。总而言之：我将不能常到百草园了。Ade，我的蟋蟀们！Ade，我的覆盆子们和木莲们！"又如《阿长与〈山海经〉》："我们那里没有姓长的；她生得黄胖而矮，'长'也不是形容词。又不是她的名字，记得她自己说过，她的名字是叫作什么姑娘的。什么姑娘，我现在已经忘却了，总之不是长姑娘；也终于不知道她姓什么。"《朝花夕拾》的回忆类散文里常摄取这种生活中的小细节，以小见大，以此来写出人物的神韵，写出事件的本质。

4. 反讽显个性

如《藤野先生》中文章开头对清国留学生的讽刺："头顶上盘着大辫子，顶得学生制帽的顶上高高耸起，形成一座富士山。也有解散辫子，盘得平的，除下帽来，油光可鉴，宛如小姑娘的发髻一般，还要将脖子扭几扭。实在标致极了。"又如《狗·猫·鼠》中："其实人禽之辨，本不必这样严。在动物界，虽然并不如古人所幻想的那样舒适自由，可是噜苏做作的事总比人间少。它们适性任情，对就对，错就错，不说一句分辩话。虫蛆也许是不干净的，但它们并没有自鸣清高；鸷禽猛兽以较弱的动物为饵，不妨说是凶残的罢，但它们从来就没有竖过'公理''正义'的旗子，使牺牲者直到被吃的时候为止，还是一味佩服赞叹它们。人呢，能直立了，自然是一大进步;能说话了,自然又是一大进步;能写字作文了,自然又是一大进步。然而也就堕落,因为那时也开始了说空话。说空话尚无不可,甚至于连自己也不知道说着违心之论,则对于只能嗥叫的动物,实在免不得'颜厚有忸怩'。"作者在批判、讽刺封建旧制度、旧道德和反动文人时,多用反讽手法,又称"双关"。表面上很冷静地叙述事件的始末,其实是反话正说,在平静的叙述中暗含着"言在此而意在彼"的辛辣讽刺。

三、积累精神,读出点灵魂

肖复兴先生曾说:"鲁迅不只是作为文学家出现在我们的语文课本上的,而是作为思想家横亘在我们民族多灾多难又是世纪动荡和变革的历史坐标系上。他的书给予我们的不仅是文学的章法和技巧,更是精神和心灵的滋养。"鲁迅先生是我们现代文学史上的旗手和先锋,他曾以"我以我血荐轩辕"的决心与一切封建思想、文化、教育做斗争,先生的伟大人格可敬可佩!

读完《朝花夕拾》后,通过给书中的人物写信的方式,让学生分别与文中人物、与作者、与时代对话,引导学生深入了解人物的精神世界,进而领悟作品的精神内涵。

(一) 与人物对话

例如以下几个片段。

[片段1]先生,对不起,其实我是借口离开的,因为我在仙台学医的时候遭遇的几件事。第一是因为学生干事写的那一封匿名信件,我觉得有些不满,为什么中国人考的分数超过六十分便不是自己的能力了呢? 为什么要怀疑我呢? 但是这只是一个方面,只是我离开日本的一根导火线。最重要的还是我在上霉菌课时,课余时间教室里播放的一些关于战争的电影让我彻底明白,为什么中国和西方国家有那么大的差距,为什么中国人是"东亚病夫"! 是因为中国人体质弱吗? 其实不然,中国人一般体质不算最好,但并不都是手无缚鸡之力的啊! 问题究竟出在哪里呢? 我到这时候才想明白,是思想! 我们国民的思想出了问题! 我们的国民还固守着腐朽的封建思想! 电影中,中国人被日本人无端枪毙时,围在旁边看热闹的一些穿得很标致的中国人,居然拍手欢呼"万岁!"我看了感到异常心寒! 同胞被别人枪毙,可他们居然如此麻木不仁! 一个拥有这样的国民的国家怎能兴

旺？这时我终于看清了自己要走的道路，不是从医，而是写文。要想救国必须从思想上改变人们！这才是最有效的方法呀！所以我决定弃医从文，再次恳请您原谅我！

[片段2]先生，承蒙您的照顾，在仙台的那几年，我过得很愉快，真是非常感激您啊！我知道，您非常希望我成为一个优秀的医生，对我从来没有民族偏见。甚至，当我被帝国主义者嘲笑的时候，您还义正词严，为我挺身而出，您的善举不仅仅是为我们这些中国人讨回了一个公道，更让我在最困难的求学时期，树立起了强大的自尊！这令我终生感激！所以我更不想让您失望。但是我不能一直活在幻想的世界里，我不能像那些清国留学生那样浑浑噩噩地过日子，我想要勇敢地去面对事实。于是，我决定弃医从文。我的这种思想转变完全是受"匿名信"和"看电影"这两件事的影响。它们让我明白，我们中国人在帝国主义者的心中是毫无地位的。即使我学医有成，回国为国人治疗疾病，又能对这种现状有什么帮助呢？中国人病在思想！所以，我决定扔下手术刀，拿起笔杆子，我要用我的文章来唤醒人们麻木的心灵。这条路虽然艰辛，然而，您的精神始终鼓舞着我，我将带着您的鼓励和希望，为我的同道们高声呐喊，以笔为投枪、匕首，向黑暗势力勇猛冲击！

[片段3]现在我正为了改变人们的思想而努力奋斗着。但所谓的"正人君子"十分厌恶我所写的"抨击"他们、使他们的名誉地位受到损失的那些文章，所以我用了"鲁迅"这个笔名。他们想方设法地抑制我的"匕首"，以防戳到他们的"胸膛"，但是除非死亡，不！就算死亡，"匕首"也永远不会消失，它一定会继承着我的信念一代代地往下传。直到有一天，直到他们毁灭的时候，一个新的、民主的、以人民为本的，一个与他们不同的人来主宰这个国家！我想那时才是我梦想成真的时候！我会永不放弃！我会和他们斗争到底，因为这不仅仅可以救国，对我个人来说这样的斗争也是多么有意义啊！

[片段4]先生！在日本的时候，您最关心我，别人见到我都是"物以稀为贵"，您不是！同学们怀疑我，您没有！您没有民族歧视，对我没有偏见，我知道您很希望我好好学医，回去造福同胞，您对我热切的期盼、不倦的教诲，小而言之，是为中国，就是希望中国有新的医学；大而言之，是为学术，是希望新的医学传到中国去。您在我眼中是伟大的，虽然您的名字不为多数人所知。但我一定会永远记住您的

恩德,用文字造福更多的人!

通过这几个与文中人物对话的片段,我们可以看到,与文中人物对话的过程,很好地打通了读与写的壁垒,读写结合,以写促读。学生在写作过程中,加深了对文中人物性格以及作者情感的理解。这样的结果正体现了名著阅读的价值:用经典名篇打动了学生的心灵,濡染了学生的性格,实现了与经典名篇之间灵魂的对话。

(二) 与作者对话

[片段1]先生,您是我国现代伟大的文学家、思想家、革命家。您的文章不易读懂,但却富有深刻的思想。您的思想能跨越时空,引领人们走向光明之路。您知道吗? 今天,有许多人非常敬佩您,敬佩您的文章,敬佩您的精神,我也是这些人中的一个。

我是从读您的《从百草园到三味书屋》认识您的。那时的我对您了解甚少,对您那复杂的文章也只是一知半解,仅能看出这是一篇普通的回忆性散文。而如今,我再次看到这篇文章时,已能略略理解其中蕴含的哲理了,虽然这点哲理很少,少到微不足道,且只能意会而不能言传,但和以前的我相比,已是一个质的飞跃。我从《朝花夕拾》中感受到您的有趣可爱,也看到了当时社会环境的黑暗险恶,您的"旧事重提"的讲故事方法给了我很多启发,原来回忆往事也可以和批判现实结合得如此巧妙。您真的给了我很多写作上的启示呢! 谢谢您!

[片段2]先生,今天我学了您的《藤野先生》,深深体会到您的爱国之情。文中写了您刚到东京时,看到的"清国留学生"的生活,从您对他们的讽刺中,我就知道您是个爱国且有理想的人。您想让当时的祖国变得强大,您还想让祖国得到解放。接着,文中写到您来到了日暮里读书,您非常努力,在您来这里读书学习的时候,您受到了同学对您的祖国和对您的嘲笑,您做出了弃医从文的决定,因为您觉得即便自己学有所成,可以拯救国人的身体,却救不了他们的思想,所以您回了国,开始了写作生涯。回国后您写的每一篇文章都强烈地揭露了当时的黑暗现状。毛泽东说过,您的骨头是最硬的,您没有丝毫的奴颜和媚骨。这是中国人民的宝贵性格。您是文化战线上的英雄,您的方向就是中华民族新文化的方向。感谢您为我们所做的所有努力! 希望您可以在天上保佑祖国更加强大!

"与作者对话"更多地体现了学生对作者生平经历以及心境的理解和体会,这些理解能很好地帮助读者深入思考原著的内容。所谓知人论世，如果脱离了一定的写作背景，离开了作者的生活经历，我们很难真正理解经典名篇的内涵，所以"与作者对话"的过程正是帮助学生广泛阅读、搜索材料、走近作者、理解内涵的过程，也是典型的以写促读的过程，在这个过程中，学生与作者之间实现了灵魂的对话。

（三）与时代对话

鲁迅是思想家，是民族魂。他的文章是投枪、匕首，《朝花夕拾》只是先生的一部小集子，却彰显了他的深度和他对民族、对人民深沉的爱。在推翻了封建统治迎来 21 世纪的今天，我们再来读《朝花夕拾》，应该看到这部经典作品更大的现实意义。有人说，整部《朝花夕拾》的主题就是"救救孩子"，虽然并不完全准确，但在当下却仍具有现实意义。《朝花夕拾》中作者回忆青少年时期的生活经历，仿佛在说"我"就是在夹缝中扭曲地长大的，在中国大地上还没有一片或一寸乐土能让孩子阳光地成长。例如书中的父亲，他不是天下最坏的父亲，甚至可以称得上好的父亲，但他却是那样对待自己的孩子的，《五猖会》里让鲁迅背诵《鉴略》的那些生动又深刻的描写，正体现了鲁迅的深度。

鲁迅先生的《朝花夕拾》这本书写的是他从幼童到成为参与革命的爱国青年所经历的变化。关于"救救孩子"的话题，鲁迅说过："这是真的，我的话已经说完，去年说的，今年还适用，恐怕明年也还适用，但我诚恳地希望不至于适用到十年、二十年后。"如今再读《朝花夕拾》，我们发现，当代仍然需要"救救孩子"，之所以要"救救孩子"，是因为孩子会发育为青年，而青年无畏无惧，充满青春活力，国家才可能富强。所有的封建主义都在扼杀孩子的天性，以致孩子变成像他们父母一样没有灵魂的机器，而"救救孩子"这响彻云霄的呐喊正是希望从孩子们幼时就开始呵护他们，让他们成长为壮硕的青年，引领新的时代。

鲁迅在《狂人日记》中提出，在五千年的文化中，在字缝中他仅读出"吃人"二字。他希望未来的青年，是没有被人吃过，也没有吃过人，没有参加过这人肉的沿袭的人。他要掮住黑暗的闸门，让孩子走到光明的地带，这就是鲁迅先生的大悲悯、大情怀。在对昔日往事的温馨回忆中，让我们亲近那个"冷峻严肃"的民族魂。在此过程中，我们将一点点消除与经典的隔膜。先生不朽，后世不忘！

三读情景绘世界　一路"西行"取"真经"

——《西游记》整本书阅读指导

　　《西游记》是语文教材七年级上册第六单元的名著推荐必读篇目。书中选取了孙悟空向铁扇公主三借芭蕉扇的故事。本单元的阅读训练使用精读和跳读两种方法,即用跳读的方法理清本书故事情节,用精读的方法欣赏作品。笔者经过发放问卷调查后发现,七年级的学生第一次面对长篇文言阅读,还是感到了一定的难度的。因而对于老师而言,怎样让学生读得有趣、读得有法、读得有收获,就成了名著阅读教学的难关。结合文本特点和本班学生的特色,笔者开展了一系列的阅读指导,收获了一定的成果。

一、读出点内容

(一) 作品简评

　　吴承恩(明代文学家)的经典小说《西游记》是以唐代玄奘和尚赴西天取经的经历为蓝本,在《大唐西域记》《大唐大慈恩寺三藏法师传》等作品的基础上,经过整理、构思最终写成的。作者借助神话人物和神话故事抒发了对现实的不满和渴望改变的愿望,折射出作者渴望建立"君贤神明"的王道之国的政治思想。

　　小说借助唐僧师徒在取经路上经历的八十一难,折射出人间现实社会的种种情况。作者想象大胆,构思新奇,在人物塑造上采用人、神、兽三位一体的塑造方法,创造出唐僧、孙悟空、猪八戒、沙僧等不朽的艺术形象。全书艺术特色鲜明;结构上组织严密,繁而不乱;语言上活泼生动且夹杂方言俗语,富于生活气息;主题上冲淡了故事原有的宗教色彩,大大丰富了作品的现实内容,具有民主倾向和时代特点。作品讽刺幽默,呈现出不同于以往取经故事的独特风格。

(二) 名著梗概

　　全书情节可分为四部分:第一部分,从第一回到第七回,叙述孙悟空出生、求仙得道、大闹"三界"的故事;第二部分,从第八回至第十二回,描写如来说法、观音访僧、魏徵斩龙、唐僧出世的故事,交代取经缘起;第三部分,从第十三回到第九十九回,描写孙悟空被迫皈依佛教,唐僧西行,路遇八十一难,但在佛力的支持下,由八戒、沙僧协助孙悟空保护唐僧,一路斩妖除怪,到达西天,取得真经;第四部分,第一百回为全书的结尾,描写师徒四人取经回到东土,都得道成为真佛。

(三) 阅读调查

阅读前先利用阅读调查表进行问卷调查。调查问卷设计如下。

《西游记》学生阅读调查问卷

班级＿＿＿＿＿＿　　姓名＿＿＿＿＿＿

本调查不涉及任何评定,只是借此了解你对《西游记》阅读情况,以便更好地开展本学期《西游记》主题阅读课程,请如实填写。

1. 你对《西游记》的了解,属于以下哪种情况(可多选)　　　　　(　　)

A. 看过电视剧

B. 阅读过青少版

C. 阅读过原著

D. 其他,如评书、画册等

2. 你是否喜欢《西游记》故事?　　　　　　　　　　　　(　　)

A. 喜欢　　　　　　　B. 不喜欢　　　　　　C. 一般

3. 你阅读过《西游记》原著哪些章回?

＿＿＿＿＿＿＿＿＿＿＿＿＿＿＿＿＿＿＿＿＿＿＿＿＿＿＿＿＿＿＿＿＿

4. 你对《西游记》中哪个人物(神、妖)印象最深,为什么?

＿＿＿＿＿＿＿＿＿＿＿＿＿＿＿＿＿＿＿＿＿＿＿＿＿＿＿＿＿＿＿＿＿

5. 你对《西游记》中哪个故事印象最深?(简写故事题目)

＿＿＿＿＿＿＿＿＿＿＿＿＿＿＿＿＿＿＿＿＿＿＿＿＿＿＿＿＿＿＿＿＿

6.《西游记》原著阅读,你遇到了哪些阅读困难? 期望老师提供什么帮助?

＿＿＿＿＿＿＿＿＿＿＿＿＿＿＿＿＿＿＿＿＿＿＿＿＿＿＿＿＿＿＿＿＿

根据学生的问卷调查,结果总结如下:

第一,字数多,体量大,看到了就怕。

《西游记》全文共九十万字,一百回。如果认认真真地看,每天两小时,也需要一个月左右。

第二,文白夹杂,诗歌和方言混杂,不容易读懂。不同于青少版,原版的《西游记》里有大量古诗词,还有很多文言词语以及淮安方言,学生一时读不明白。同时书中涉及儒、释、道三种哲学思想,甚至有些还互相混杂,不只是学生,就是老师读来都有点困难。

第三,故事烦琐,容易混淆,记不清关键。一百回里有几十个故事、几十座山、十几条河流,还有十几个国家,大大小小各种妖怪,烦琐得很。比如,单单是黄风怪和黄袍怪就会混淆,其他一些考试时遇到的小细节,则更是让学生摸不着头脑。

面对这长、难、繁的现状,我们该怎样帮助学生,让他们更好地对这本经典名著心生欢喜,读之不辍呢?

(四)阅读导航

1. 建立良好的阅读打卡和小组合作机制——解决"多"的问题

第一,列好计划,家校共督(见表3-1)。

表3-1　阅读计划表

阅读内容	时间安排	完成情况
第____回至第____回	____月____日至____月____日	(　　　　)
第____回至第____回	____月____日至____月____日	(　　　　)
第____回至第____回	____月____日至____月____日	(　　　　)
第____回至第____回	____月____日至____月____日	(　　　　)
第____回至第____回	____月____日至____月____日	(　　　　)
第____回至第____回	____月____日至____月____日	(　　　　)
第____回至第____回	____月____日至____月____日	(　　　　)
第____回至第____回	____月____日至____月____日	(　　　　)
第____回至第____回	____月____日至____月____日	(　　　　)
第____回至第____回	____月____日至____月____日	(　　　　)
第____回至第____回	____月____日至____月____日	(　　　　)
第____回至第____回	____月____日至____月____日	(　　　　)
第____回至第____回	____月____日至____月____日	(　　　　)

(续表 3 - 1)

阅读内容	时间安排	完成情况
第＿＿＿回至第＿＿＿回	＿＿＿月＿＿＿日至＿＿＿月＿＿＿日	（　　　　　　）
第＿＿＿回至第＿＿＿回	＿＿＿月＿＿＿日至＿＿＿月＿＿＿日	（　　　　　　）
第＿＿＿回至第＿＿＿回	＿＿＿月＿＿＿日至＿＿＿月＿＿＿日	（　　　　　　）
第＿＿＿回至第＿＿＿回	＿＿＿月＿＿＿日至＿＿＿月＿＿＿日	（　　　　　　）
第＿＿＿回至第＿＿＿回	＿＿＿月＿＿＿日至＿＿＿月＿＿＿日	（　　　　　　）
第＿＿＿回至第＿＿＿回	＿＿＿月＿＿＿日至＿＿＿月＿＿＿日	（　　　　　　）
第＿＿＿回至第＿＿＿回	＿＿＿月＿＿＿日至＿＿＿月＿＿＿日	（　　　　　　）
第＿＿＿回至第＿＿＿回	＿＿＿月＿＿＿日至＿＿＿月＿＿＿日	（　　　　　　）

第二,利用网络,落到实处。通过班级 QQ 群、微信群、小黑板、家校联系手册等发布阅读任务,学生上传作品完成打卡,教师再给予反馈互动。

2. 用好思维导图——解决"繁"的问题

第一种,整体导图,就是给整本《西游记》画一幅全文概览图(见图 3 - 1),然后可以让学生根据概览图说故事。

第二种,带着学生一章一章地进行整理,对其中的重要情节进行归纳总结。

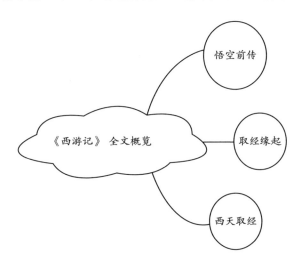

图 3 - 1　《西游记》全文概览

第三种,局部导图。比如,以孙悟空为主线的成长路线图,当然依次还有唐僧、猪八戒、沙僧的故事整合图(见图3-2、图3-3)。

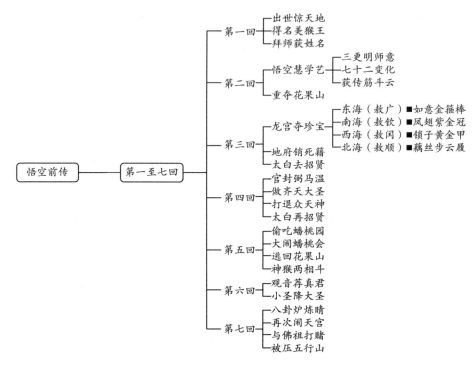

图3-2 悟空前传

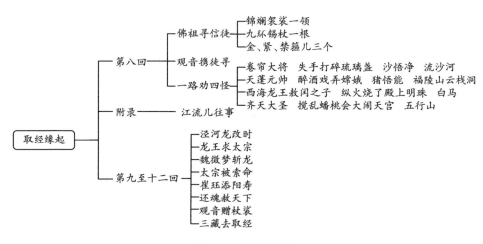

图3-3 取经缘起

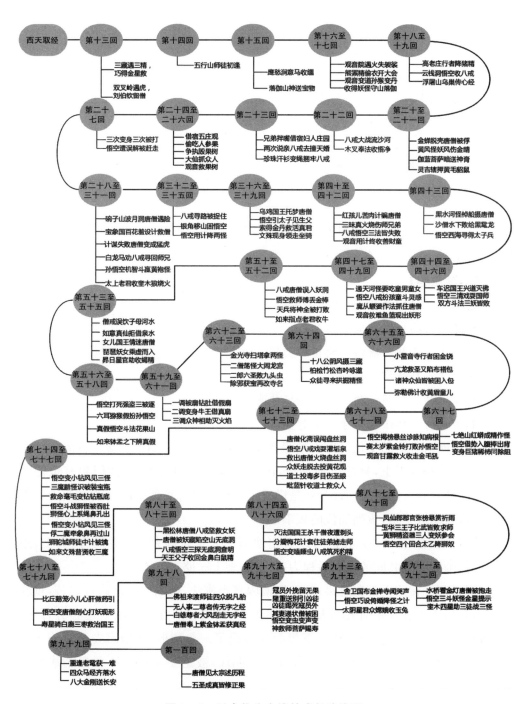

图 3-4　以人物为主线的成长路线图

还可以是以某个故事进行思维导图,比如"三打白骨精"(见图3-5)。

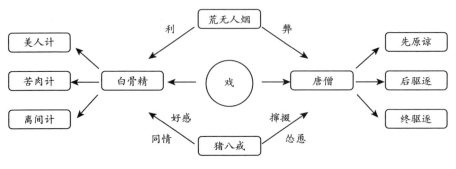

图3-5 "三打白骨精"思维导图

3.趣味阅读——解决难的问题

【趣题激趣】

趣题一:找找《西游记》里的因果故事。

师徒四人的身份变化之总结:

金蝉子—法师—唐僧—旃檀功德佛

摩尼珠—孙悟空—孙行者—斗战胜佛

天蓬元帅—猪精—猪八戒—净坛使者

卷帘大将—水怪—悟净—金身罗汉

师徒四人身份的变化可以大致呈现出西天取经的"因果"关系。唐僧师徒四人的"起点"都在天上,且都位列仙班,因为在各自不同的佛门、仙门犯有道德缺陷,因而被贬到人间。《西游记》就是讲述了他们为消除道德缺陷而前往西天取得真经,最后修成正果,重列仙位的故事。

纵观《西游记》全书,我们可以看出他们的人生轨迹大多跨越两界:天上、地上;他们师徒四人共同的发展历程为:天上—地上—路上—天上。

唐僧师徒在前世都犯过错:师父唐僧因怠慢佛法,被贬受十世修行之苦,重新修身;孙悟空因五百年前大闹天宫,得罪天庭,被佛祖压在五行山下定心五百年;猪八戒因贪图嫦娥美色而被贬,下界后身形成了一个猪形;沙僧因失手打碎了琉璃盏而被贬流沙河;小白龙因纵火烧了殿上明珠,被龙王告了忤逆,被贬为唐僧的坐骑白龙马。

取经的过程既是他们自我救赎的过程,也是他们用佛法救赎他人的过程,还是他们完成自身成长的过程。从"天上"出发,再回到"天上",且他们修行的结果都是终点高于起点,这在很大程度上体现了佛法渡人的观念,即佛教的轮回思想。

基于上述讨论,我们可以在名著阅读活动中设计多种多样的活动,比如:整理师徒四人形象变化的思维导图,组织学生讨论其共同特点;列表整理孙悟空的成长轨迹,从中发现成长规律,再去整理其他形象的成长轨迹;等等。

由此生发出去,《西游记》里还有哪些因果,比如太上老君和悟空之间的恩怨、泾河龙王的故事、唐王进地府、乌鸡国国王的故事……教师也可以让学生自己做成研究小点。

趣题二:《西游记》里师徒四人所去的国家有哪些? 这些国家真的存在吗?

历史上的玄奘曾写过一本《大唐西域记》。这本书是玄奘奉唐太宗之命,由他口述,由其弟子辩机笔录而成的。这本书记录下了玄奘19年来的旅途路程及见闻,记述了玄奘所游历的一百多个城邦、地区、国家的概况。从书中,我们可以获知玄奘前往印度取经的路线是:

长安(今陕西西安)—秦州(今甘肃天水)—兰州—凉州(今甘肃武威)—瓜州(今甘肃瓜州县东南)—玉门关—伊吾(今新疆哈密)—高昌(今新疆吐鲁番)—阿耆尼国(今新疆焉耆)—屈支国(今新疆库车)—跋逯迦国(今新疆阿克苏)—凌山(今天山穆苏尔岭)—大清池(今吉尔吉斯斯坦伊塞克湖)—素叶城(即碎叶城,今吉尔吉斯斯坦托克马克西南)—昭武九姓七国(都在今乌兹别克斯坦境内)—铁门(乌兹别克斯坦南部兹嘎拉山口)—今阿富汗北境—大雪山(今兴都库什山)—今阿富汗贝格拉姆—巴基斯坦白沙瓦城—印度。

在《大唐西域记》中,玄奘在印度待了两年多,广学佛法,潜心研究。当时的印度小国林立,地图版块可分为东、西、南、北、中五个部分,历史上称作五印度或五天竺。玄奘首先到了北印度,再接着游学中印度、东印度、南印度、西印度,最后返回那烂陀寺。也就是在那里,他获得了"大乘天"的尊称。

643年春天,玄奘取道今巴基斯坦北上,经阿富汗,翻越帕米尔高原,沿塔里木盆地南线回国,历时两年才回到阔别已久的首都长安。至此,《大唐西域记》中所载的玄奘一个人的"西游记"才算结束。

唐三藏一路西行,在西行之路上每到一个国家都会在他的西行通关文牒上留下印记,那么《西游记中》唐三藏的西行通关文牒上到底有哪些国家?

西天取经胜利后,唐三藏向太宗皇帝送上了西行通关文牒连同经书。根据作者描述,牒文上有宝象国印、乌鸡国印、车迟国印、西梁女国印、祭赛国印、朱紫国印、狮驼国印、比丘国印、灭法国印,还有凤仙郡印、玉华州印、金平府印。

有读者猜测认为,宝象国的原型可能就是唐代的安西重镇龟兹。经过1000多年的历史变迁,龟兹古城的遗迹仍能在现今新疆的库车县找到。库车县位于中国新疆维吾尔自治区中西部,属阿克苏地区东端。

根据历史学家考证,乌鸡国的原型是历史上的阿耆尼国。据说,阿耆尼国之所以被演化成乌鸡国,是因为这个国家有一个别名"乌耆",经历史的误传,加上想象力,最后就变成了小说家笔下的乌鸡国。这个"国家"在今天则是新疆的焉耆县,是新疆维吾尔自治区巴音郭楞蒙古自治州下辖的自治县。

除了乌鸡国,车迟国在玄奘的《大唐西域记》里面也有记载。但在《大唐西域记》中,玄奘将车迟国称为"车师",车师的都城是交河城。车师是丝绸之路上的重要商站,东南通往敦煌;向南通往楼兰、鄯善;向西通往焉耆;西北通往乌孙;东北通往匈奴。早在450年,匈奴困车师国达8年之久,车师王弃城而走,从此,交河被并入了高昌,车师的名字从历史上消失了。

车师国虽然从历史上消失了,但是它的都城交河古城的遗址现今依然存在,交河古城位于新疆维吾尔自治区吐鲁番市城西10千米的雅尔乃孜沟村。

还有神奇的女儿国在哪里呢?复旦大学历史学家钱文忠曾对媒体介绍说,玄奘在《大唐西域记》中有一段关于"东女国"的记载。这个国家有两个王,但是这个国家以女性为王,她的丈夫虽然也是王,但男性王不问政事。钱文忠认为,这很有可能就是《西游记》里女儿国的原型。

现今西藏境内就有一处传说为"东女国"的遗址,这里的景色与传说依然让人迷醉。

那么祭赛国是今天的哪里呢?可以猜测的是,从这时起,唐僧师徒随着西行的路线已经步入广大的中亚地区了。乱石山碧波潭作为小说中两度出现的湖,还给大家贡献了两个有喜感的小妖,鱼精奔波儿灞和灞波儿奔。

然而,在中亚地区,湖是相对罕见的,玄奘在《大唐西域记》里提到了一个名为"大清池"的湖,我们可以猜测这也许就是乱石山碧波潭的原型。

大清池也许就是现在我们所熟知的伊塞克湖。伊塞克湖位于吉尔吉斯斯坦东北部天山山脉北麓。从高处俯瞰,伊塞克湖就像一块碧玉嵌在山中,湖水清澈、澄碧,终年不冻,素有"中亚明珠"的称号。根据地理知识,我们知道唐僧师徒此时已经到了吉尔吉斯斯坦境内。

在朱紫国,孙悟空揭下给国王治病的皇榜,制药医好了国王的心病,并战胜了妖怪赛太岁,救回了国王的王后金圣娘娘。

现实中的朱紫国在哪?我们在《大唐西域记》中可以找到答案。玄奘曾提到一个执师子国传说,这个传说与朱紫国的故事高度类似,讲的是执师子国的建国传说。执师子国其实又叫狮子国,也就是今天的斯里兰卡。

"如来收大鹏"这集是西游记故事中最凶险的一个,故事也是发生在一个妖精称王的国家。青狮、白象、大鹏金翅雕分别是文殊菩萨、普贤菩萨和佛祖的"舅父"的"关系户",最终,孙悟空只能请来佛祖,才降灭了这三个全书中"最有后台"的妖怪。

有研究认为,青狮、白象、大鹏等具有佛教象征的动物意味着唐僧师徒此时已经进入了印度境内,而白象,更是典型的印度形象的代表。狮驼国也许就在印度境内。

当然《西游记》中还有很多国家,比如比丘国、灭法国,还有凤仙郡、玉华州、金平府等,需要我们去探索。

让地理老师和历史老师跟着大家一起玩转《西游记》,共同研究《西游记》里各个国家的风土人情。

趣题三:《西游记》里还有生物学?

第一,克隆技术代表人物:孙悟空。

提起《西游记》,恐怕第一时间想到齐天大圣孙悟空的人比想到唐三藏的人还要多。确实,孙悟空是整部小说的灵魂人物。有些人羡慕孙悟空一个跟头能飞出十万八千里(最早的飞机原型),有些人羡慕孙悟空七十二变(一部电视剧孙悟空一个人演就行啦),还有人羡慕孙悟空的火眼金睛(不就是现在的透视眼嘛),更有人惊叹他居然那么早就掌握了克隆技术!孙悟空拔出猴毛轻轻一吹,立刻变出了无数个和自己一样的小猴子!所以说孙悟空不是古代的神话人物,而是未来高科技机器人穿越回去的,毕竟他说不定就是现代克隆技术的鼻祖呢。

第二,遗传学代表人物:猪八戒。

可还记得天宫中那个威风凛凛的天蓬元帅？为啥被贬到了人间就变成了一只猪？原因很简单,他投胎到了一只母猪的肚子里。这也就是说基因是很重要的,管你前世是什么,母猪是生不出人来的。从这个角度来说,《西游记》的作者还是很尊重生物遗传学的。

第三,无性生殖代表人物:女儿国一众人。

一堆女人是如何繁殖后代的呢？女儿国公主的爸爸是谁？《西游记》给出了解释:"只要喝一口子母河的水就会有孕了。"而且,不仅姑娘们喝了水会有孕,就连误喝了子母河水的师徒四人也会有孕！这简直是开创了无性生殖、男人怀孕生子的先河！

第四,人体冷冻代表人物:乌鸡国国王。

现代还存在争议的人体冷冻用于以后复生的技术,《西游记》里居然也提到了。话说乌鸡国国王被推入井下,浸了三年而复活,这分明就是冷冻医学！这和一度很火的新闻"冰冻的鱼竟然复活了"简直是异曲同工。试想一下,也许井水温度低,加之井口密闭起到了隔绝空气的作用,很好地保存了乌鸡国国王的尸体。这样想来乌鸡国国王之后遇到强大的师徒四人死而复生还是说得过去的。

由此看来,《西游记》不仅仅是中国神话小说中最优秀的作品,简直还是本生物技术预言书啊！

【趣味活动】

活动一:来一场《西游记》人物的模仿秀吧！（见图3-6）。

图 3－6　学生模仿《西游记》人物

活动二:宋词仿写

钗头凤　cosplay 沙僧

文宇涵

夜将黑,手正累,还要玩 cosplay。晚饭吃,思绪费。几经思索,演绎沙僧。嘿,嘿,嘿!

东找找,西凑凑。东拼西凑衣简陋。炒饭铲,作宝杖。秋裤围脖,围巾系腰。累,累,累!

钗头凤　孙悟空

陈静贤

金箍棒,美猴王,一棒打死众妖怪。神通广,傲气涨,与佛打赌,被压五行。弱,弱,弱。

忠心耿,护唐僧,降妖伏魔万里行。修正道,成正果,斗智斗勇,名传千古。强,强,强。

钗头凤　模仿秀

王雨睿

模仿秀,真有趣。才子佳人显神通。选人物,找道具。七分打扮,三分神情。像,像,像!

西游记,水浒传。书中人物全来到。读名著,读人物。爱谁演谁,扮谁像谁。妙,妙,妙!

汉宫春　孙悟空

毛凯鹏

石缝中来,知世界之大,出海学艺。造访四海,拜师菩提祖师,七十二变,引得玉帝发大怒,却遇如来,五行山下五百年。

幸遇观音,但却护唐僧西行,八十一难,结的师徒情义来到西天,取得真经,如来封为斗战胜,从此更随唐僧去,回到大唐效忠。

永遇乐　孙悟空

宗忆

齐天大圣,疾恶如仇,孙悟空也。石猴出世,惊动天界,与众猴嬉戏。穿过瀑布,发现帘洞,遂成众猴之王。谈笑间,光阴似箭,欲四海求不老。

大闹天宫,乱蟠桃会,天兵天将捉拿。几天几夜,悟空大败,被压五百年。唐僧救出,西天取经,九九八十一难。成正果,斗战胜佛,谁不敬佩。

活动虽小,境界却很高。让艰涩难懂的文言读本立体化为具体的人物形象,学生们玩得不亦乐乎。从活动到诗词创作,又让具象回到抽象,让学生们建立了新的认知,看人看事别出心裁。这就是《西游记》个性化阅读。

二、读出点方法

(一)阅读真经巧总结

1.阅读方法先整理

(1)通读全文括大意

第一,略读——名著阅读加速度。略读又称跳读或浏览,目的是让读者掌握阅读内容的主旨和结构。在名著阅读中,略读是一种非常实用的办法,能够帮助读者快速阅读文本。所谓略读,指快速阅读文章以了解其内容大意的阅读方法。略读一定要找每段的主题句,一个段落通常只包含一个主旨,而段落中通常有一个句子表达出这个主旨,这个句子也称为"主题句"。略读有如下一些特点:从对读物信息的感知来看,它是以极快的速度去寻找字面或事实上的主要信息,不如精读那样纤屑不遗,重点是寻找对读者有用的信息。从对读物内容的理解上看,它不像精读那样"字求其训,句索其旨",而是根据文章的难易程度以及需要达到的目的来调整,略"次"抓"要",略"小"抓"大"。

① 抓重点知大意。略读,重在把握材料大意,准确捕捉关键信息。因此,要注意学习把握要点、捕捉信息的各种方法。阅读《西游记》的时候对一些故事进行整体把控,可以使用"5W1H"法进行概括:什么地方(where)、什么时候(when)、什么人(who)、什么事(what)、怎样做(how)、为什么(why),特别是在概括事件的时候,从起因、经过、结果等三要素进行整合。

② 多训练提速度。略读要以准确理解为前提,同时也对阅读速度提出了较高的要求。略读在保证速度的同时,也要从质和量两方面来提高阅读效率。如果要提高学生的阅读速度,就要让学生做到:只用眼,不用口,不重复。首先要减少朗读和默读时发音器官与视觉器官同时活动的情况,不断克服,减少大脑信息传递的环节,缩短反应时间,在此基础上加快阅读速度。在阅读课上,开展阅读速度训练和评比活动,比如阅读"三调芭蕉扇"用时 30 分钟,然后进行检测,让学生不断挑战自己的阅读速度,训练学生"一目十行"的本领。

第二,跳读——名著会跨栏。首先学会主动地舍弃。跳读要求我们在阅读中抓住关键信息,提取文中重要部分并有意识地跳过无关紧要的部分。跳读是通过省略次要信息来加快大脑对文字的反应速度,加强对关键信息的提取。它是阅读速度与思维过程同步进行的一种阅读方式。

其次是有意地忽略。跳读必须做到有取有舍,跳跃前进。也就是我们要凭自己的认知主动略去一些无关紧要的内容,只撷取文章中的关键部分。

最后要高效地阅读。跳读不仅是为了提高阅读速度,还可使读者更深刻地理解内容,提高阅读效率,也就是从质这个方面去把握。因为跳读的意义在于对读物的大幅度跳跃,舍弃非本质的东西,捕捉本质信息,形成新的思维流程。

（2）聚焦比对细读人物

《西游记》除了师徒四人还齐聚了各路神仙、各路妖怪，这些人物的性格特点丰富多样。学生在小学时，阅读《西游记》往往会为人物贴上单一的标签。如孙悟空"聪明勇敢"，唐僧"一心向善"，猪八戒"偷懒嗜睡"……为了让学生对人物形象的分析更加立体，教师可以在指导时运用以下三种方法。

① 概括＋细化。先用概括的语言整体地勾勒人物的特点，再用具体的故事情节来细化分析。这种方法有利于学生更加立体、全面地解读人物。比如对猪八戒形象的品读：

首先，八戒贪吃。书中高太公说他"食肠却又甚大：一顿要吃三五斗米饭；早间点心，也得百十个烧饼才够。喜得还吃素"。对八戒最有吸引力的莫过"斋""饭"等字眼。他因为好吃的脾性被白骨精等妖怪欺骗；被悟空以有好吃的为由诱骗去帮忙办事，受捉弄。

其次，八戒贪睡。如在黑松林化斋的路上，他寻思："我若就回去，对老和尚说没处化斋，他也不信我走了这许多路。也罢，也罢，且往这草料里睡睡。"丝毫不顾焦急的师父。让他巡山，"他一头钻得进去，使钉耙扑个地铺，一毂辘睡下"，可以说八戒无论在怎样的场合都要挤出时间睡觉，且不管是草窝里、树杈上、石缝间，随处一躺，都能酣然入睡。

再次，八戒贪财。趁着无人就偷纳棉背心，看到富贵就心痒难挠。悟空为了煽动八戒半夜去井里打捞国王尸身，便骗他有宝贝，八戒果然十分卖力，到井里下了龙宫；悟空假冒勾司人取八戒性命，终于使他招供出左耳朵里藏着四钱六分银子的私房钱。

最后，八戒贪色。一见年轻漂亮的女子，哪怕是妖怪变成的，都会在口中连声喊着女菩萨，因而被认为是凡心未尽。天蓬元帅因酒后调戏嫦娥被贬到凡间，仍不思悔改。不过他虽掳了高翠兰却也没强占她，也算是"好色而不淫"。后来连佛祖也对其做出了"色情未泯"的评价。

猪八戒的扮演者马德华老师谈到自己对《西游记》的看法令笔者印象深刻。他说："唐僧是一种精神，悟空是一种力量，沙僧是一种敬业，而猪八戒是欲望。人这一生要学会跟欲望相处，要学会抑制。"原来每个人心中都有一只猪八戒，就看你怎么对待他了。

② 整理＋总结。先整理相关任务的相关内容,再通过自己的理解,用总结人物形象的方法来呈现人物的最终形象。这种方法有利于学生全面深入地解读人物。如表 3－1 所示。

表 3－1　"三打白骨精"人物形象和相关情节

人物形象	相关回目	相关情节
疾恶如仇	尸魔三戏唐三藏 圣僧恨逐美猴王	看见眼前的白骨精一棍子就打了上去
情深义重		师父赶走他后,他望着茫茫的东海,不禁潸然泪下
急躁无谋		三次打白骨精,孙悟空都是一棍子打了下去,而没有抓住白骨精真正的把柄,导致被唐僧赶走

③ 反面＋正面。要让学生多角度看问题,立体地看人物形象,培养学生的思辨能力。

《西游记》中除了对师徒四人以及白龙马的详细刻画之外,对各路妖怪的描写也十分到位,比如对铁扇公主这一形象的刻画。首先,铁扇公主因不忍心看到丈夫牛魔王受到劫难,主动交出扇子,帮助唐僧西行。此时可见铁扇公主对牛魔王的夫妻真情。其次,她也是一位爱子心切的母亲,红孩儿被观音收去做善财童子后,她为他们母子难以相见而难过。铁扇公主虽然是妖,但她却是一位妖性和人性并存的妖。

(3) 分类联结研读主题

吴承恩创作的《西游记》从表面上来看,是在写神仙鬼怪的故事,但着意点还是通过这些故事反映人间现状。一部小说具有折射当时的社会现实的作用,因而我们要学会透过现象看本质。《西游记》中无论地点是在天宫,还是在地府,掌权者大多欺软怕硬、纵情享乐的,有时还下凡偷懒享乐。这些都隐射了当时明朝的掌权者。

《西游记》塑造了 5 个原本具有神力却因为一点鸡毛蒜皮的小事被贬下凡的人物形象。故事的开端,他们从神变妖,在这一西去的路上,他们的妖性转变为人性,最后转为神性。

在阅读《西游记》时,我们还要注意到作家的生平背景,不能只关注光怪陆离的世界、神奇百变的妖怪、技艺高强的神仙等。任何一部文学作品,都是现实生活的影子,反映出当时社会的种种现象。

鲁迅先生说,吴承恩撰写的神魔小说《西游记》中包含着深刻的关于儒、释、道三教的知识,同样它也是一部寓有反抗封建统治意义的神话作品。

(二)写作真经须用心

1. 景物描写探奇巧

小说中的环境通常有多种作用,可以确定情感基调,能够营造情感氛围,可以体现不同地域的自然与人文风貌,能够与情节形成呼应,等等。学生阅读小说常常"跳过"环境描写只"追踪"情节,这样的阅读行为容易导致浅阅读,使阅读最终呈现"碎片化"。对环境的忽视会让学生无法建立内容关联,难以获得更深刻的阅读思考,因此小说内容重构的对象还可以是小说中的环境。我们可以借助重构将小说中的环境描写集中起来,将主人公和故事还原到一个真实存在的氛围里去。在重构的信息中学生可以产生新的阅读发现,生发新的阅读思考。

2. 人物描写显个性

《西游记》作为一部小说,人物形象的描写是至关重要的。吴承恩除了通过故事情节来刻画人物外,同时也应用了大量的直接描写来表现人物。

(1) 独特的外貌描写。《西游记》中的主要人物除了人(唐僧)还有妖(白骨精)、佛(如来),作者对他们都极尽描写。小说中对他们的外貌、服饰描写得十分细致,给读者留下了深刻的印象。如孙悟空是个身披棉布直裰、腰围虎皮、头戴紧箍圈、手提金箍棒的战斗者形象。观世音则:眉如小月,眼似双星;玉面天生喜,朱唇一点红;净瓶甘露年年盛,斜插垂杨岁岁青。观世音作为一个救世主,吴承恩将她描写成了一个既美貌端庄又超凡脱俗的菩萨形象,在外貌的塑造上完全符合人物特点。除此之外,作者在描写一些小人物时也独具匠心,他们形象具体,活灵活现。如火焰山下的老汉,作者不仅仅描写了他的穿着,还通过描写将他的大金牙展现在读者的眼前。

(2) 个性的语言描写。语言艺术在创作中有重要性、直接性、独特性三大特点,富有个性化的语言不仅仅能将人物的音容笑貌展现在读者面前,而且还从更深层次上揭示出了人物鲜明的性格,为作家塑造个性独特的人物添砖加瓦。如孙悟空是只胆大的妖猴,所以他的语言有"妖"的粗野。吴承恩通过孙悟空的人物对话将这样一个胆大妄为的反叛者形象展示在读者面前。在"大闹天宫"中,与如来佛赌斗一节,孙悟空说道:"皇帝轮流做,明年到我家,你教玉皇将天宫让我,便罢了,若不让,定要搅攘。"短短的几句,写出了孙悟空的桀骜不驯、目无尊长。除了对孙悟空语言的个性化描写外,作者还生动形象地将唐僧的谨小慎微、猪八戒的贪婪好色,以及沙僧的驯顺服从,通过他们的语言描绘了出来。

(3)出色的心理描写。如猪八戒的"邪心",就是通过刻画他的心理,写出了他的懒惰、憨直。第二十八回中,孙悟空被唐僧赶走之后,唐僧便叫猪八戒去化斋。书中写道:你看他出了松林,往西行十余里,更不曾撞着一个人家,真是有虎狼无人烟的去处。那呆子走得辛苦,心内沉吟道:"当年行者在日,老和尚要的就有,今日轮到我的身上,诚所谓'当家才知柴米价,养子方晓父娘恩'。没处化斋,他也不信我走这许多路,须是再多幌个时辰,才好回去回话。也罢也罢,且往这草料里睡睡。"呆子就把头拱在草里睡下,然后过了几个时辰才回去回话。仅仅是对八戒化斋的这一段心理描写,就让这个人物形象点染纸上,不得不佩服作者深厚的语言功力。

3.战斗场面有意境

此书之中,有许多对战斗场面的描写是选择用诗歌的方式来表达的,其中用词夸张豪放,畅意飞扬,让人读来十分畅快。此处引用孙悟空与木吒战斗的描写:

棍虽对棍铁各异,兵纵交兵人不同。

一个是太乙散仙呼大圣,一个是观音徒弟正元龙。

浑铁棍乃千锤打,六丁六甲运神功;如意棒是天河定,镇海神珍法力洪。

两个相逢真对手,往来解数实无穷,这个的阴手棍,万千凶,绕腰贯索疾如风;

那个的夹枪棒,不放空,左遮右挡怎相容?那阵上旌旗闪闪,这阵上鼍鼓冬冬。

万员天将团团绕,一洞妖猴簇簇丛。

怪雾愁云漫地府,狼烟煞气射天宫。

昨朝混战还犹可,今日争持更又凶。

堪美猴王真本事,木叉复败又逃生。

此诗先介绍两位战斗者身份:一个是大圣,一个是元龙。然后介绍两位所用兵器:一个是浑铁棍,一个是如意棒。接下来便是对战斗场面的描写,"万千凶"和"不放空"将战斗双方的凶狠表现得淋漓尽致。

4. 抒情传意有深味

作者吴承恩年轻时也热衷功名,但总不如愿,考了许多次竟连一个举人都未能考中。直至嘉靖二十九年(1550)他已 45 岁的时候,才考上一个岁贡生。这样波折的人生经历让他不由得有世事厌倦之感,便力图在佛道之中寻求解脱。所以《西游记》中他写的诗词,也到处透露出佛教的安宁与静谧。

如《蝶恋花》:

烟波万里扁舟小,静依孤篷,西施声音绕。

涤虑洗心名利少,闲攀蓼穗兼葭草。

数点沙鸥堪乐道,柳岸芦湾,妻子同欢笑。

一觉安眠风浪俏,无荣无辱无烦恼。

这一类的诗词之中,最受推崇的是这首《满庭芳》:

观棋柯烂,伐木丁丁,云边谷口徐行,卖薪沽酒,狂笑自陶情。苍径秋高,对月枕松根,一觉天明。认旧林,登崖过岭,持斧断枯藤。　收来成一担,行歌市上,易米三升。更无些子争竞,时价平平。不会机谋巧算,没荣辱,恬淡延生。相逢处,非仙即道,静坐讲《黄庭》。

这首词承接了宋元文人的牢骚,用一种超脱的心态来描述一个樵子淡薄于名利的生活。

下面一首诗便有批判的意味了:

争名夺利几时休?早起迟眠不自由。

骑着驴骡思骏马,官居宰相望王侯。

只愁衣食耽劳碌,何怕阎君就取勾?

继子荫孙图富贵,更无一个肯回头。

这首诗在艺术上的成就不是很高,类似于打油诗。但是这首诗的精神影响了后世许多民间故事作家,诗中将人们对名利的热衷和欲望的膨胀用很简单的两句话来表述:"骑着驴骡思骏马,官居宰相望王侯。"实在是恰当!

三、读出点精神

经典是人类智慧的结晶,阅读经典可以开拓智慧,陶冶情操,启迪人生。经典作品会丰富我们的人生感受和经验。比如《西游记》,虽然它是虚构的神魔小说,描绘的是一个色彩缤纷、神奇瑰丽的幻想世界,但是它基于现实,源于现实生活,生活中的场景、现象经过艺术性的夸张、奇幻的描写仍折射出世态人情。《西游记》中的人物、情节、场面,乃至所用的法宝、武器,都极尽幻化之能事,但却都是凝聚着现实生活的体验而来,在奇幻中透出生活气息。读这样的经典,会帮助我们思考许多人生问题。经典文学作品所表现的社会人生,具有长远的认识价值和审美价值。读名著,就像是照镜子,是为了让我们更好地"修缮"自我,正确前行。

名著能为塑造人性打下精神之基。《西游记》显然表现了这样的思想:要实现一个美好的理想,要完成一桩伟大的事业,定会遭遇许许多多的困难,但是必须战胜这些困难才能成功。西天取经经历了八十一难,绝大部分故事中都有阻挠取经事业的妖精。他们中有许多其实是自然灾害的幻化,但当他们化身成为妖魔,在战斗中作为邪恶势力的一方出现时,就获得了社会意义。吴承恩所着力描写的是西天路上每一场具体的战斗,是孙悟空如何在与阻挠取经的邪恶势力做斗争中取得胜利。总体来看,西天取经的故事通过幻想的情节,在很大的程度上,反映了人们克服困难、勇敢前进、不屈不挠的精神。

(一) 跟人物对话

(1)读完《西游记》,我们一定有所悟、有所感、有所收获。尤其是书中的主人公——唐僧师徒,他们是作者所浓墨重彩描绘的,他们的形象也最是鲜明,给我们留下了深刻的印象。学生们有许许多多的话想对他们说,请看以下学生作品。

【学生作品一】

给孙悟空的一封信

杨佳艺

大圣:

　　近来无恙乎? 当了斗战胜佛,修成了正果后是否还似从前那般性急逍遥? 如今的你回想当年送唐僧上西天所经历的种种磨难,会是一种什么样的心境呢?

　　想你当年多么威风,上震天宫,脚撼大地,怎么就一时糊涂要和如来斗法呢? 是不是天宫的无能使你过于盲目自信?

　　算了,不说了,免得惹你恼。作为一个神通广大的齐天大圣,当了唐僧这么一个十分胆小怯懦又是非不分,慈悲到没有边界的人的徒弟可有失望过? 摊上八戒这个有时喜欢搬弄是非的师弟可有无奈过？唉，当唐僧和八戒做得过分时，我都在为您叫屈，恐怕仁兄也有过我这样的心情吧。

例如那三打白骨精之事，众人都凡胎肉眼不识妖怪，你忠心为主打死白骨精，可八戒贪婪好色，教唆师父念紧箍咒严惩你。偏偏师父又是个耳根子软，什么话都听得进去的人，也不想想以前你用那火眼金睛立下的大功，二话不说把紧箍咒念上了个几十遍，最后干脆直接把你踹出西天取经团。面对师弟的背叛、师父的不信任，仁兄应该寒心吧，可是我却看到仁兄在对唐僧洒泪拜别，诚心不舍。仁兄真乃世间少有的好人、忠臣。若换作我，直接"跳槽"，理都不理那些人。

回想当年观音奉如来佛旨寻取经人，途中若有神通广大的妖魔就用箍儿管教，给取经人做徒弟。若菩萨的三个箍分别给了仁兄、黑熊精和红孩儿，由这三位护唐僧的话，仁兄也许就不用受那么多冤枉，也不必太费心费力。所到之处，妖魔必闻风丧胆。实在不济时，众兄招来亲戚挚友帮忙，如一对厉害夫妻——牛魔王和铁扇公主。这取经十四载，大圣求了多少显圣帮忙，也欠下了不少人情，毕竟你底下二位师弟能力有限，还是从天庭被贬下来的。若是换了我说的那二位，那取经之事肯定不会如此艰难。可惜，可惜，那二位怎么就被观音选了去呢？

说到这儿，在下还有一问。去西天的路上天庭神仙的各个宝贝都出来显胜，怎么您大闹天宫之时不用来制服您呢？怪哉，怪哉。

罢了，罢了，往事既已过去，不便再提。大圣如今修成了正果，定被如来管得死死的，恪守佛规。当年金蝉子不是因吃饭落下一粒米就堕入凡世了吗，所以还不如在天庭当个齐天大圣呢，不为别的，只图快活。原先大圣皈依佛教，就是被迫的。您那西天路上害了多少条性命——哪怕是妖也是命，大圣的苦头就别指望着少吃了。

唉，这神威的大圣怎么到那就成了服苦役的呢？

教师点评：视角独特，将悟空略带"憋屈"的现状与当年那个轻狂放纵、快意恩仇的大圣进行对比，体现了小作者的遗憾。此外，小作者为悟空一路受苦打抱不平的同时，用调侃的语气表达了对西天路上各种潜规则的不满，而往事不便再提，唯默默承担，最后一句慨叹收尾，看似平淡却精练地概括了悟空今后也许要过的平凡一生，实为点睛之笔！

【学生作品二】

给白龙马的一封信

华格菲

也不知怎的,《西游记》读着读着就想开一个吐槽大会,批评一下唐僧的善恶不分、胆小懦弱,骂几句八戒的凡事啰唆、好吃懒做,夸一夸沙僧的忠心耿耿、吃苦耐劳,使劲儿赞美悟空的有勇有谋、有情有义……哎,等等,是不是少了什么?回头一数,确确实实有那师徒四人啊?哦不,独独少了个白龙马!

在《西游记》中,白龙马出场次数少得可怜,大都在讲唐僧又被妖怪抓走了,孙悟空他们又去救师父了,某某妖怪被某神仙收服了……作为故事中的"小透明",白龙马也并没被算进师徒四人之中。故事中的他,往往是"那马看见拿棒,恐怕打来,慌得四只蹄疾如飞电,飕的跑将去了""此时驿里无人,只有白马在槽上吃草吃料""只见白马睡在那厢,浑身水湿,后腿有盘子大小一点青痕"……每一句描述都显得白龙马十分无助。

不过,白龙马,您也不要气馁。想当年您也是海底威风凛凛的西海龙王三太子,不过因为手一抖烧了个明珠,被您那狠心的父亲告忤逆,才搞得您踏上了一条道道都是坑的取经之路。但您细细想来,您的功劳也不容小觑,日日驮着那不知多少体重,还总是从您身上摔下来的唐僧。您吃苦耐劳、默默无闻地奉献着,有时竟连八戒都忘了你其实是条龙。在第三十回中你的大显身手,令我印象深刻,有诗曰:今宵化虎灾难脱,白马垂缰救主人。虽然您惜败,但若没有您出手相救,那无能的唐僧就要与笼子共度余生了,那宫殿都要被妖怪吃没了。

白龙马呀,您是幸运的!您驮着唐僧去取经,取得佛法,还了业障,超越了凡龙,修成了金身正果,事后不就成了全村的骄傲、龙族的标杆、人人称美的好龙了吗?

白龙马呀,道路有风险,取经需谨慎,当然你还是最棒哒!

教师点评:语言幽默风趣,选取角度新颖,关注到了一直被人们所忽视的白龙马,并别出心裁地给他取了个绰号"小透明",称其为"全村的骄傲",字里行间无一处不透露出,作者是个活泼善良的小女孩。以这样充满童真的赤子之心去写文章,是很享受的一件事。

(2)除了唐僧师徒,在《西游记》九九八十一难中,妖怪繁多,很多妖怪也让我们记忆深刻。妖魔鬼怪,群魔乱舞,他们也有七情六欲,他们也有独属于自己的故事和天地,我们一定也对这些妖怪产生了浓厚的兴趣,也可以试着去和妖怪对话。比如,让你化身其中,你会选择做什么样的妖怪呢? 你会设计什么样的陷阱去为难唐僧师徒? 让我们巧妙改编,适当演绎。

【学生作品一】

黑水河惊遇逆鼍龙

戴亦宸

(第四十三回,角色:黑水河鼍龙)

自占黑水河那日起,本鼍何曾不逍遥快活焉! 再有舅爷庇护,于我何来的"修身养性"一说! 近日,闻得东土大唐来的圣僧将途经我处,本想着他自投罗网,捉将来受用受用。哎! 怎奈时运不济!

前几日,忽听小妖来报,唐僧和几个丑恶嘴脸的和尚已在我黑水河旁商议过河。我大喜,遂摇身一变,化为一船夫,驾一小船从河上溜头棹向河边,果见唐僧众人。只听得一黑脸和尚厉声高叫,让我过去渡人。我心喜:这买卖却也好做。因而棹向众人。因船小,后只载上了唐僧及一肥头大耳和尚。我先将船行至河中间,紧接着,弄起一阵狂风就把两人摄回神府。却怎知,我坐下未久,刚让小的把笼抬出,准备蒸唐僧二人,正吩咐写柬请舅爷老龙王来与我一起受用,就听小妖们急来报道:"祸事了!"并说一晦气脸和尚在大门要人。我顿怒,取披挂后去一看,只见那和尚出言不逊,讨要唐僧。我二人大战一场,那和尚虚丢个架子要走,我也不赶,又回去,写好请帖,派小妖送至舅爷西海龙王处。之后,我自个安心坐于亭上,待享用十世修行换来的那无能唐僧的细皮嫩肉。过了许久,忽见一陌生介士来我水府门前报西海龙王太子摩昂来到,接着我府巡河小妖又来说河内有一支摩昂领的兵。一听,我一头雾水:怎么舅爷不来,反而表兄却领兵来? 本以为是舅爷让表兄代表来参宴,但揣摩许久,我恐其间有故,便取了披挂出去见表兄。岂知表兄果没有一点要吃唐僧的意思,开口便让我放了唐僧,还拿一什么大闹天宫的齐天大圣唬人。辛辛苦苦得来的唐僧,怎能让你说放就放? 我正欲大怒,忽又转念一想:连舅爷都怕的和尚,怕不真很有些本事……况且对方人多势众,对峙必败,可我盼唐僧肉盼了那么多日子,怎么办?

情急处,我绞尽脑汁,突然,灵光一现:我近日在车迟国认了个兄弟,发誓有福同享,互帮互助。为防万一,我俩府间还有密道相连,互为避难。可以先假装放了唐僧,再让兄弟于唐僧师徒必经处埋伏,于密道处带来。这样,再厉害的大圣也无计可施。我于是放了唐僧,准备施计。怎知还是被大圣的火眼金睛识破……

哎,想吃个唐僧肉,怎就这么难呢!

教师点评:作者选取了《西游记》中名不见经传的小妖鼍龙,可见花了心思。原著中的鼍龙是个莽汉,做事不动脑,敢和表兄龙太子叫板,而本文的鼍龙却是有些眼力见,虽最终失败了却也保全了自己。作为鼍龙的一篇同人文,一气呵成,将原著的精华尽收。

【学生作品二】

画皮师

康一诺

"妹妹,恨吗?"我俯下身,对着一堆白骨说道。四周静悄悄的,一个细细的声音说道:"恨呀! 我不甘心! 姐姐,帮我,帮我!"那堆白骨怒了,素手一覆就站了起来。

"唐僧师徒四人马上就要经过你的白虎岭了,你……""姐姐放心吧!"白骨精打断了我的话,为我沏了一盏茶,"只是……"我转头看向她:"只是什么?""姐姐你若不气,我便直说了。妹妹不才,化人之术不精,还请姐姐为我制几张人皮。""噢?"我好奇道,"你要习这化人之术做何?"她说:"听说那唐僧乃金蝉子转世,吃了他的肉便可长生。我等为妖,不可同仙门习长生之道。若要长久,唯有杀了他,吃其血肉。"我听了,心中一惊,但还是制了三副皮子予她。

"到了日子了。"我在心中想道。不出所料,我那制的空皮子被孙行者识破,白骨精接连丢了皮子后跑了。

回了自家洞府,一个声音从塑像中传来:"敬心道长呀,第几了?"他半开着玩笑,我不语。"你可要仔细了,九九八十一难,一难不能少,一难不能多。我将天庭上能用的棋子都给你了,你可要将这局布好了。"我仍然不语,半晌才道:"知道了,玉帝。"

"那下一步,你要怎么走?"

"宝象国。"

背上了我的琴,朝着宝象国走去。"金蝉师兄,对不住了,玉帝命我做的事,如来也允了。你唯有历满九九八十一难方能取得真经。不过,这真经,唉……"

教师点评:不得不佩服作者的脑洞大开,看到结尾才知道,这一切的阴谋诡计竟是玉帝与如来合谋的,而"我"——画皮师,是这一切的操纵手,八十一难都有画皮师的影子。这是一次成功的改编,富有亮点与特色的改编。加油吧,继续写下去,你也可以写出别样风采的《西游记》!

【学生作品三】

黄风岭唐僧有难　虎先锋奇迹生还

华格菲

"我是小妖怪,聪明又可爱。要抓唐三藏,属我最能干!"

我本可以成为黄风岭一带最优秀的妖怪,但我那极高的思想境界不允许我与其他凡妖俗怪争名夺利,只当了黄风怪手下的先锋,做了一个自在的小灵通。

这一天,大王叫我去巡山,我抄起我的两把锋利的"美工刀",一路哼着小曲儿,开始了我快乐的巡山之旅。

走着走着,山坡上传来了窸窸人语,我赶紧窜进身旁的灌木丛里,睁大我的卡姿兰虎眼,寻声望去,只见四人一马在愉快交谈。我再定睛一看,发现那个马上念经的光头就是传闻去往西天取经吃了便可长生不老的唐僧。我的眼底充满了对唐僧肉的渴望,可我听说唐僧的三个徒弟特别会打架,我怎样才可以一敌三呢?我正寻思着,突然几片落叶从我的头顶飘落下来。好落叶,使我心生一计,是时候展现真正的技术了!我藏好我的"美工刀",化作一股风在树叶的掩护下缓缓接近。

"咦!徒弟啊,这风怎么阴森森的。"悟空听了那光头和尚的话,说:"莫急,待老孙抓那风来闻一闻。"听了这番话,我慌了神,急忙从孙悟空身边逃走,不料被他抓住了尾巴。"果然不是好风!这风的味道不是虎风,定是怪风,颇有些蹊跷!"我听了急忙用后脚蹬了他的眼睛,逃出他的猴爪,抓住时机,腾空一跃,现出小虎真身,使了个"小虎飞刀",两把"美工刀"咻的一声飞向八戒和沙僧,回首掳走了唐僧。正在空中飞回,身后那雷公脸的猴和长嘴大耳的猪,一个手擎棒,一个手持钯,气势汹汹向我奔来。嗬!我也是个虎中豪杰,我将唐僧勒在身后,拿把"美工刀",上前迎战,也算得上骁勇了。战了五十回合,渐渐手软筋麻,力不能及,于是收回"美工刀",抓起唐僧就要跑。可那孙悟空呢?以迅雷不及掩耳之势挥棒打来。啊！完了完了，我真的还想再活五百年呐！于是我抢起唐僧，做了人肉盾牌，那可怜的和尚早已吓得半死，那哭丧棒怎知轻重，啪的一声就敲在那光头上了。我丢下他们赶快跑，可真是闯了回鬼门关！

我跑呀跑，虎毛直往后飞，也不曾回头看看那和尚死没死。反正《西游记》还有八十回才完结呢，我还是潇洒地做小妖吧！

"我是小妖怪，聪明又可爱。要抓唐三藏，打死也不干！"

教师点评：这真是一个虎头虎脑、傻里傻气的巡山小妖怪，当妖怪可惜了，应该去演喜剧！作者将自己的性格融入巡山小妖中，处处留下了浓浓的个人印记，文章很有趣味，首尾两句话互相呼应，让人莞尔。

（3）《西游记》是中国神魔小说的经典之作，达到了古代长篇浪漫主义小说的巅峰，与《三国演义》《水浒传》《红楼梦》并称为中国古典四大名著。而对于能写出这样一部鸿篇巨制的作者——吴承恩，我们一定对他充满了好奇，一定想与他聊聊天，说说话。

【学生作品一】

吴承恩，我想对你说

杨佳艺

不知怎的，穿越来到了明朝，我足蹬黑瓦，位于房梁上，静静俯瞰这偌大的四合院，正思量着……"刺啦——"，正室门被推开，走出一个花白长须的老者，好生眼熟，细看发现竟是射阳山人，以此便可推测此地乃是汝忠先生的地盘。我正激动，忽脚底踩空，砰的一声摔在地上，爬起来，先生又惊又奇，忙上前扶持，我摆摆手，赶忙上前行礼："久仰先生大名，鄙人不知何故穿越到此，因而从天而坠，惊了老师，十分惶恐。"汝忠捋捋胡须，欣然曰："莫怕，无妨，请进。"我随着吴承恩，走入屋内，步入书房，先生入座，我随次入座。

先生沏了茶，余香袅袅，绕至上梁。他抿了口茶："你，从何处听来我的名声？""我从未来穿越而来。在未来，先生编写的《西游记》闻名于世，成了中国四大名著之一。"吴承恩听了，喜笑颜开，抚着案上《西游记》的书稿，叹道："既如此，则是天意呀！"又言，"虽然吾书名为志怪，盖不专明鬼，实记人间变异，亦微有鉴戒寓焉。"我一时被他说得一头雾水，忙道："可否请教先生几个问题？""请讲。"我拿出我的小本本，说："您写《西游记》的意图是什么呢？""原是闲来起笔，随意写写，供那些碎谈茶客解解闷,但也多半因为科场失意、社会打压,意在真实描写社会黑暗的实事。"又问:"那么,故事中的唐僧师徒四人都有什么寓意吗?"先生又答:"悟空,反叛精神代表,代表了人民的意愿;八戒,大部分勤恳平凡的人,只想过平凡的生活。此作也不是什么大作,只是借此骂世。"

听后,我大有感悟,笑眯眯地对汝忠先生说:"在下可否给您提一些建议呢?"他似乎来了兴致,答道:"好。"于是,我恭恭敬敬道:"您的书呢,我读了,觉得有些地方还须稍加修改。例如,师徒四人,马不在其中,真是活活气死个龙王三太子!好歹是匹神马,戏份少得可怜,让人实在看得于心不忍呐。还有,唐僧不要动不动就念紧箍咒,不要动不动就哭,明明是出家人,好似一个在家人,七情六欲表现得淋漓尽致;还有猪八戒,能否添一个《西游记》全员群攻的画面哩?我都想进去把他揍一顿!还有啊,孙悟空大闹天宫的时候,玉帝为啥只让手下人干事,自个儿高枕无忧?不应该与孙悟空打一架吗?自己亲自出马多实在,在王座上嘴随便一张,显得很没有实力啊!还有……"射阳山人见我滔滔不绝,忙打断:"行了,我会好好修改的,谢谢了。"

不知怎的,眼前突然起了雾。雾散了,我回到了书桌前,桌上还有一大堆作业。

谨以此记向吴承恩先生致敬!

教师点评:想法奇妙,以穿越为名,表达了自己对《西游记》的一些独特看法,可见是真正对《西游记》喜爱至极了。文章语词优美,开头一段的描述让人迷醉,使读者仿佛身处那古色古香、令人向往的时代,可见作者功底。

与作者对话之后,我们一定对《西游记》有了更深刻的了解,也会有自己的一番见解,也会有把自己的阅读感悟分享给同学们的渴望。班级里的几位学生还为此做了课件,以"我来读《西游记》"为主题进行演讲。

(二) 与时代相融

1. 西游记的时代背景与创作背景

《西游记》的作者吴承恩,字汝忠,号射阳山人,淮安府山阳县(今江苏淮安)人,是明朝中期一位不得志的文人,多次参加科举不中,晚年才得中贡生,做过县丞,但因与上级不合而辞官。他50岁左右开始写《西游记》,写了前十几回后因故中断,直到晚年辞官离任回到故里,才得以最终完成《西游记》的创作。我们首先要感谢吴承恩先生的长寿,如果不是他活到耄耋之年,我们也难以看到完整的《西游记》了。

从历史大背景看,《西游记》的产生正是中华民族由盛转衰的时代。那个时代,西方已经拉开了地理大发现的序幕,西班牙、葡萄牙的舰队已经开始环球航行。而明朝自从郑和下西洋之后,就没有值得称道的航海经历,更因为倭寇的袭扰闭关多年,原来赫赫有名的大明水师已经彻底没落。明朝其实是一个思想很开放的朝代,出过明朝三大才子解缙、杨慎、徐渭,出"江南四大才子",更有王阳明这样的一代哲学大家。此外,明朝的科技创新能力也令人惊叹,如《天工开物》《本草纲目》《农政全书》等具有极高学术价值的科学书籍都诞生于明朝,而徐光启更是学贯中西、开创西学东渐的第一人。明朝的经济繁荣,在与西方的贸易中始终处于顺差地位,GDP 大约相当于当时世界的三分之一,而且在明朝后期已经出现明显的资本主义萌芽。然而当时国内阶级矛盾也在上升,在吴承恩的时代发生了多次农民起义,再加上后金的崛起,明王朝已经处于风雨飘摇之中。在这样一个风云际会、各种思潮激荡、各种政治势力纷纷登场的历史背景下,我国四大名著,有三部出现在了明朝,即《三国演义》《水浒传》《西游记》,它们分别讲史、讲江湖、讲神魔。

《西游记》的故事从唐代开始流传,到了明朝,吴承恩将其归纳整理,以取经的故事为因由,构建了一个虚拟的神魔的世界,并用这个虚拟世界中的种种人事影射他当年所处时代的种种不平、不公、不义。最重要的是,吴承恩开创了自由主义在中国小说中的先河,对公平、对自由的向往初露端倪。

吴承恩主要生活在明朝嘉靖年间,属于明朝中后期。明朝有两件大事可表,一是郑和受皇帝委派下西洋(首次航行始于 1405 年),使明朝对外开放达到一个新的水平,加强了中国同西方国家的联系。欧洲国家已经开始了文艺复兴(从 14 世纪末开始),文艺复兴主张"人性",反对"神性",以人为核心,赞美人的价值和人的尊严,反对禁欲主义。各种思潮相继波及东方诸国,特别是人本主义即个人主义思想的传播,使中国也产生了丘濬、黄宗羲和唐甄等经济思想家。丘濬主张"人人各得其分,人人各得其愿"的经济思想;黄宗羲提出了"人各自私""人各自利"的观点;唐甄则认为君主要认识到"非天帝大神"的观点,皇帝与平民一样,都是人,要尊重人格,听从别人的意见,不能一意孤行。这些先进思想使吴承恩不能不受到影响。他在孙悟空身上所灌注的以自我为中心,天不怕地不怕,皇帝老儿也不怕的精神,多少得益于西方国家人本主义思想的熏陶。

第二个是由于商业的发展,这个时期出现了大小不等的沿海商业城市。首先是手工业的发展,特别是沿海地带纺织业的发展,出现了劳动雇佣关系,资本主义开始滋长。同时,商品经济也得以迅猛发展,各种商会、行帮相继出现。如果不是政治黑暗,加上清兵入关,明代进入自由资本主义也不是没有可能。资本主义思想是从封建社会中萌发的,是反对封建主义的先进思想。我们看到《西游记》中所反映出来的"个人主义""自由主义""反对神权,反对专制"的思想是那么强烈,这绝非偶然。文学作为一种意识形态,总是受一定经济基础的制约;文学艺术家也总是生活在一定的民族经济和社会文化氛围中,他们在文学中所表达的思想及观点,总是带有他们所处的那个时代的烙印。而且一定环境下的先进思想的熏陶,优秀文化遗产的浸染,都会潜移默化地影响他们的创作。无论是在审美的理想、观念、趣味,还是在艺术表现的手段上,此种影响都或多或少存在。换言之,各民族经济文化的因素必然对作家艺术家的创作心理动机有促进作用,《西游记》的创作也正符合这个艺术发生的规律。

在这种时代背景下,《西游记》所表达的各种思想观点,无一不带有明朝中后期的时代特征,只有了解到这一点,才是解开《西游记》里边各种疑惑的钥匙。有人说,《西游记》所表达的先进思想到现在也不落后,其原因就在这里。吴承恩是受到资本主义萌芽思想熏陶的一位文学家,同时,他也是一位用文学作品来表达经济政治思想的思想家。吴承恩及《西游记》的价值就在这里。如果说,《红楼梦》宣布了封建社会即将倒塌,那么,《西游记》则表达了个人自由的强烈愿望,以及发展商品经济的时代要求。

2. 我们能从《西游记》中学到什么

都说,外行看热闹,内行看门道。好的文学来源于生活而高于生活,好的作品应该能让我们从中有所收获才是。那么,我们应该从《西游记》中学到什么呢?以下有三点大家可以深入思考:

(1)持之以恒、不畏艰险的精神和坚定的信念

唐僧之所以能够成为取经队伍的领导者,不仅仅在于其身份的特殊,另有极为重要的原因,那就是具有坚定的信念和不畏艰险、持之以恒的精神。唐僧虽然懦弱,但是却具有一种不将理想实现决不罢休的可贵品质。对于想成就大事业的

人来说,这一点素质都是应当具备的。

在漫长的取经途中,可谓惊险重重,师徒几人时刻都面临着严峻的考验,孙悟空不止一次地翻跟头回花果山做他的美猴王。虽说是被唐僧赶走的,属于无奈之举,但是在一定程度上也反映出孙悟空对待取经的态度不够坚定。猪八戒则更是俗心未净、贪恋红尘,他时不时地想回高老庄去过那筵有美酒、室有娇妻的舒服日子。沙和尚虽然是个老实人,但是如果大师兄、二师兄都走了,他恐怕也是承担不起独自护佑师父赶往西天的艰巨任务,一旦有难,他也很有可能就势重又潜入流沙河中做个水霸王。

唐僧呢,他与徒弟们则是完全不同的,对三个徒弟来说,取经的任务是被授予的,在一定意义上具有被迫的性质。我们都知道,强扭的瓜总是不够甜,他们虽然也能够忠心耿耿地保护师父唐僧,但对于取经的事情还是不够上心。《西游记》中的很多情节都表明,在徒弟三人看来,似乎取经的只是师父,而他们的任务是保护师父成功地抵达取经的目的地,至于取经这件事本身,仿佛与他们没有太大的关系,甚至可以说,取经对于他们来讲是有之无妨、无之亦可的事儿。

所以,一到个别的关键时刻,他们就难免发生动摇,特别是猪八戒,对张罗散伙特别积极。而唐僧呢,他不是接受了谁的指派才向西天出发去取经的,他对于取经事业满怀热忱,取经对于他来说绝对不是可有可无的事,而是他人生的基本使命,在某种意义上,取经就等同于他的生命。

也正因此,他在取经的路途上异常地坚定,取经的信念没有丝毫的动摇,这正是完成取经,也是成就一切事业所必需的宝贵品质。取经是一项极为艰巨的事业,不仅充满了各种艰难险阻,且非一朝一夕之功,这就需要队伍之中有一种极为坚毅的精神来支撑,有一种无比坚定的信念来维持。只有这样,这个团队才有可能走到最后,才有可能最终完成取经大业。这样的精神与信念,其重要意义要高于其他的本领。少了一员干将,队伍的力量会受到削弱;可是如果缺少了具有核心作用的精神与信念,队伍将会解体,队伍都不存在了,又怎么能够做成一番事业呢?

做事要有自己的坚持、自己所为之坚守的信念,下苦功夫,持之以恒地去对待,才会成功。在我们的生活、学习中同样如此。

（2）降妖除魔，维护正义的精神

中国神话小说历来喜欢把小说人物分为善恶两类，分别代表事件中的正反两面。善的一方最终总能取得明显的优势或彻底的胜利，支配着这些故事的是背后统一的道德原则。中国历史上的各种战争无不是善与恶的争夺与较量，最后的结果也总是善战胜邪恶，正义战胜非正义。在这一强烈伦理意识支配下，人们首先关注的是神话形象和艺术形象的"道德性质"——这个人物在小说或戏剧中是好人还是坏人？明确了小说的正义立场，我们才有接着看下去的兴趣。

这也解释了我们为什么喜欢孙悟空。因为孙悟空降妖除魔，疾恶如仇，是一个英雄的形象。普通人很多，平凡的人很多，我们能力有限，在遇到危险的时候，都希望有这样一个强有力的人物出来维护正义。所以，阅读小说的时候，我们也更容易，或者说更倾向于把自己代入小说主人公、小说的英雄人物身上，因为他们满足了一些我们现实生活中不能实现的意愿。悟空的追随者何以这么多，也就不难理解了。

因此，这个故事告诉了我们：正义是一定会战胜邪恶的，因为真理永远存在，但也需要我们去维护这样的正义。而弘扬仁德，维护社会公正与正义，这种精神正是我们青少年所需要的。

（3）同甘共苦，团队合作的精神

一个团队之所以伟大，首先是因为他们的愿景伟大，目标崇高，然后才是由于他们的成就卓越。西游取经团队的使命不必多说，取真经普度众生、共享极乐的宏愿很伟大。他们克服一路上的磨难，最终取得真经，这样卓越成就的取得也很伟大。卓越成就的取得离不开团队的合作，离不开团队的同甘苦、共扶持！只有围绕着同一轴心，合力使劲，团队才会收获积土成山的效果！我们可以看到，西游取经团队中师徒四人一马，缺一不可，你想裁掉谁都不行，哪怕是团队中的"小透明"白龙马，人家的功劳也大着呢。

唐僧　虽没有任何克服困难的本领，也没有从事任何一项具体工作的实际能力。但是，在取经队伍中唐僧是唯一意志坚定的取经人，不管是在逼走孙悟空后，还是猪八戒回高老庄，还是沙和尚犹豫不决的时候，唐僧都是无所畏惧、一往无前、坚定不移地要走这条路。他是唯一清楚地知道取经的意义和价值的人，也是唯一把取到真经当成必须要完成的一项事业的人。所以唐僧是这个团队最重要、最关键、最不可或缺的人,是整个团队的灵魂人物、精神领袖!

孙悟空　孙悟空野性难驯,是西游团队中的"暴力分子",但他一路上降妖除魔,功劳很大。孙悟空本领高强,可以说是团队的最佳"公关",最重要的作用就是处理团队中的各种危机。首先,他能看到哪里有危机,并提醒领队的唐僧哪些人是妖怪变来的(火眼金睛);其次,唐僧由于不信而被抓了陷入危机后,他就要用各种手段(七十二变)去处理解决危机,若是解决不了的话,他还会用他的人脉来帮忙,邀请各路神仙,各显神通。可以说,西行取经的成功离不开孙悟空一路上的保驾护航。

猪八戒　虽然是团队内最容易起内讧的人。但是,我们不要忘了猪八戒以前也是职能部门的一把手,能上天能入地,八面玲珑。可以说他是能给孙悟空实质性帮助的团队成员。猪八戒也有一些自己的人脉资源,在悟空无计可施时反而能请到一些外援。而且,在西游团队中猪八戒也是一个比较幽默的队员,是艰苦取经路上的调节剂、润滑油,所以猪八戒也是这个团队中不能缺少的人物。

沙僧　沙僧是非常清楚自己能力、很有自知之明的一种人。正因为这样,沙僧是取经队伍中最安于本职、忠于职守的成员,当孙悟空费尽气力将所有成员从龙潭虎穴中救出时,沙僧说的第一句话是:"大师兄,我们的行李还在妖怪那呢。"再加上一路上肩挑手扛,却从不喊苦喊累,任劳任怨。敬业如此,真是难能可贵啊!所以沙僧也是这个团队中的重要一员。

白龙马　那就更不必多说了,沙僧虽辛苦,可白龙马一直默默奉献,更加吃苦耐劳。看上去不重要,也不出风头,但干的却是最基层却也最重要的事,取经路上绝不可少了白龙马。

西行一路,师徒四人加白龙马的相互扶持、一路打打闹闹的就这么过来了,他们优势互补,组成了最佳的团队。

(三) 与名言相伴

《西游记》虽是一部神魔小说,想象丰富大胆,但也有着许多经典的、富有哲理的句子,能给我们独到的启示。你们喜欢哪一句呢?可选取一两句作为自己的座右铭。

宁恋本乡一捻土,莫爱他乡万两金。

【出自】〔明〕吴承恩《西游记·第十二回》

【解释】宁可想念、思念家乡的一掬黄土,也不要贪念他国的万两黄金。

心生,种种魔生;心灭,种种魔灭。

【出自】〔明〕吴承恩《西游记·第十三回》

【解释】一生、一心尽可能专注自己的兴趣、事业及家庭,不要产生太多杂乱无章的思想,人生必可完满。

寂寞无尘真寂寞,清虚有道果清虚。

【出自】〔明〕吴承恩《西游记·第十六回》。

【解释】只要心守得住寂寞,便可得人生真味。

静隐深山无俗虑,幽居仙洞乐天真。

【出自】〔明〕吴承恩《西游记·第十七回》。

【解释】所谓"隐",并非与世隔绝,不食人间烟火,而是在于自己的心,心隐方为大隐。

见性志诚,念念回首处,即是灵山。

【出自】〔明〕吴承恩《西游记·第二十四回》。

【解释】只要诚心向佛,心中有佛,便处处是佛。

千日行善,善犹不足;一日作恶,恶自有余。

【出自】〔明〕吴承恩《西游记·第二十八回》。

【解释】比喻行善无止境,作恶虽少也多。劝人行善戒恶之语。

一日为师,终身为父。

【出自】〔明〕吴承恩《西游记·第三十一回》。

【解释】即使做了一天的老师,对待他也要像对待父亲那样尊敬。老师,不仅仅是学校里传授我们知识的人,只要是能教给我们技能,教给我们做人的道理的人,无论是谁,都永远是我们的老师。我们一辈子不要忘记他的恩情,要好好报答他。

不受苦中苦,难为人上人。

【出自】〔明〕吴承恩《西游记·第三十二回》。

【解释】不经过一番艰苦磨炼,便成不了大器。

树大招风风撼树,人为名高名丧人。

【出自】〔明〕吴承恩《西游记·第三十三回》。

【解释】比喻人出了名或有了钱财就容易惹人注意,引起麻烦。前一句话是引子,是讲的依据;后一句话是重点,讲的是道理:做人不要攀高名,图高利。

一叶浮萍归大海,为人何处不相逢。

【出自】〔明〕吴承恩《西游记·第四十回》。

【解释】浮萍在水中踪迹不定,最终尚且都能同归大海,人生总会有相遇的时候。

虽星星之火,能烧万顷之田。

【出自】〔明〕吴承恩《西游记·第五十一回》。

【解释】虽只是一点火星,却能烧毁万顷庄稼。比喻小事可酿成大祸,现用以指有生命力的事物有发展前途。

水高船去急,沙陷马行迟。

【出自】〔明〕吴承恩《西游记·第五十五回》。

【解释】顺境中,切忌得意忘形,越发要小心;逆境中更要努力,不轻易向阻力低头。

花向春来美,松临雨过青。

【出自】〔明〕吴承恩《西游记·第五十五回》。

【解释】人要沉得住气,来等待时机;时机成熟时,自会有所成,就像春天是花盛开的时节。人要经得起挫折的磨砺,苦尽甘来,方成大器。

山高自有客行路,水深自有渡船人。

【出自】〔明〕吴承恩《西游记·第七十四回》。

【解释】世界上没有过不去的艰难险阻,高山上自然有前行的道路,深水中也自然会有渡船。这句话常用来比喻没有征服不了的困难。

有风方起浪,无潮水自平。

【出自】〔明〕吴承恩《西游记·第七十五回》。

【解释】有大风才会有浪潮,没有潮水,大海自然会平静。这句话常用来比喻任何问题都有各自的根源。

打虎还得亲弟兄,上阵须教父子兵。

【出自】〔明〕吴承恩《西游记·第八十一回》。

【解释】上山打老虎的时候,还需要依靠亲兄弟;上阵打仗的时候,还是需要父子。这句话指做一些紧要的事情,需要依靠自己的亲人。

遇方便时行方便,得饶人处且饶人。

【出自】〔明〕吴承恩《西游记·第八十一回》。

【解释】在自己方便的时候就帮助向你求助的人,应该饶恕别人的时候就饶恕别人。

先小人,后君子。

【出自】〔明〕吴承恩《西游记·第八十四回》。

【解释】小人比较讲究利益,甚至斤斤计较。君子则讲礼让、义气。当双方交涉谈判时,不妨像小人那样,先把丑话说在前面,讲好条件,这样事后就可避免矛盾。

人心生一念,天地悉皆知,善恶若无报,乾坤必有私。

【出自】〔明〕吴承恩《西游记·第八十七回》。

【解释】善恶终有报,公道自在人心。

珍羞百味,一饱便休。

【出自】〔明〕吴承恩《西游记·第九十六回》。

【解释】即便是山珍海味、美食佳肴,只不过是为了吃饱罢了,我们更应看重的是精神的财富。

这些名言可以伴随我们一生,是成长路上的星光,也可成为文章华服上的珍珠,更可成为精神小屋里的一块块房砖。

总而言之,在《西游记》这本经典名著中,一路且行且思,看毕三重风景后,"西行"必能取得"真经"。

"三起三落"的辛酸人生

——《骆驼祥子》整本书阅读指导

《骆驼祥子》是初中语文教材七年级下册第三单元名著导读推荐的一部名著，当下初中语文阅读教学已经从原有的单篇、单元阅读教学向整本书、整部作品的阅读指导发展。如何才能真正有效地进行《骆驼祥子》整本书的阅读呢？我们从读懂祥子、写作借鉴、以书明智三方面展开。

一、读懂祥子

(一)《骆驼祥子》写作背景

《骆驼祥子》是老舍先生的代表作之一，也是老舍先生最钟爱的作品。老舍是满族正红旗人，出身于北京西城小杨家胡同的一个城市贫民家庭。他是现代著名作家、杰出的语言大师，被誉为"人民艺术家"。《骆驼祥子》问世后蜚声文坛，它标志着老舍现实主义风格的形成，达到了他小说创作的最高峰。《骆驼祥子》是我国现代文学史上最优秀的长篇小说之一，先后被译成十几种外文。

1936 年，老舍的一位山东大学朋友谈起他雇用车夫的经历与见闻：一位车夫买了洋车不久又卖掉，如此"三起三落"，最后还是受穷。当时老舍觉得该题材可以写成一部小说。老舍因出身贫苦市民家庭，从小就与下层民众接触，对劳苦大众的生活状况和心理有着较深入的了解。这也为老舍创作《骆驼祥子》提供了材料来源。老舍的朋友随后又说起另外一个车夫的故事，他被军队抓去了，哪知转祸为福，趁着军队转移之际牵回三匹骆驼，这便是《骆驼祥子》故事的原型。老舍决定把骆驼与车夫结合到一起，用骆驼引出主人公祥子的出场。构思创作中，老舍把祥子放到了自己熟悉的北平。

(二)《骆驼祥子》阅读计划

《骆驼祥子》这部小说共有 21 万字，内容较多，故事情节波澜起伏。老舍在小说中通过对祥子与其他人物复杂关系的对比，对当时北平生活的描绘，展现出那个时代特定的社会环境。这本书章节较多，内容较复杂，在阅读过程中，要引导学生梳理小说写作主线,帮助学生进一步理解小说内容,领悟小说作者表达的思想感情。该作品以祥子"三起三落"买、卖车的悲惨故事作为文本主线,描写了祥子从奋斗买车的兴奋到失车的痛苦,再买车又失车的挣扎、无望、堕落的过程,作者写作紧紧围绕该主线,小说情节安排紧凑适中,不蔓不枝。

我们可以大致安排两周时间阅读本书,读懂人物,读懂细节,读懂主题(见表4-1)。

表 4-1 《骆驼祥子》阅读计划

时 间	阅读章节
第一天	第一章 初到北平,祥子攒钱买车 第二章 连人带车被抓,牵上骆驼逃跑
第二天	第三章 卖掉骆驼,重返北平 第四章 重回车厂,攒钱买车
第三天	第五章 拼命拉车,怒辞杨宅 第六章 虎妞诱骗,祥子逃离
第四天	第七章 曹宅拉车,不慎摔车受伤 第八章 热心高妈,虎妞来访
第五天	第九章 虎妞假孕,祥子落入陷阱 第十章 老马爷孙,想到未来
第六天	第十一章 曹宅遇险,孙侦探敲诈 第十二章 王家避险,离开曹宅
第七天	第十三章 四回车厂,筹备寿宴 第十四章 计划落空,父女决裂
第八天	第十五章 祥子成婚,商量出路 第十六章 贫苦杂院,重新拉车
第九天	第十七章 虎妞买车,小福子回家 第十八章 脏乱杂院,烈日暴雨
第十天	第十九章 祥子生病,虎妞难产 第二十章 卖车葬妻,夏宅拉车
第十一天	第二十一章 祥子被诱,染上脏病 第二十二章 曹先生收留,重燃希望
第十二天	第二十三章 老马丧孙,小福子受辱自尽 第二十四章 出卖阮明,行尸走肉

（三）《骆驼祥子》内容概括

《骆驼祥子》是以北京人力车夫祥子为线索展开讲述的故事。祥子本来生活在农村,18岁时跑到北平城来赚钱谋生。凭着勤劳坚忍,他咬牙苦干了三年,省吃俭用终于买了一辆新车,成了自食其力的上等车夫。（"一起"）兵荒马乱的时候,他照样出去拉车,被十来个大兵捉了过去,后来趁乱混出了军营,顺手牵走了三匹骆驼。（"一落"）从此,他就得了一个外号,叫"骆驼祥子"。祥子并没有灰心,依然倔强地从头开始,努力拉车攒钱。祥子有幸在杨先生家拉包月,本来满心欢喜,可是还没有等他再买上新车,所有的积蓄又被孙侦探敲诈一空。（"二起二落"）之后祥子被迫与虎妞成亲,也拉上了自己的车。但好景不长,虎妞好吃懒做,死于难产。为了给虎妞办丧事,祥子被迫卖掉了车,所有的努力全白费了。（"三起三落"）在经过多次挫折后,并随着心爱的女人小福子的自杀,祥子心中最后一点希望的火花也灭了,祥子对生活失去了希望,彻底地堕落了。他从一个老实的车夫逐渐演变成为一个地道的流氓无赖。祥子开始堕落,抽烟、耍坏、犯懒,为了赚钱用了所有阴狠坏毒的招,出卖了阮明,出卖了曹先生。祥子最终成为一个好占便宜、自暴自弃的行尸走肉。

（四）《骆驼祥子》思维导图

思维导图是表达发散性思维的有效工具,以图文并茂的形式展现所要表达的内容,是常见的学习方法之一。针对《骆驼祥子》涉及人物较多、人物关系较复杂的特点,用思维导图(见图4-1)以图文并茂的形式将人物关系罗列出来是有效的读书方法。

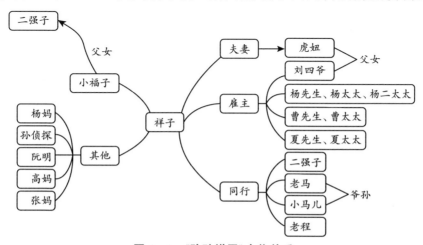

图4-1 《骆驼祥子》人物关系

(五) 运用圈点批注阅读

圈点批注法是古人读书时常用的传统方法。这种读书方法可以凝聚阅读的注意力,便于复习、巩固、查考,是一种治学的方式。宋代大学者朱熹,每读一遍书都用不同颜色的笔进行勾画,从而把思考引向精深境地。金圣叹对《水浒》的评点,毛宗岗对《三国演义》的评点,脂砚斋对《红楼梦》的评点,都是中国古典小说批评史上的经典。运用圈点批注法,要注意以下几点:

第一,圈点虽然是随手勾画,但勾画的内容应该是文章的重点、难点、疑点,或者是自己深有体会之处。

第二,批注可以从作品的内容、结构、写作手法、语言特色等方面着手,或展开联想、想象,补充原文,或写出心得体会,提出自己的见解。

第三,经典作品需要反复阅读,每次圈点批注可以有不同的侧重点。一般是循着由易到难的顺序进行的,从解决字词方面的疑问,到重点语句的理解,再到全篇内容的把握。

第四,可以给自己设定一些圈点和批注的符号。如用圆点或圆圈表示精警之处,用问号表示质疑,用叹号表示强调,用直线表示需要着重记忆或领会之处,用波浪线表示重要语句,用竖线或斜线表示段落层次的划分,等等。符号设定之后,每个人要养成固定使用的习惯,这样在整理读书笔记时才不至于凌乱。参看下例。

地名他很熟习,即使有时候绕点远也没大关系,好在自己有的是力气。拉车的方法,以他干过的那些推、拉、扛、挑的经验来领会,也不算十分难。况且他有他的主意:多留神,少争胜,大概总不会出了毛病。至于讲价争座,他的嘴慢气盛,弄不过那些老油子们。知道这个短处,他干脆不大到"车口儿"上去;哪里没车,他放在哪里。在这僻静的地点,他可以从容的讲价,而且有时候不肯要价,只说声:"坐上吧,瞧着给!"他的样子是那么诚实,脸上是那么简单可爱,人们好像只好信任他,不敢想这个傻大个子是会敲人的。即使人们疑心,也只能怀疑他是新到城里来的乡下老儿,大概不认识路,所

这是祥子的生意经。

"嘴慢气盛"写祥子的性格,优劣分明。

语言简洁。

祥子的相貌、气质是他的保护色吗?

以讲不出价钱来。<u>以至人们问到，"认识呀？"他就又像装傻，又要耍俏的那么一笑，使人们不知怎样才好。</u>

坐车人与拉车人，到底谁在揣摩对方上更胜一筹？

二、写作借鉴

（一）景语皆情语

老舍曾说："人与人，事与事，虽以车为联系，我还感觉着不易写出车夫的全部生活来。于是，我还再去想：刮风云，车夫怎样？下雨天，车夫怎样？假若我能把这些细琐的遭遇写出来，我的主角便必定能成为一个最真确的人，不但吃的苦，喝的苦，连一阵风，一场雨，也给他的神经以无情的苦刑。"没有了主意的祥子，一声不吭，跟着虎妞，由南长安街一直走到北长安街，上北海天桥，过金鳌玉蝀。这时候，祥子眼里的一切景物都失去了常态：

桥上几乎没有了行人，微明的月光冷寂的照着桥左右的两大幅冰场，远处亭阁暗淡的带着些黑影，静静的似冻在湖上，只有顶上的黄瓦闪着点儿微光。树木微动，月色更显得微茫；白塔却高耸到云间，傻白傻白的把一切都带得冷寂萧索，整个的三海在人工的雕琢中显出北地的荒寒……他心中觉得这个景色有些可怕：那些灰冷的冰，微动的树影，惨白的高塔，都寂寞的似乎要忽然的狂喊一声，或狂走起来！就是脚下这座大白石桥，也显着异常的空寂，特别的白净，连灯光都有点凄凉。

这是一段把自然环境与人物感情水乳交融地联系在一起的景物描写。自然景物似乎受到了祥子心境、情绪的感染，笼罩着凄惨、悲凉、萧索、荒寒的色彩，连美丽的北海白塔都变得"傻白傻白"了，一齐跟祥子发愁烦恼。自然景物本无所谓喜怒哀乐，但老舍对于他所要描写的景物是那么熟悉，简直把景物当作一种有心灵的东西看待，处处是活的，处处是有感情的。"人物是花草的籽粒，背景是园地。"透过这段以景寓情、情景交融的描写，读者仿佛身临其境，真实地领会到祥子在这种场景中的特定心境，也理解了祥子"不愿再走，不愿再看，更不愿再陪着她"，"真想一下子跳下去"，"像个死鱼似的冻在冰里"的绝望心理。

街上的柳树，像病了似的，叶子挂着层灰土在枝上打着卷；枝条一动也懒得动的，无精打采的低垂着。……喝完，他钻了被窝，什么也不知道了，似睡非睡的，耳中刷刷的一片雨声。

选段抓住特征描写景物,用景物来烘托人物,通过直接描写和间接描写的手法描绘天气炎热,目的在于衬托祥子拉车生计的辛苦,突出祥子在酷暑下所受的煎熬。写景是为了反映人物的心理和性格,推动情节发展,揭示主题。

描写病了似的、无精打采的、低垂着的柳树,干巴巴、发着白光的马路,尘土结成灰沙阵的便道,吐出红舌头的狗,鼻孔张得特别大的骡马,晒化了的柏油路,焦躁的叮叮当当的铜铁铺等景物,是为了多角度(视觉、听觉、触觉)、多修辞(比喻、拟人、夸张、排比)地描写出天气的炎热。我们随祥子经历了老北京人力车夫一天的生活,看到了在帝国主义和军阀统治下的劳动人民的悲惨遭遇,感受到了作者对挣扎在旧社会最底层的劳动人民的深切同情和对吃人的制度的强烈抗议。

(二) 出神入化的心理描写

《骆驼祥子》塑造了祥子这样一个性格鲜明、血肉丰满、栩栩如生的城市个体劳动者形象。除了完整的故事、精巧的构思、严谨的结构等因素外,我们还可以看到,对于寡言少语的祥子来说,作品中深刻细腻的心理剖析对如实展示他的心灵世界起到了重要的作用。老舍以他对社会、对现实、对人生的精微观察和深刻认识,着力于对主人公内心世界的揭示,充分表现了祥子老实、要强、体面、自私的性格特征。

老舍采用了心理描写来塑造祥子的形象,达到了出神入化的地步。有时运用景物描写来烘托、渲染人物的心境;有时采用的是人物的内心独白来传达人物的心声;有时借用人物的姿态、表情、动作等折射人物的内心世界;还有时则是通过其他人物的感受和态度,侧面体现人物复杂的内心世界。

比如当祥子遭到孙侦探的洗劫,痛苦到连口也张不开时,作品中这样写道:"谁都有办法,哪里都有缝子,只有祥子跑不了,因为他是个拉车的。一个拉车的吞的是粗粮,冒出来的是血;他要卖最大的力气,得最低的报酬;要立在人间的最低处,等着一切人一切法一切困苦的击打。"这是祥子痛楚心境的体现。

祥子这种性格特点,同样表现在结婚当晚的心理描写中:"一切任人摆布,他自己既像个旧的,又像是个新的,一个什么摆设,什么奇怪的东西;他不认识了自己。他想不起哭,也想不起笑,他的大手大脚在小而暖的屋中活动着,像小木笼里一只大兔子,眼睛红红的看着外边,看着里边,空有能飞跑的腿,跑不出去!虎妞穿着红袄,脸上抹着白粉与胭脂,眼睛溜着他。他不敢正眼看她。她也是既旧又新的一个什么奇怪的东西,是姑娘,也是娘们;像女的,又像男的;像人,又像什么凶恶的走兽!这个走兽,穿着红袄,已经捉到他,还预备着细细的收拾他,谁都能收拾他,这个走兽特别的厉害,要一刻不离的守着他,向他瞪眼,向他发笑,而且能紧紧的抱住他,把他所有的力量吸尽。他没法脱逃。他摘了那顶缎小帽,呆呆的看着帽上的红结子,直到看得眼花——一转脸,墙上全是一颗颗的红点,飞旋着,跳动着,中间有一块更大的,红的,脸上发着丑笑的虎妞。"和虎妞的结合,对祥子来说丝毫谈不上爱情与幸福,有的是一种不堪忍受的精神折磨,但他怎么都摆脱不开虎妞布下的连寸鱼都难钻出去的"绝户网"。这段描写把他这时的痛苦、厌恶、惶乱,而又有点麻木的复杂的内心活动都描写出来了,揭示了祥子内心的秘密,突显了祥子的悲剧性格。作者对祥子心理的真实描绘都带有作者对人物的责备与同情,祥子的悲剧不仅仅是生活上的,更重要的是精神上的。祥子的毁灭引起了读者深深的愤懑与悲伤之情,出神入化的心理描写把作者的感情、人物的感情和读者的感情完全地统一起来。

(三) 鲜明突出的京味儿

老舍先生是著名的语言大师,他的作品中具有极其丰富的北京方言词语,这也形成了他作品浓郁的京味儿风格。老舍先生坚持"白话是万能的","把白话的香味烧出来",他毕生追求用方言进行创作,其白话语言观历来为人称道。老舍先生在写小说时善于运用地道的北京方言,也正是这些充满京味儿的作品,奠定了老舍先生在现代文坛的地位。

京味儿体现在作者对北京的风俗民情、地理风貌、自然景物的描写中。对虎妞筹备婚礼的民俗的交代,对北平景物的描写,对祥子拉车路线的详细叙述都使小说透出北平特有的地方色彩。

京味儿还强烈地体现在小说的语言上。无论是人物语言还是叙述语言,老舍先生都采用简洁朴实、自然明快的北京口语加以呈现,这样既生动鲜明地描绘了北京的自然景物和社会风情,又准确传神地刻画了北平下层社会民众的言谈、心理。

1. 儿化音的使用

儿化音是北京话中特有的语言现象,具有很强的口语色彩。《骆驼祥子》中儿化词共 700 多个。比如"搁在兜儿""拉晚儿"。

2. 北京口语词

比如在《骆驼祥子》中"家伙"一词重复使用了 6 次,"家伙"在北京方言中有碗筷、厨具的意思,通常出现在与吃饭相关联的生活场景中:

(1)洗了家伙,到自己屋中坐下,一气不知道吸了多少根"黄狮子"!

(2)作得了饭,她独自在厨房里吃;吃完,她喊了声祥子:"你吃吧。吃完可得把家伙刷出来。……好吧,先吃去吧,别凉了!"

(3)"嗨!帮着刷家伙!我不是谁的使唤丫头!"她在外间屋里叫。

(4)紧跟着家伙铺来卸家伙;棚里放八个座儿,围裙椅垫凳套全是大红绣花的。

(5)虎姑娘把家伙撤下去,刘四爷仰着头似乎是想起点来什么。

三、以书明智

(一)与书中人物对话

1. 与祥子对话

读完《骆驼祥子》,如果让你给书中的主人公祥子来写一封信,你会和他说些什么呢?

祥子:

你好!

我唯一想对你说的话就是"人生的道路取决于你自己"。

你原本就想当一个车夫,你当上了,并且你还是一个快乐的车夫。你靠自己的努力在北平买了新车,虽然连人带车被宪兵队抓去,但是你并没有放弃。你去卖骆驼,努力拉车攒钱去买新车,不幸的是又被孙侦探骗了去。因机缘,虎妞给你买了一辆邻居二强子的车,你又有车了,但是命不由人,虎妞因难产去世,你又卖了车为她办理丧事。随后又发生了小福子自杀一事,你把这些全怪罪在自己身上。此时,你内心的最后一粒火花也熄灭了,剩下的只有仇恨。

你经过三起三落,最终堕落为一个"行尸走肉"。回想一下最初的你,无忧无虑、上进好强,靠自己的双手实现自己的梦想的你,但是你最终却成了个人主义的末路者,留在了深渊。不可否认,恶劣的社会是会毁灭人性的,但是人生是我们自己可以改变的,我们的人生掌握在自己手中,"若天命已定,那就逆天而行"。如果能重来，我希望祥子你能坚定自己的初心，永不放弃，去追求你的梦！

丹阳市华南实验学校 七(23)班 庄彦宸
2019 年 12 月 3 日

祥子：

　　你好！

　　你还记得你刚来到城里的时候吗？那时你是一个多么纯朴、多么执着、多么坚忍的人啊！虽然那时你一贫如洗，但你为了谋生找到了拉车这份工作，你的工作是辛苦的，但你没有放弃，你那时还是个乐观向上的人，你努力过、拼搏过，为了你那辆梦寐以求的新车。

　　买上新车时，你是那么高兴，那么自豪，可是没有过多久，你的车就被人抢去了。你因此难过，但你凭着自己的聪明才智逃了出来，还带回了几匹骆驼。

　　你被人和车厂的虎妞看上了，但结婚后虎妞因为难产死了。你又喜欢上了小福子，因此重新振作起来，但是后来你因为没有找到她，又和烟酒成了朋友。当你知道小福子死了，你也变成了"走兽"。最后你为了钱告发了阮明，但良心还没有完全泯灭。

　　你的一生是多么悲惨：如果曹先生一直在你身边，你会有一个安定的生活；如果虎妞没有死，你会有一个完整家庭；如果小福子没有上吊，你会有一个美丽的妻子；如果……

　　悲惨的命运改变了你，让你从一个善良、忠厚的人变成了一个几乎没有良心的人。

　　你还是去做原来的你吧，去做那个执着、有追求的好车夫吧！

丹阳市华南实验学校 七(23)班 袁欣仪
2019 年 12 月 3 日

亲爱的祥子：

　　你好！

　　在我心里，你是一位让我震撼并且极富正能量的人。你虽然生在战乱频繁、黑暗混乱的社会里，出身于下层劳动人民家庭，但你没有随波逐流，而是积极向上，有自己的目标，有自己的梦想，相信太阳每一天都是新的。你年轻力壮、言语不多但却朝气蓬勃，没有一般车夫的恶习，你是那个时代大部分人的榜样！

　　可谁知社会就是个大染缸啊！你的勤劳、淳朴、善良、憨厚、正直、自尊好强、有责任心使人佩服,命运也让你拥有了短暂的幸福——你成功地买下了一辆新车,成了高等车夫。但是,命运又如此不公,再次将你戏弄。在那种好人不长命,恶人活千年的年代里,善良的人总结交不到好运。老天爷把近似变态的虎妞强塞到你怀里,又给你带来了一点暂时的财产。但好景不长,虎妞难产而死,你为办理她的后事而家产全无。我以为你会彻底放弃挣扎,可你没有,你为了自己的真爱——小福子做出最后的抗争,希望能堂堂正正做人,从头开始。

可现实很残酷,小福子在白房子的小树林里上吊自杀了。你最后的希望破灭了,终于完全丧失了对生活的追求和信心,不再爱车,甚至讨厌拉车,只要能应付三餐,就不去碰车。你变得吃、喝、嫖、赌,样样不少,什么钱来得快就去干什么。你从"人"变成了"兽",你想到老马、二强子、小福子都逃脱不了命运的魔爪,便认为要强又有什么用呢?

我想说:祥子,请看看现在的你吧! 原来一身正气的你变得萎靡不振,和你刚进城时所鄙视的那些人有什么不同? 你不是坚信努力就有回报吗? 现在你又在干什么?

你该振作起来,回到从前! 即使这个社会是个大染缸,是个黑暗扭曲的世界,但你要相信自己,改变自己,用自己的力量去照亮它!

愿你早日成功!

丹阳市华南实验学校 七(23)班 骆子韵

2019 年 12 月 3 日

亲爱的祥子:

你曾经是一个追梦人,努力追逐着你美好的梦想——攒钱买车,拥有一个自己的车厂。老天爷并没有对你不公,在你努力攒了 3 年的钱后,你终于买了一辆属于自己的新车。那一刻,我为你感到高兴,高兴你终于实现了自己的梦想;我也敬佩你,敬佩你 3 年以来坚持不懈、从不动摇地向着你的梦想奔去。后来你的车被乱兵抢走了,这个打击让你一无所有,但是你还有梦想,你一次次地向你的梦想前进,虽然一次次地被打败。我被你追梦的热情感动,也为你一次次重燃希望而感动。

后来你结婚了,没有以前的那股精神劲儿,但你仍不放弃生活、放弃希望,希望你美好的梦想能够实现。然而虎妞这时却难产死了,还让你的一切希望化为乌有。但你仍不屈服于这个社会,你奋发努力,顽强拼搏,但最终还是失败了——小福子的死使你更加不信任、不热爱这个社会。我为你感到悲伤,悲伤世事不公、世态炎凉。你最后自甘堕落,为了利益和金钱而活;你也没有了梦想,这又让我感到深深的失望。

祥子,看看从前的你是多么朴实、善良、乐观向上,纵然历经无数坎坷,却从不放弃希望,始终追逐光明的前途。但现在的你变了,你被挫折所打败,变得好占便宜、自私自利、自暴自弃。我想对你说:无论生活有多少困难艰辛,你都不要放弃梦想,放弃生活,要坚定信念,以永不言弃的精神信念执着向前,追逐自己的美好梦想,坚信美好未来就在前方!

丹阳市华南实验学校 七(23)班 眭润东

2019 年 12 月 3 日

曾经勤劳坚忍,敢于奋斗,并坚信自己会成功的祥子,最后沦为社会渣滓。归根到底,祥子败给了失去奋斗信念的自己。当祥子面对社会的残酷和不公平时,自暴自弃是解决不了问题的。实现理想的道路怎么可能一帆风顺,只要克服困难从头再来,努力地朝着自己的理想前进,生活总会有转机。

2. 与作家对话

老舍先生关注、同情包括娼妓在内的底层贫民。他认为他们的所作所为都是无奈之举,根源是黑暗社会的压迫,"穷人的懒是努力而落了空的自然结果,苦人的耍刺儿含着一些公理"。"人把自己从野兽中提拔出,可是到现在人还把自己的同类驱逐到野兽里去。祥子还在那个文化之城,可是变成了走兽。一点也不是他自己的过错。"老舍在作品中多次写到了这类人物,但他没有用世俗的道德眼光来审视他们,而是怀着同情和理解的眼光,着重写这些被社会遗弃,为了在那个"人吃人"的社会里生存下去的人的无奈和痛苦,表现了老舍先生的人道主义情怀,也揭示了社会阴暗的一面。

(二)与时代对话

《骆驼祥子》以 20 世纪 20 年代的老北京为背景。祥子所处的时代是北洋军阀统治的时代。当时中国正处于半殖民地半封建社会,那是极其动荡的年代。战争连年不断、政局风云变幻,广大下层人民处于水深火热中。

1900 年,英、俄、德、法、美、日、意、奥八国组成联军,大举侵略中国,攻占北京,烧杀抢掠、无恶不作。通过《辛丑条约》,帝国主义列强进一步扩大在华的侵略权益,全面控制了清政府。《辛丑条约》的签订,标志着中国半殖民地半封建社会的统治秩序完全确立,即中国完全沦为半殖民地半封建社会。1911年辛亥革命爆发,南方各省宣布脱离清政府,从此各地基本以省为单位进入军阀混战时期。各个军阀为维护和扩大自己的势力范围,采取了最直接、最有效的手段,就是通过武力解决。有历史数据显示,军阀之间从1916年到1928年间共发生有一定规模的混战140多次。20世纪二三十年代中国境内可谓是"无年不战""无年不荒",军阀混战、帝国主义侵略。丧失经济来源的人民终日为贫穷所困扰,这造成家庭的破裂,更有甚者以自杀的方式结束宝贵的生命,也有些人走向犯罪的道路。所以在《骆驼祥子》中,你会看到孙侦探连祥子那点血汗钱都要去敲诈,你会看到善良勤劳的小福子被逼无奈去"白房子",你会看到车夫们为了争夺那一趟生意使出浑身解数。所有底层的人都是为了——活着。如果出卖自己的灵魂可以换来自己的生存,肯定会有人愿意。在基本的物质生活条件都不能满足的情况下,有很多人选择了出卖人格换取生存,苟且偷生。

人首先是感官动物,然后是功利动物,最后是精神动物。《骆驼祥子》中的背景世界是黑暗的、畸形的、失衡的中国旧社会,人民过着贫苦的生活,祥子只是广大劳苦大众中的一个缩影。他们不得不为生计而奔波,贫穷剥夺了他们手头仅有的可怜的自由。那个社会的制度并不健全,大鱼吃小鱼,小鱼吃虾米,人们总是充当着剥削者又充当着被剥削者。比如孙侦探,他的身份是特殊的,他既是被军阀统治剥削的对象,同时又剥削着像祥子那样生活在社会最底层的劳动人民。

(三)与名言相伴

他们自己可是不会跑,因为腿脚被钱赘得太沉重。——《车丢了》

没有可怕的,没有可虑的,只要自己好好的干,就必定成功。——《虎妞》

愚蠢与残忍是这里的一些现象;所以愚蠢,所以残忍,却另有原因。——《难产》

雨下给富人,也下给穷人;下给义人,也下给不义的人。其实,雨并不公道,因为下落在一个没有公道的世界上。——《难产》

爱与不爱,穷人得在金钱上决定,"情种"只生在大富之家。——《堕落》

经验是生活的肥料,有什么样的经验就会成为什么样的人,在沙漠里养不出牡丹来。——《堕落》

人把自己从野兽中提拔出,可是到现在人还把自己的同类驱逐到野兽里去。——《结局》

奇幻的海底世界　神往的"世外桃源"

——《海底两万里》整本书阅读指导

　　《海底两万里》是初中语文教材七年级下册第六单元的名著导读内容。这本书是继《气球上的星期五》《地心游记》等以"上天入地"为题材的小说之后一部引人注目的"海洋小说"。小说讲述了尼摩船长驾驶潜水艇"鹦鹉螺号",和他的"客人们"饱览海底的奇异景观的故事。但这一切只是凡尔纳的幻想,潜水艇在当时还没有成为现实。小说中处处显示了作者非凡的想象力,比如奇思妙想、功能强大的潜水艇,比如奇幻有趣、美妙梦幻的海底世界。阅读这部作品时,我们既要了解其中悬念迭出、环环相扣的故事情节,也要探究主人公尼摩船长的品质。他不仅是知识渊博的学者,同时也是英勇顽强的战士。所以,对这部著作的精神内涵的探究也就很有必要。简而言之,即应从知识性、文学性、思想性三个维度来阅读作品。

一、奇幻的海底世界

(一)《海底两万里》内容概要

　　1866 年,海上出现了一只大怪物,疑似独角鲸。众说纷纭中,阿罗纳克斯教授收到邀请参加追捕。然而他和仆人孔塞伊与捕鲸手尼德兰不幸落到了怪物的脊背上,这时才发现这怪物并不是独角鲸,而是一艘前所未有的潜艇。随后阿罗纳克斯教授等人受尼摩船长邀请进行海底旅行。

　　他们从日本海出发游历了太平洋、大洋洲、印度洋、红海、阿拉伯隧道,最后来到地中海。整个游历过程中,他们见识了许多海中罕见的动植物,也领略了不少海洋奇观。此外托雷斯海峡搁浅、土著围攻、冰山封路、章鱼袭击等惊险情节更是让读者如身临其境。

　　"鹦鹉螺号"来到北大西洋后受到一艘驱逐舰的炮轰,最后,他们用"鹦鹉螺号"的冲角击沉了驱逐舰。没过多久,阿罗纳克斯教授三人在潜艇陷入大漩涡时趁乱逃出潜艇,被渔民救上岸。回国后,阿罗纳克斯教授将这段奇妙的海洋之旅公之于世。

（二）特点——奇幻的海底世界、神秘的科学知识、曲折的故事情节、生动的人物形象、深刻的思想价值

1. 奇幻的海底世界

《海底两万里》向我们展示了一个奇幻的海底世界。在这里，有着由斑纹脑珊瑚、节肢蝶形珊瑚、淡黄石竹珊瑚等珊瑚群构成的广大的海底森林，还有七鳃鱼、海猪、人头状狼人等奇奇怪怪的鱼类，更有脑形贝、星形贝、斑岩橄榄贝等各种前所未闻的贝类，还有其他各种海底生物。作者运用自己丰富的海洋知识以及奇特的想象力创作出了这些奇怪而又有趣的生物，让人读起来趣味横生。

2. 神秘的科学知识

《海底两万里》是一部科幻小说，书中有许多幻想和预言在当时看来很神秘而后来都为科学发现所证明，如海底隧道、海底潜艇、电击枪、潜水服等，这说明这些幻想和预言都符合科学的原理。这和作者凡尔纳的个人经历有关，凡尔纳热爱科学、勤奋阅读并因此具备了丰富的科学知识。

3. 曲折的故事情节

《海底两万里》还记叙了途中经历的一系列惊险离奇的事件，如"鹦鹉螺号"在托雷斯海峡搁浅、珊瑚王国葬礼、土著围攻、智斗鲨鱼、冰山脱险、章鱼袭击等情节，离奇的故事情节使学生阅读这本书的兴趣更加浓厚。

4. 生动的人物形象

《海底两万里》主要塑造了尼摩船长、阿罗纳克斯、孔塞伊、尼德兰四个人物。这四个人物形象性格鲜明，各具特点。尼摩船长是一个探索海洋的学者。他性情古怪、坚定勇敢而又机智，正直而又富有同情心，并带有浪漫的神秘色彩。阿罗纳克斯是法国博物学家、巴黎自然科学博物馆教授。他脾气温和，为人善良，知识渊博，具有科学探索精神。孔塞伊是阿罗纳克斯教授的仆人。他忠诚、沉稳、气定神闲、为人随和。尼德兰是一个野性十足的捕鲸手。他粗犷、原始，十分勇敢，但脾气暴躁，不愿被羁绊。

5. 深刻的思想价值

《海底两万里》作为科幻小说，幻想大胆、新奇，开启了现代科幻小说的先河，既体现了人们对科技进步、美好生活的追求，也表达了当时人们对"世外桃源"式生活的向往。

(三) 花式阅读,读出趣味

1. 建立良好的阅读打卡和小组合作机制——解决真读的问题(见表 5-1)

表 5-1　《海底两万里》阅读计划

阅读内容	时间安排	完成情况
第＿＿＿章至第＿＿＿章	＿＿月＿＿日至＿＿月＿＿日	(　　　　)
第＿＿＿章至第＿＿＿章	＿＿月＿＿日至＿＿月＿＿日	(　　　　)
第＿＿＿章至第＿＿＿章	＿＿月＿＿日至＿＿月＿＿日	(　　　　)
第＿＿＿章至第＿＿＿章	＿＿月＿＿日至＿＿月＿＿日	(　　　　)
第＿＿＿章至第＿＿＿章	＿＿月＿＿日至＿＿月＿＿日	(　　　　)
第＿＿＿章至第＿＿＿章	＿＿月＿＿日至＿＿月＿＿日	(　　　　)
第＿＿＿章至第＿＿＿章	＿＿月＿＿日至＿＿月＿＿日	(　　　　)
第＿＿＿章至第＿＿＿章	＿＿月＿＿日至＿＿月＿＿日	(　　　　)
第＿＿＿章至第＿＿＿章	＿＿月＿＿日至＿＿月＿＿日	(　　　　)
第＿＿＿章至第＿＿＿章	＿＿月＿＿日至＿＿月＿＿日	(　　　　)

2. 思维导图

第一种整体导图,可按照《海底两万里》的主要故事情节制作思维导图(见图 5-1)。

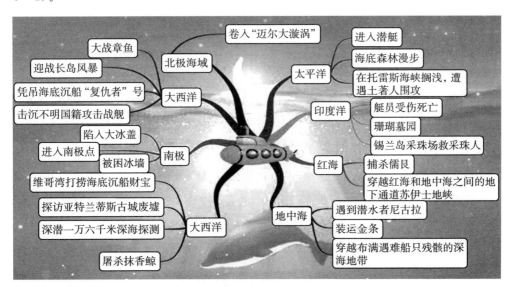

图 5-1　"鹦鹉螺号"航海大事记思维导图

游踪导图,按照"鹦鹉螺号"的航行路线绘制行程图(见图5-2):

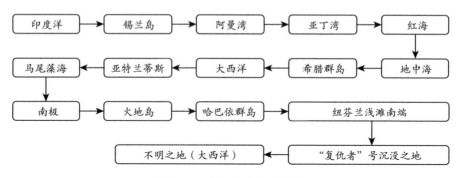

图5-2 第二部分航行路线

第二种,可以以某一个人物为主干,其主要事迹为枝干进行思维导图(见图5-3)——确保读透。比如尼摩船长,归纳人物的主要事迹,由此还可以概括人物的主要性格特征。

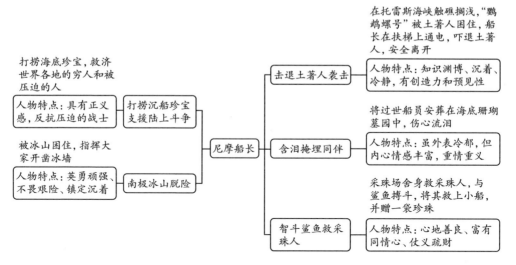

图5-3 尼摩船长主要事迹与性格特征

3. 趣味阅读

海洋是一个神秘的地方,蔚蓝一片,海天一色,让人如痴如醉。而海洋里奇异的鱼虾、怪诞的水母、巨大的鲸鱼以及凶猛的鲨鱼,更是无不让人惊异。凡尔纳的《海底两万里》将我们带入了这个神秘的世界。在阅读的过程中,我们可以从不同方面来领略海底世界的趣味。

行之趣

既然是去旅行,自然要去海底漫步一番。这不,尼摩船长让大家戴上特制的头盔,穿上橡胶制作的却丝毫不阻碍运动的潜水服——这是一种连体服,鞋底是铅质的,沉重极了,还带上了用压缩空气作子弹的枪支。他们来到海底,犹如在平原上漫步,细沙如同一面反光镜,将阳光折射开去。地上到处散落着花纹美丽的各种螺贝,将海水衬得五彩斑斓。还有那胜似地毯的柔软海藻,在脚下连成一片,让教授和孔塞伊目不暇接。更让教授惊喜的是这片广阔的海底森林——克雷斯波岛森林,这儿是个垂直线的王国:森林中高大的巨型乔木多且条条向上,笔直地挺立在水中,用手将它们撩开后,它们随即就恢复原状。在这儿尼摩和他的副手枪杀了巨型海蜘蛛,他们都是厉害的猎手,还收获了一只漂亮的海獭、一只美丽的信天翁。虽然和火鲛擦身而过,好在有惊无险,他们最终还是安然回到了艇上。阿罗纳克斯教授更因此有幸见到了那消失的古城——亚特兰蒂斯。在喷发的海底火山如火炬一般明亮地照耀着周围时,教授激动地欣赏着这座古城:真不枉走了那么远那么崎岖的道路。

食之趣

旅行过后,自然要吃些东西来填饱肚子,而大海就是尼摩船长最好的食物工厂,可以满足他的一切需求。尼摩宴请教授吃的是如里脊肉的海龟脊、似猪肉的海豚肝、独一无二的罐头鲜海参、鲸鱼奶制成的奶油和奶酪、从北部海藻中提取的糖以及银莲花果酱,这些食物都十分美味,教授好奇地尝了个遍。甚至还有被称为"人鱼"的儒艮和味道鲜美的水鸟,教授也十分喜欢,他对大海的馈赠赞赏不已。

住之趣

尼摩船长对大海的热爱使得他常住在"鹦鹉螺号"船上,你可千万不要以为待在这艘潜水艇里会枯燥无味,在这里,作者充分展示了他的想象力。这是一艘集时代最新科技之大成于一体的潜艇,船的原动力是电,尼摩船长向大海索取材料,将海水中萃取来的钠与汞混合,生成一种汞合金,再转化成电,储存在电池里。船员们食用的一切都取之于大海,完全不需要陆地的补给。船的内部很宽敞舒适,床褥上铺的是海洋里最柔软的大叶藻,衣服的布料是贝类动物的足丝织成的,船内甚至还有博物馆和图书馆!那既是图书馆,也是吸烟的安宁之所。图书馆里,藏书 12000 册,包含了人类在历史学、诗歌、小说和科学方面最卓越的成就;宽敞堂皇的大客厅挂满名画;而海藻烟、石洞里的大珍珠也让人浮想联翩。

用之趣

吃、住、行都已解决,用更不需要担心。大家穿的是贝类动物的足丝制成的衣服,用老荔枝螺红作染料、从地中海海兔身上提取紫色来点缀,既舒适又漂亮。床则是最为柔软的大叶藻制成的,房内香水其实是从海洋植物中提炼的,笔用鲸鱼触须制成,墨是乌贼或枪乌贼分泌的汁液,电由大海提供。这一切真是既奇异又有趣。

4. 花式阅读

除了从衣食住行的角度出发,我们还可以结合这部科幻小说的游记特点进行花式阅读。从宏观角度看,我们可以仿照飞行棋模式手绘海底站点,并根据各个地点的惊险程度设置分值,来一场海底两万里之旅。从微观角度来看,我们可以进行一站式导游设定。假如你是导游,你将如何带领游客游览某个具体景点呢?比如第一部分第十七章的"漫步海底平川"。你将怎样向你的小伙伴介绍海底平原的神奇生物呢? 甚至,我们还可以来一场人物模仿,这也是非常受同学们喜欢和欢迎的一种方式。我们可以找出本书里对人物的神情姿态的描写片段或者与其相关的事件,用想象脑补一下人物的特点,用上家里的道具,尽情地投入到情节和人物的扮演中去!

二、读写方法两手抓

(一) 多种阅读方法融合

1. 快速阅读

快速阅读可以帮助我们在短时间内了解全书的内容,比较适合学业繁重的中学生。《海底两万里》跌宕起伏的故事情节和扣人心弦的悬念往往会使读者急于知道故事或者人物的结局,这时就可以采取快速阅读的方式,先初步通读全书。

快速阅读的能力不是三天两天练就的,需要在平时的阅读中加强训练。我们要注意以下几点。

(1)集中精力,全神贯注。要专心致志地读,尽快弄清作者记叙了哪些事,塑造了哪些人物等,对小说有个总体的了解。

(2)学会默读。要养成默读的习惯,并逐渐提高速度。初一的学生,阅读一般现代文应达到每分钟不少于 400 字的速度。

（3）扩大扫视范围。读的时候尽量不回视，在短时间内看尽可能多的内容。可以试着逐渐扩大视域，先一眼扫几个字，再试着扫一行字，最后从一行字过渡到多行或者全段。

（4）筛选书中信息。《海底两万里》中的尼摩船长，是全书的主人公，也是推动故事发展的核心人物，所以需要格外关注涉及他的语段。而对文中大量的次要和生僻内容，可以做一个记号，先跳过去，回头进行一定的补充阅读。

2. 精读和略读结合

精读的本义就是精细深入地阅读，要求学生能运用多种阅读方法，逐步提高阅读能力，理解概括文章内容，适当积累知识，即应该做到"字求其训，句索其旨"。略读又指跳读或浏览，是一种基本的快速阅读技能。目的是在速读文章后初步了解其大意。精读对于阅读任何书籍都极为重要，我们要分清楚何处可使用精读。略读则是精读的基础，陶渊明曾说过"好读书，不求甚解"。精读和略读应搭配使用。

比如，阅读《海底两万里》下篇《缺氧》这一章时，就应该精读。我们可以将一些重要段落反复阅读，如文中船员和教授一行人为了脱困，积极加入凿冰行动这一部分。我们应该仔细地对文章进行分析，并深入理解和体会，全面掌握其内容和中心要义。从全书的开头下手，我们发现尼摩船长一行人和教授一行人的关系从敌对，慢慢转为戒备，直到这一章开始，才成为同舟共济的战友。精读十分考验我们的观察分析能力，我们要选取片段，一字一句地抠字眼，才能体会作者、小说人物感情的跌宕起伏。

略读是为精读打基础的，如《缺氧》的上一章《意外事故还是小插曲》中大部分内容是为了下一章做铺垫，我们就可以用略读的方式一带而过，以尽可能快的速度阅读，简单了解文章大意并对主旨有一个大概的印象，最后再用浏览单独挑出关键性信息就够了。

（二）学会描写

1. 描写人物的方法

《海底两万里》里的人物塑造耐人寻味。其中的尼摩船长就是一个矛盾集合体。他誓死不踏上陆地一步，固执己见、高傲、冷漠，他坦诚相待，真实可信却又有所保留;面对死亡的危险时,他淡定从容,冷漠的面颊上无一丝一毫恐惧之色;看到一个不相干的印度采珠人陷入危险,他也会挺身而出,勇敢地与巨鲨搏斗。人物的成功塑造是写作的基石,《海底两万里》的这块基石尤为牢固。写作中,同学们常常因人物形象的不确定、人物关系的繁杂交织而迷失其中,愈写愈不知道自己该写些什么,从而犯一些逻辑上自相矛盾的错误,让人读起来啼笑皆非。而《海底两万里》从头至尾读下来无一点逻辑上的不合理,全书充盈且生动。这不仅有赖于主角塑造的成功,孔塞伊、尼德兰等配角的塑造也恰到好处,既充分体现了个人的特点,也没抢主角的风头。

比如,在描绘尼摩船长这一人物形象时,书中有这样两处细节:"他的脑袋高傲地矗立在肩部轮廓所形成的弧线上,那双黑色的眼睛总是冷漠、自信地注视着周围的一切",从这里我们可以看出尼摩船长的自信;"他苍白而不是红润的肤色",这里我们可以看出他的生来好静。

作者同时运用一些微动作的描写来表现人物心理和品质。如"眉宇间肌肉的急速收缩",显示出了尼摩船长的坚毅、果敢。而通过对他的深呼吸的描写又显示出了尼摩船长十分强盛的生命力。

当然,人物描写方法中最常见的外貌描写,凡尔纳也运用得炉火纯青。

他身材高大,前额饱满,鼻梁挺直,嘴唇轮廓明显,牙齿整齐,两手纤细、修长——用相手术语来说,非常"通灵",也就是说,完全可以与一个高尚、热情的心灵相配。他肯定是我平生遇到的最值得敬佩的人。他还有一个细微的特征:他那双相距稍远的眼睛能够把更多的景物收入眼帘。他不但视野宽阔,而且眼力也好于尼德兰,这一点我留待以后再加以证实。当这个陌生人盯视的时候,他总是紧皱双眉,圆瞪双目,收缩视野。他就是这样凝目远眺的!多么犀利的目光,远处缩小了的物体都被它放大了,仿佛能窥视别人的灵魂!透视在我们眼睛看来一片混沌的海水!探测海洋深处的奥秘!……

这段描述中,尼摩船长的外貌特征和性格中的高傲、正直、机智有机地融合在了一起。

2. 描写景物的方法

在《海底森林》一章中写道:

在如同温带树木一样高大的各种乔木植物之间,在它们"潮湿"的阴影底下,长满了鲜花盛开的荆棘丛,一排排植形动物树篱上像花一样盛开着花纹弯曲的斑纹脑珊瑚、触须透明的淡黄石竹珊瑚和草坪般丛生的石花珊瑚,还有像蜂鸟一样成群结队地穿梭于"树枝"之间的蝇鱼也赶来点缀这个梦幻般的仙境。而颌骨上翘,鳞甲尖利的黄色囊虫鱼、飞鱼、单鳍鱼等则像沙锥一样,围在我们左右戏水。

乍一看,似乎让人有点头晕目眩,甚至没有完全读懂,这是因为作者凡尔纳喜欢先描写后解释,罗列一连串术语的写法营造出毋庸置疑的"科学感",表现出作者对科学"求甚解"的严谨精神。作者运用丰富的词语,将奇异的音韵结合,使之迸发出美丽的火花。这种与众不同的描写手法可谓是《海底两万里》中的一大特色。

《海底两万里》中不乏值得我们欣赏和学习的写景片段:

站在尖峰顶上,辽阔的大海尽收眼底,海平线清晰可辨;我们的脚下,晶莹闪烁的原野白茫茫的一片;我们的头顶,云散天开,露出了蔚蓝色的天空;我们的北边,太阳的圆盘像一个已经被地平线这把利刃削去一角的火球;海面上喷射出上百束美丽的水柱花;远处,"鹦鹉螺号"犹如一条沉睡的鲸鱼静静地躺在海上;我们的背后,南方和东方,是一片辽阔的陆地,岩石和冰块起伏不平,无边无垠。

《南极》一章中的这段描写,选中了一个极妙的观察点——"尖峰顶上",便于刻画景物壮阔的特点,突出表现南极的苍茫和人们闻所未闻的景象的奇异,人们看不到、想不到的,凡尔纳都能替他们看到、想到。由高至低、从前到后、由近及远,几种描写顺序交汇错综,在使描写有条理的同时,整个段落显得错落有致。"白茫茫的原野""蔚蓝色的天空""被削去一角的火球",几种事物的色差给人造成强烈的视觉冲击,把读者一下子拉进了凡尔纳伟大想象力构建出的南极大陆。这就不仅仅是替读者看到,而是直接让读者看到了。同时,段落中的修辞手法的合理运用,使这幅景象更加生动形象。

这样的例子在书中数不胜数。我们大可以像凡尔纳这样,选择一个良好的观察点,扣住描写对象的特点,按一定顺序和范围写出景物的动态、静态;也可以学习正侧两面入手,虚实结合,多感官描写等方法。

三、神往的"世外桃源"

(一) 与人物对话
以下为学生阅读完《海底两万里》后,经过思考,与书中人物和作者的对话。

爱与恨

——与尼摩船长的对话

凡尔纳先生并未在此书中道明你的过往,甚至连全名都未提及。

但,多次细品后,我终于,自认为算是读懂了你——一个知识渊博的工程师,"鹦鹉螺号"的灵魂。在茫茫大洋中的一座荒岛上秘密建造的"鹦鹉螺号",艇身坚固,结构优异,经得住汹涌的波涛和深海的巨压。你,更是一个饱经风霜的民族斗士,搜集海底的奇珍异宝,向受压迫的民族伸出援手,支持他们的正义斗争。不论其他,仅凭这两点,你高大伟岸的形象就已经在我心中了。

你追求与世隔绝的"桃源"式生活,不愿被束缚,向往自由,然而我知道你却一直在默默关注着世界的波诡云谲。你身上,不乏自强不息的进取精神,但你渴望的,从来都只是人身的自由与纯朴的幸福。

虽然与世隔绝,但你炽热的博爱之心却从未消减。你请求阿罗纳克斯教授为奄奄一息的部下治疗,面对船员的死,你潸然泪下,并且亲自将他安葬在没有人类打扰的珊瑚王国;看到鲨鱼袭击印度采珠人,你奋不顾身地拿着匕首刺向大鲨鱼,还倾囊相助,送了采珠人一些珍珠维持生计。虽然脱离了世俗社会的生活,但你仍和人类社会有着千丝万缕的联系——你定期将装有金银财宝的箱子交给固定的联系人,尽己所能为殖民地人民的反抗斗争提供援助……

船长,不管你为什么脱离人世来到海洋,你首先是一个有着人类的情感,为人类的疾苦而痛心,对待所有被歧视的种族和受压迫的人都慈悲为怀的人。

若我问你这么做的缘由,我想,你定会回答:"我是站在被压迫人民这一边的,现在如此,而且,只要我一息尚存,我就永远站在被压迫国家人民的一边!"(也正如你对阿罗纳克斯教授所言)

此刻,在我眼中,你是反殖民主义和反帝国主义的英雄。

记得你曾对阿罗纳克斯教授说过:"海洋不属于暴君。在海面上暴君们还能行使不公平的权力,他们可以在那里战斗厮杀,把陆地上的种种恐怖都带到海面上来。但是,在海面以下三十英尺的地方,他们的权力就不起作用了,他们的影响就消失了,他们的势力消失得踪影全无。"你甚至宁愿葬身于大海深处,在安静的、不受鲨鱼和人侵害的珊瑚坟墓里长眠。

大海让你暂时忘记在陆地上所受的伤害,但还是无法填补你内心深处的孤独,只有在管风琴刻意编织的梦幻中,你才能享受到片刻的陶醉和安宁。因此,长期以来你变得冷漠、残酷、不近人情。

一种畸形的仇恨促使你展开了疯狂的海上复仇计划——你领导船员击沉了一艘又一艘的战舰,亲手制造了一场大屠杀,目睹爆炸的战舰和上面的受难者一点一点地沉入海底。这时候的你从一个伸张正义者变成了一个不折不扣的复仇者。我却不敢再试问为什么。

但我又是理解你的,在爱与恨、怜悯与复仇之间的你是矛盾的,更是痛苦的。彼时,我多希望这片海洋能够真正抚慰你的心灵,让你别再迷茫,让你放下困扰你的一切……

望下辈子上帝能善待你,善待这个集爱恨极端于一身的你,我心中伟大的船长……

(任其然　王睿阳)

尼摩船长既善良、仁慈而又残忍、冷酷,性格具有两面性。

他是善良正义的,虽然只有在特殊情况下才能为我们所感知。鲨鱼袭击采珠人,尼摩船长挺身而出,手持匕首直向鲨鱼冲去,救下采珠人之后还送给他一袋珍珠;尼摩船长收容了所有厌恶陆地的人,把海底的金银财宝送给穷苦的人;在得知同伴因为自己的复仇而无法救治时,尼摩船长落下了眼泪,并将他安葬在安静的大海深处。

尼摩船长又是冷酷无情的,这是大多数时候人们对他的印象。尼摩船长把几个人关起来还不够,而且必须让他们在睡梦中死去;尼摩船长领导船员击沉了一艘艘船只,制造了一场大屠杀,目睹上面的受难者一点点地沉入海底,施行可怕的报复。

尼摩船长是《海底两万里》中争议较多的人物,读者也因这一人物形象的双面性而对他褒贬不一,但也正是他身上的矛盾性,吸引着一代又一代读者,他身上对受压迫人民深沉的怜悯和火山般强烈的扭曲的仇恨让人折服。

与作者对话

读完《海底两万里》,我首先认识了尼摩船长,他是"绝顶智慧、无限富有、温文尔雅而又享有绝对权威"的尼摩船长,是"与人类断绝关系""丝毫不受人类社会规范约束"、单枪匹马反对人类社会秩序的斗士,是声称"我就是法律、正义"的替天行道的复仇天使。他支援被压迫民族的正义斗争,但发誓绝不登上陆地。这个与世隔绝、心如冷铁的隐士,他到底有怎样痛苦的过去?他是谁?小说采用了对比的手法,其他人都在明处,只有尼摩船长在暗处。我唯一能确定的,就是他曾经在陆地上受到过极大的伤害,这伤害令他对陆地绝望,无可奈何之下他才走向自由的海洋。尼摩船长初见阿罗纳克斯等人时,就表明自己的立场:"不再遵循那个人类社会的法则。"

以上这些,促使我不得不思考,是怎样的作者,会塑造出这样复杂而矛盾的人物形象?

1839 年,一个出生在法国西部海港城市的小男孩,自愿上船当见习水手,梦想着远航印度,不料被家人发现接回了家,还挨了一顿狠揍。他流着泪保证:"以后保证只躺在床上在幻想中旅行。"

这个小男孩就是儒勒·凡尔纳,正是这段特殊的经历,促使儒勒·凡尔纳一生在幻想之中遨游。1870 年,凡尔纳著名的"海洋三部曲"之一《海底两万里》横空出世。它带领着读者进行了一次惊心动魄的海底探索,让他们在强烈的震惊之余又有极大的精神和审美的享受。

虽然我们无缘生活在同一个时代,我也无缘见到你,但是我仿佛在尼摩船长身上看到了你的影子。凡尔纳,你说过,只在幻想中旅行。于是,你便这么做了。你想象自己乘坐着潜水艇,环游各大海洋,那是你自己设计的潜水艇啊。你知道吗?我是多么钦佩你!为你丰富的想象力,为你渊博的知识,为你惊人的预见力!

从尼摩船长打捞海底的金银财宝用于为法国还清国债和帮助贫苦民众的事例中,我知道你还有一颗悲天悯人之心,你站在被殖民压迫的一方,充分体现了你的进步性。

但是,我不得不指出,有时你的认识也是有局限性的。你赋予了尼摩船长一颗愤世嫉俗的心,让他在海洋这个理想的世界里替自己伸张正义,但你的伸张正义却是建立另一种殖民主义。你让尼摩船长像所有的船长一样,认为自己就是上帝,只需服从于自己,服从属于自己的道德准则,与此同时,他将自己的暴力施加给了他人。

如果有幸认识你,我想对你说:"让我们张开双臂,容纳这个世界的好与坏,睁开双眼,看清事物的本质并用一颗善良的心纠正错误,这样才是最现实、最正确的。"愿尼摩船长放下仇恨,继续做海洋的研究者。

(张亦　邱煦泽)

凡尔纳的父亲一心希望子承父业,凡尔纳的一次冒险换来的是父亲更严格的管教。他只得保证"躺在床上在幻想中旅行",但对蔚蓝大海的憧憬在他心中留下了深刻的印记。正因此,《海底两万里》才得以呈现在读者眼前。除了对海洋的憧憬外,凡尔纳的思想还反映在尼摩船长对于陆地生态环境被破坏和对资本的批判上。书中尼摩船长站在被殖民压迫的一方,憎恶殖民压迫等一系列不正义、不人道的行为。他在海底打捞金银财宝为法国还清国债,帮助贫苦民众,冒着生命危险救下锡兰岛的一位采珠人。他所做的一切,也都道明了凡尔纳的心声:"他的心依然在为人类的苦难而悲痛和忧伤,他仍然对所有受奴役受迫害的种族和个人怀着仁慈的爱。"这不仅是阿罗纳克斯心中对尼摩船长的猜想,更是凡尔纳内心的真实写照。

(二) 与时代融合

1870 年,欧洲的工业革命取得巨大进展,人们感受到了自由的飞跃以及科技发展的日新月异,产生了集体的科学畅想。在这期间,《海底两万里》作为一本为多数人的童年打开一扇海洋之门的科幻小说,是个中翘楚。它以大胆而又丰富的想象进行着海洋的生命表达,让读者啧啧称奇。

值得注意的是,凡尔纳的想象绝不是胡思乱想,一般是在已有科学成果的基础上进行合理的想象。它的独到之处也在于此,今天这些想象几乎都成真了。1801 年美国人富尔顿发明的由蒸汽作为动力的潜艇,成为凡尔纳想象的源头。他为自己笔下的潜艇取名为"鹦鹉螺号"。凡尔纳与在海军服役的弟弟进行了大量讨论后,他用想象改进了现有潜水艇的种种问题。1886 年,英国人果然发明了以电作为动力的潜水艇,大概是为了感谢凡尔纳给他们的灵感,他们也为潜水艇取名"鹦鹉螺号"。

150 多年过去了,当我们再次用新式的眼光翻开这部书,除了奇思妙想,我们还可以看到他对政治时局的影射——那是一个充满硝烟的时代。

1807 年,法国国王拿破仑·波拿巴占领波兰大部地区,随后华沙公国成立,拿破仑将其作为法兰西的附庸。1812 年,沙俄击退拿破仑,波兰人民本以为看到了希望,甚至将亚历山大供奉为"救世主",却不想等待自己的竟是沙俄残暴的统治。沙俄迅速占领波兰的中部,建立起自己的波兰王国,而此时波兰的西部也被普鲁士乘虚而入,成了克拉科夫共和国。刹那间,硝烟四起,山河破碎。1830 年,在华沙爆发的起义失败,多少波兰人被迫背井离乡,开始颠沛流离的生涯。1846 年,克拉科夫起义失败,西部的土地又沦为奥地利的地盘。1848 年,沙俄干涉欧洲革命。凡尔纳看到这些,感到触目惊心,于是将本书的主人公拟定为参加反沙俄起义、失去亲人、眼睁睁地看着祖国沦丧的波兰人。后来因为他的主编不希望得罪众多俄国的读者,所以最终隐藏了其身份。

在《海底两万里》的姐妹篇《神秘岛》中,尼摩船长的身份才得以揭晓:他本是印度的王子达卡。19 世纪正是印度历史上最曲折的一段时间。1600 年,英国女王伊丽莎白在印度建立了不列颠东印度公司。1856 年,英国开始大规模地推进和吞并,扩大自己的侵略势力。1857 年,发生了震惊世界的印度民族大起义,这件事彻底激怒了英国殖民者。次年,维多利亚女王正式加冕为印度女王。或许就是从这里开始,在尼摩逃亡国外、妻儿不幸被杀害后,他选择四"海"为家,用"鹦鹉螺号"来帮助为争取独立而战的人们。

凡尔纳的小说没有华丽的语言,也没有太过深刻的人生哲理,其作品的伟大之处在于为人们提供了一种信念——只要敢于想象,没有什么不可能实现。

(三) 与名言相伴

《海底两万里》中不乏一些引人深思的句子。如:

我转身面对尼摩船长。这个可怕的伸张正义者,名副其实的复仇天使还在张望。当一切结束之后,尼摩船长向他的房门走去,推开房门,进了房间。我目送着他。在他房间底端的护墙板上,在他心目中的英雄的肖像底下,我看见一张一个年纪尚轻的妇女和两个小孩的半身照片。尼摩船长对着这张照片凝视了片刻,向他们伸出双臂,然后跪倒在地上哽咽起来。

当得知船员再也不可能有生机时,"尼摩船长的手剧烈地颤抖起来,两行泪水从他的眼睛中流了出来"。他分明是有感情的,原来在每一个看似坚不可摧的人身上,都有着不可湮灭的人性。

结语:个人成长的经历和时代背景的影响,让凡尔纳创造出了《海底两万里》中这样一个没有压迫、自由平等、无忧无虑的海底世界,这种类似"世外桃源"的生活方式,是大多数人的梦想。在这个理想世界里,凡尔纳充分发挥了他的想象力,立足于科学的基础上,对未来科学进行了预测,创作了这部经典的科幻小说。凡尔纳是科幻小说中绕不开的一个作家,《海底两万里》更是凡尔纳小说中的经典作品。从小说中,我们不但能领略作者丰富的想象力给我们带来的神奇故事,更能从小说中了解作者创作时的社会背景以及他的思想。希望本文能对同学们阅读《海底两万里》有一定启示作用。

荒园幽壁百虫语　谁解其中味

——《昆虫记》整本书阅读指导

　　"今夜偏知春气暖,虫声新透绿窗纱。"我们和可爱的昆虫比邻而居,当你静夜卧听此起彼伏的虫鸣,当你瞧见花丛中扑打着翅膀的蝴蝶,当你注视花坛边踽踽独行的蜗牛,当你寻觅草丛间提着灯笼的萤火虫……你会不会感叹这些可爱的生灵,你会不会惊叹这奇妙的世界。你也许想不到:勤劳的蚂蚁竟然是昆虫界可恶的掠夺者,那只不知疲倦整天把房子背在身上的蜗牛竟然成了萤火虫的猎物,身姿优雅的螳螂家族竟然有着成婚之后吞食伴侣的残忍婚俗……奇妙有趣的昆虫世界有着许多我们不知道的秘密,让我们赶快翻开《昆虫记》,跟着法布尔的脚步,循着他的目光,去认识那些形态各异、各具其能、充满智慧的小家伙,开启昆虫世界的精彩旅行。

一、漫步荒石园——跟随作者"看"昆虫

(一) 阅读准备

1. 自主性学习

活动任务:

(1) 查阅法布尔的相关资料,全班交流。

(2) 查阅作品写作背景资料,全班交流。

(3) 查阅作品评价资料,全班交流。

2. 资料链接

(1) 作家简介。法布尔,法国杰出的昆虫学家、文学家,1823 年生于法国南部一贫苦农家。他从小就表现出对自然的热爱,并有着过人的观察力。小时候,他喜欢跑到乡间野外,收集各种各样的植物、昆虫,塞满自己的衣兜。因为家境贫寒,法布尔 14 岁就外出谋生,虽身处困境,但他从未放弃,通过努力他先后获得了文学、数学、物理学以及自然科学学士学位。他边教书,边利用闲暇时间观察、记录昆虫,1885 年,发表了《节腹泥蜂习俗观察记》一文。此文纠正了当时权威学者的错误观点,引起了科学界人士的广泛关注。以后的数十年,他秉持着执着、严谨的科学

精神观察昆虫,以富有文学性的文字记录观察所得,向大众介绍昆虫世界的各类自然科学新知。达尔文称他是"无与伦比的观察者",雨果称他为"昆虫界的荷马"。

(2) 作品简介。1879 年左右,法布尔用多年积蓄购买了一所老旧宅子,取名"荒石园"。此后,这位"荒石园"主人,一有空就用铁镐、铲子在园子的土地上挖挖敲敲,日复一日,年复一年,为他的昆虫朋友们营造了一片乐园。而他自己则利用放大镜、大玻璃瓶等饶有兴趣地观察昆虫们的日常生活,了解它们的生活习性。他真诚地尊重、热爱这些昆虫朋友,反对把昆虫放在冰冷的实验仪器上解剖,同时他也希望自己的观察研究能为农业发展和维持自然生态平衡提供有价值的资料和信息。在这片荒石园,他完成了长达 10 卷的著作——《昆虫记》。

《昆虫记》又称《昆虫物语》《昆虫的故事》等,原著共 10 卷。第一卷于 1879 年首次出版,1907 年全书 10 卷的出版完成。书中描述了昆虫们恪守自然法则,为家族的生存和种族的繁衍而不懈努力的生动而真实的故事。作品中,作者带着个人的情感和对人性的思考看待昆虫,将自己对人生的感悟融于其中,既向广大读者传播了丰富的昆虫学知识,也体现了他对科学孜孜不倦的探索以及实事求是的科学研究精神,表达了他对生命、自然的热爱与尊重。

统编教材配套阅读《昆虫记》由温儒敏教授主编,编者从 10 卷中精心选取了一些精彩、有趣的章节。全书共 29 章,第一部分选取的 16 个章节主要介绍昆虫的习性;第二部分的 13 个章节,以介绍昆虫生活为主。

(二)制订阅读计划

本书共 29 章,同学们在阅读前要先制订阅读计划(见表 6-1)。建议同学们利用 3 周时间通读全书,每天阅读两三章内容,周末对本周阅读内容进行整理回顾。通读时做好圈点批注,为接下来精读阶段进一步品味、思考做准备。

表 6-1　阅读计划表

周　　次		阅读内容
通读全文	第一周	
	第二周	
	第三周	
精读	第四周	

(三) 阅读方法指导

1. 通读——绘制思维导图,梳理主要内容

《昆虫记》是一部介绍昆虫习性、生活的科普作品,阅读时,可以带领学生们通过绘制图文并茂的思维导图的方式,对书中介绍的各种昆虫的外形、习性等进行概括、提炼、梳理,使之一目了然。

(1) 单章思维导图(见图 6-1 至图 6-21)

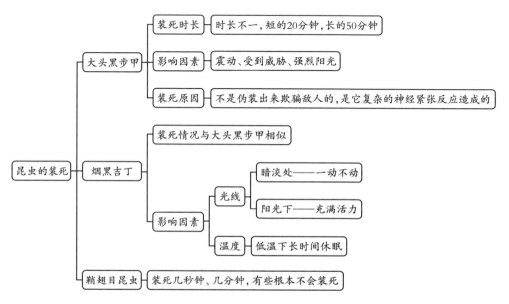

图 6-1 《昆虫的装死》

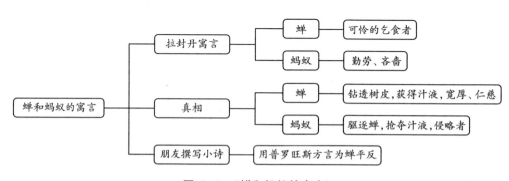

图 6-2 《蝉和蚂蚁的寓言》

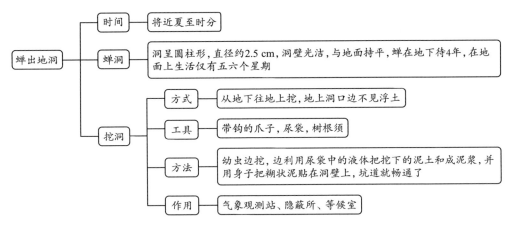

图 6－3 《蝉出地洞》

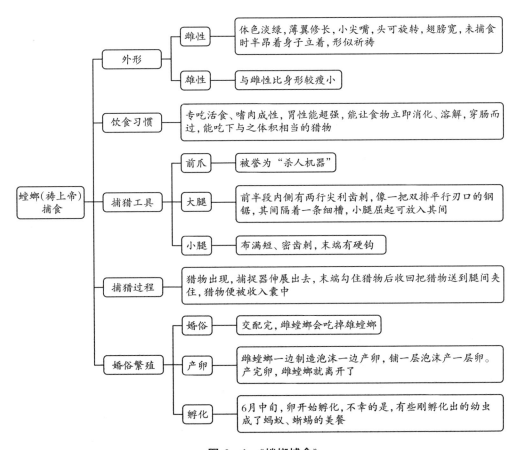

图 6－4 《螳螂捕食》

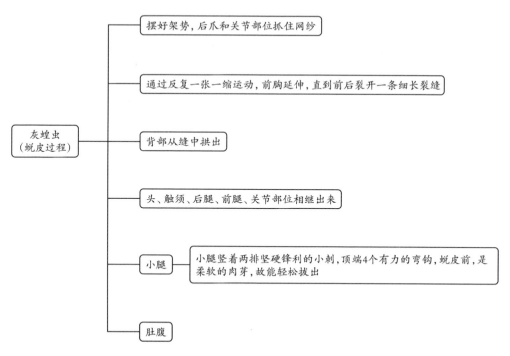

图 6-5 《灰蝗虫》(蜕皮过程)

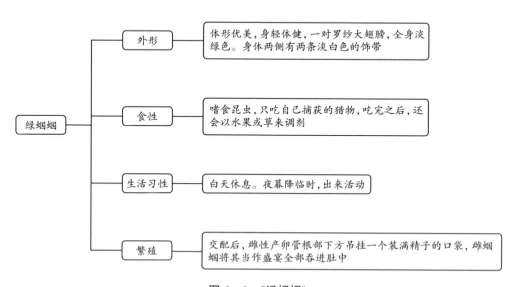

图 6-6 《绿蝈蝈》

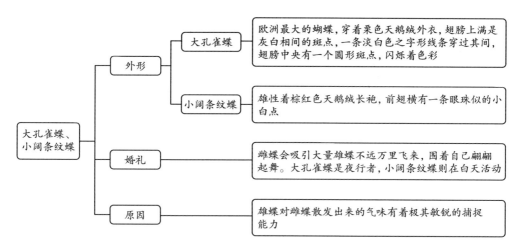

图 6-7 《大孔雀蝶》《小阔条纹蝶》

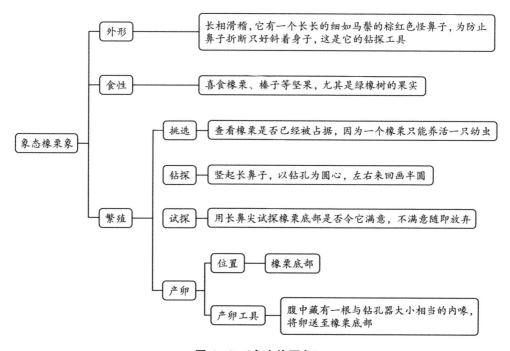

图 6-8 《象态橡栗象》

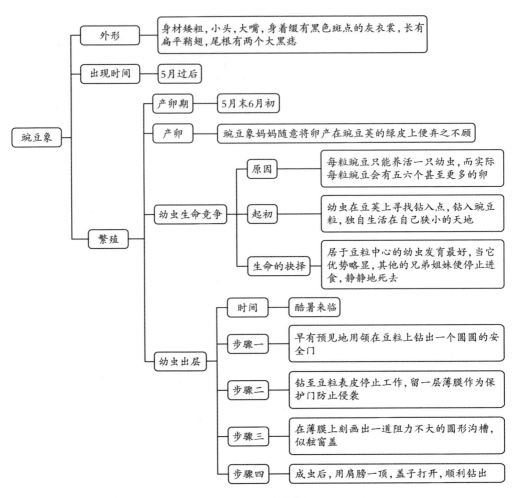

图 6-9 《豌豆象》

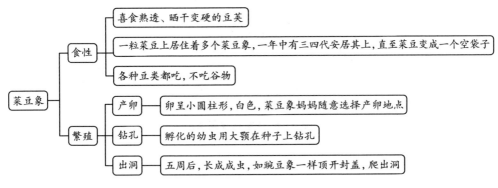

图 6-10 《菜豆象》

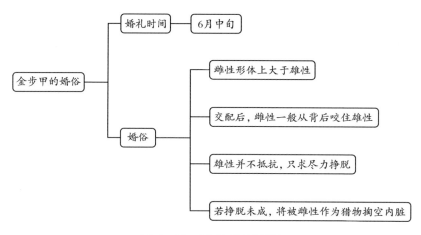

图 6－11　《金步甲的婚俗》

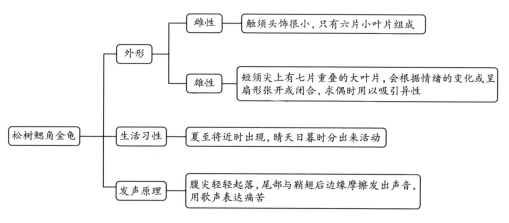

图 6－12　《松树鳃角金龟》

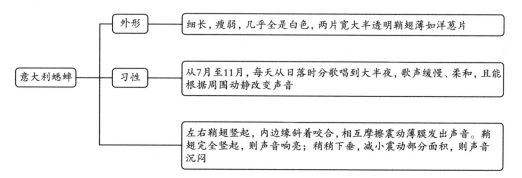

图 6－13　《意大利蟋蟀》

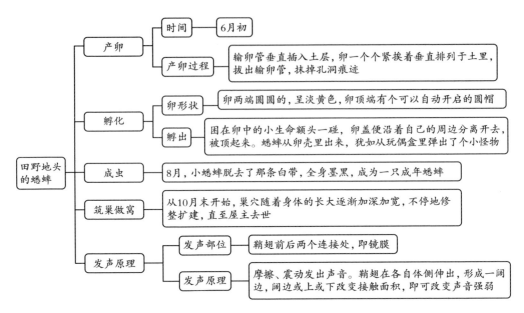

图 6-14 《田野地头的蟋蟀》

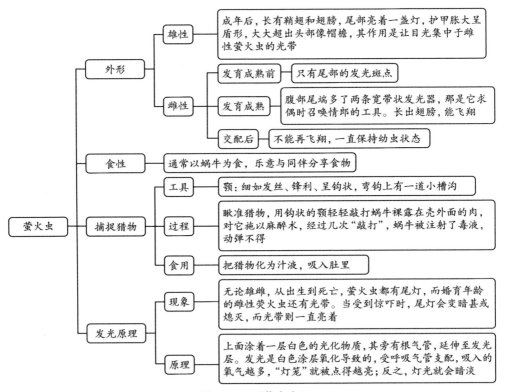

图 6-15 《萤火虫》

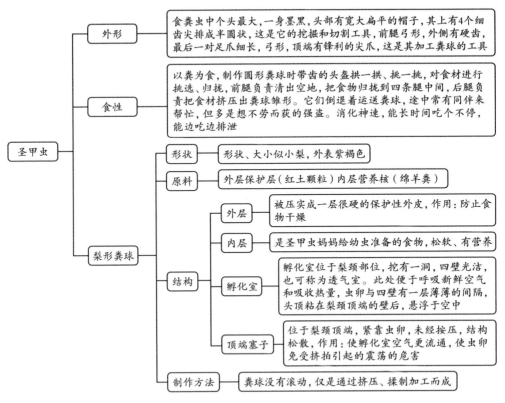

图 6 - 16　《圣甲虫》《圣甲虫的梨形粪球》《圣甲虫的造型术》

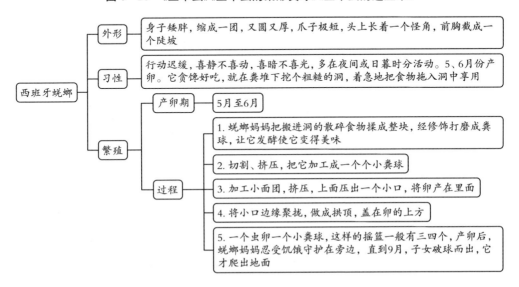

图 6 - 17　《西班牙蜣螂》

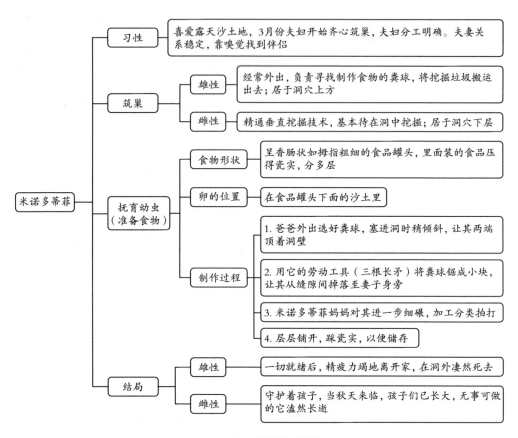

图 6-18 《米诺多蒂菲》

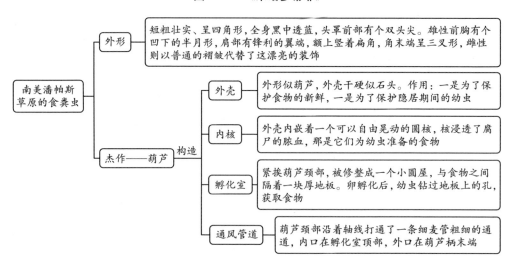

图 6-19 《南美潘帕斯草原的食粪虫》

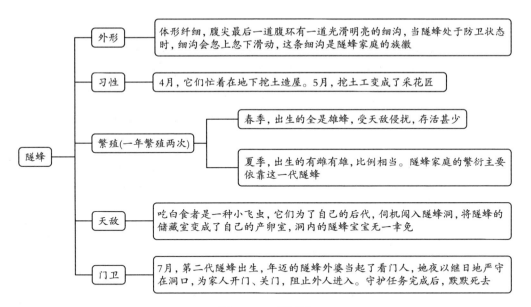

图 6 - 20　《隧蜂》

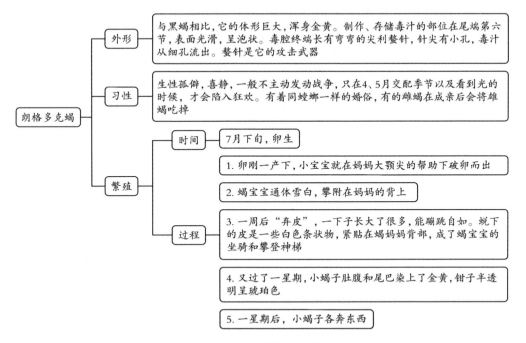

图 6 - 21　《朗格多克蝎》

（2）内容重构思维导图

每一章节的思维导图侧重于"点"。通览整本书,我们还可把一个个"点"串成线,绘制内容重构思维导图,建立每章节内容之间的联系,把书读薄。

绘制内容重构思维导图可依据书的内容、自己的阅读习惯自行确定中心,如可以依据核心点、中心线索整合绘制,也可以以某个问题、某种现象、某种关系为中心。

【参考示例 1】 如图 6-22 所示,围绕"昆虫之技"绘制思维导图。

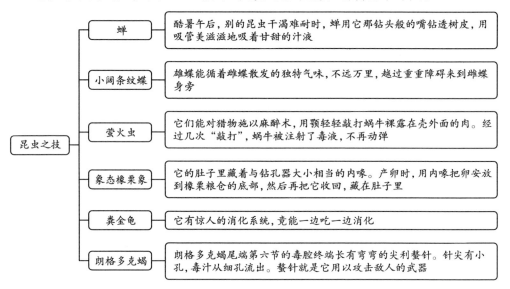

图 6-22 昆虫之技

【参考示例 2】 如图 6-23 所示,围绕"昆虫之计"绘制思维导图。

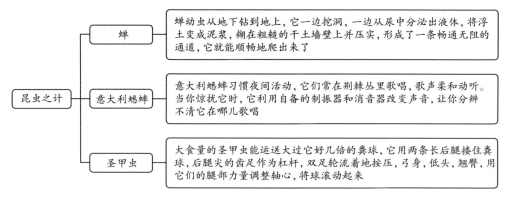

图 6-23 昆虫之计

【参考示例3】　如图 6-24 所示,围绕"昆虫之智慧"绘制思维导图。

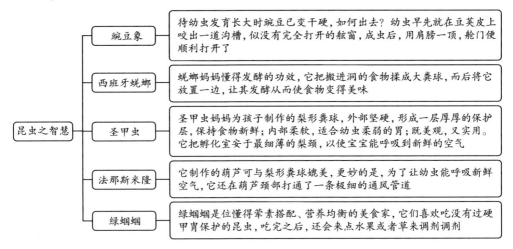

	豌豆象	待幼虫发育长大时豌豆已变干硬,如何出去? 幼虫早先就在豆荚皮上咬出一道沟槽,似没有完全打开的舷窗,成虫后,用肩膀一顶,舱门便顺利打开了
	西班牙蜣螂	蜣螂妈妈懂得发酵的功效,它把搬进洞的食物揉成大粪球,而后将它放置一边,让其发酵从而使食物变得美味
昆虫之智慧	圣甲虫	圣甲虫妈妈为孩子制作的梨形粪球,外部坚硬,形成一层厚厚的保护层,保持食物新鲜;内部柔软,适合幼虫柔弱的胃;既美观,又实用。它把孵化室安于最细薄的梨颈,以使宝宝能呼吸到新鲜的空气
	法那斯米隆	它制作的葫芦可与梨形粪球媲美,更妙的是,为了让幼虫能呼吸新鲜空气,它还在葫芦颈部打通了一条极细的通风管道
	绿蝈蝈	绿蝈蝈是位懂得荤素搭配、营养均衡的美食家,它们喜欢吃没有过硬甲胄保护的昆虫,吃完之后,还会来点水果或者草来调剂调剂

图 6-24　昆虫之智慧

以上示例围绕写作对象——昆虫,选取了 3 个角度对著作中相关内容进行了整合。同学们还可以试着从"跟着法布尔学观察""跟着法布尔学探究""小昆虫引发的哲思"等角度对作品进行整合。

【参考示例4】　如图 6-25 所示,围绕"昆虫的温情和无情"绘制思维导图。

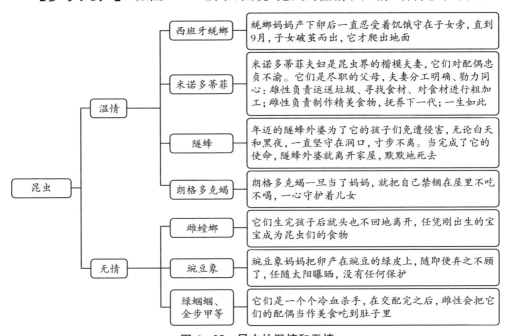

		西班牙蜣螂	蜣螂妈妈产下卵后一直忍受着饥饿守在子女旁,直到9月,子女破茧而出,它才爬出地面
	温情	米诺多蒂菲	米诺多蒂菲夫妇是昆虫界的楷模夫妻,它们对配偶忠贞不渝。它们是尽职的父母,夫妻分工明确、勠力同心:雄性负责运送垃圾、寻找食材、对食材进行粗加工;雌性负责制作精美食物,抚养下一代;一生如此
昆虫		隧蜂	年迈的隧蜂外婆为了它的孩子们免遭侵害,无论白天和黑夜,一直坚守在洞口,寸步不离。当完成了它的使命,隧蜂外婆就离开家屋,默默地死去
		朗格多克蝎	朗格多克蝎一旦当了妈妈,就把自己禁锢在屋里不吃不喝,一心守护着儿女
	无情	雌螳螂	它们生完孩子后就头也不回地离开,任凭刚出生的宝宝成为昆虫们的食物
		豌豆象	豌豆象妈妈把卵产在豌豆的绿皮上,随即便弃之不顾了,任随太阳曝晒,没有任何保护
		绿蝈蝈、金步甲等	它们是一个个冷血杀手,在交配完之后,雌性会把它们的配偶当作美食吃到肚子里

图 6-25　昆虫的温情和无情

比较是一切理解和思维的基础,它能够有效地揭示具有相同或相关性内容之间的联系与区别。整本书阅读过程中,学会运用比较,有助于加深对文本内容的理解,有助于阅读能力和分析能力的培养和提高。

作为科普作品,既可从说明对象——昆虫的角度选取某个相关点进行比较,并以此为中心绘制内容重构思维导图,也可从说明顺序、说明方法、语言表达上进行比较。

2. 精读——我是解说员,介绍昆虫

走进熟悉而又陌生的昆虫世界,你一定会有很多惊奇的发现,小小昆虫如我们一样辛苦劳作,繁衍生息。螳螂妈妈享受着儿女绕膝的天伦之乐,隧蜂外婆夜以继日地守护着自己的家园,迟到的豌豆象宝宝深谙生存法则却选择静静地死去……相信你在阅读过程中也获得了丰富的阅读体验,请同学们选择其中一两种昆虫写一段解说词,向你的朋友介绍它们。

可供选择的题目:

(1)《为蝉鸣冤》

(2)《昆虫界的"伪装者"——螳螂》

(3)《惊叹生命的奇迹——灰蝗虫的蜕变》

(4)《昆虫界的"痴情郎"——大孔雀蝶》

(5)《一次不幸的"施工事故"》(象态橡栗象)

(6)《昆虫界的"奇葩婚俗"》(螳螂、金步甲、朗格多克蝎)

(7)《昆虫界的"歌唱家"——意大利蟋蟀》

(8)《昆虫界的"麻醉师"——萤火虫》

(9)《昆虫界的"艺术家"——圣甲虫》

(10)《"一切为了孩子"——称职的螳螂妈妈》

(11)《昆虫界的"模范家庭"——米诺多蒂菲》

(12)《忠于职守的"门卫"——隧蜂外婆》

……

【参考示例】

昆虫界的"模范家庭"——米诺多蒂菲

"米诺多""蒂菲"是古希腊神话中两个吓人的名字,而我们昆虫界的"米诺多蒂菲"则是一种"平和无害"的黑色鞘翅目昆虫。

米诺多蒂菲是昆虫界的"模范夫妻"。严冬过后,雄性米诺多蒂菲便开始寻觅配偶。而后它们夫妇便齐心协力共筑爱巢。它们始终铭记着情定终身时的海誓山盟,这在朝三暮四的昆虫界实属难得!雄性朗格多克蝎在寻觅伴侣时,有时一路要换好几个女伴,对于年轻的雄蝎来说这可没什么大不了的!秉承女主内、男主外家庭模式的米诺多蒂菲夫妇,外出机会颇多的丈夫在觅食旅途中常会碰到待字闺中的散步女子,但是痴情的米诺多蒂菲从不为所动,心里只装着爱妻,脚步只跨进自己的家门。

米诺多蒂菲是昆虫界的"称职父母"。雄性米诺多蒂菲有着极强的家庭责任感,它主动承担了家里最苦最累的活儿。它是家里的搬运工,负责用它那叉口背篓把挖出的土运往洞外。它还负责外出寻觅粮食,为孩子们准备食物。为减轻妻子的工作,它又当起了磨面工,负责将收集的粮食锯成小块,加工成粗粉。最后,它筋疲力尽地离开家,在洞外凄然离世。它的一生,尽到了自己作为丈夫与父亲的职责,为了家人的幸福默默奉献。雌性米诺多蒂菲同样是位称职的母亲,它勤劳能干,一天到晚忙于制作孩子们喜爱的食物,而后便一直守护在孩子们身边,直到孩子们长大。

它们原可尽情享受大自然的美好时光,原可与同伴们一起宴饮狂欢,却一直信守着曾经的爱情誓言,肩负着家庭责任,把全部的心血倾注于家庭和孩子。实在令人钦佩!

3. 专题阅读——品赏作品艺术趣味

法布尔深入浅出、生动活泼地讲述了昆虫学的知识,结构严谨,语言简易而又不失生动、幽默。作者"以人性观照虫性",幽默风趣的介绍中透着对生命、自然的热爱和敬畏;又"以虫性反观社会人生",这些小小的昆虫引发了他对人类社会的深刻反思。作品充满情趣,蕴含理趣,极富艺术趣味。请同学们在初读基础上结合自己的阅读体验,选择自己感兴趣的章节进行精读,并记下自己的阅读感受、思考和疑问,向同学展示、分享自己的阅读成果。

可供选择的专题:

(1)"昆虫智慧"之我见。

(2)"母爱是本能的崇高灵魂",结合作品中介绍的昆虫,谈谈你的理解。

（3）选择文中精彩章节，从欣赏文学作品角度赏析作品表达特色。

（4）"法布尔精神高度概括为两个字：求真。"请结合作品，谈谈你的认识。

（5）法布尔对生命和自然秉持着怎样的态度？

（6）结合法布尔对昆虫世界的观察、研究，探究"科学精神"内涵。

（7）摘录文中"以虫性反观社会人生"的句段，谈谈你的思考和阅读感悟。

……

【参考示例】

"法布尔精神高度概括为两个字：求真。"请结合作品，谈谈你的认识。

法布尔这位昆虫学爱好者，在他的美丽迷人的"伊甸园"与可爱的昆虫们亲密无间地生活着，怀着"对科学真理的执着追求与热爱"，坚持真实第一、一丝不苟，日复一日、乐此不疲地观察、研究、记录。

"求真"表现之一——观察

"荒石园"的每个角落都留下了法布尔的足迹，他在蔚蓝的天空下，在鸣蝉的歌声中，在他的实验室耐心细致地观察这些活蹦乱跳的小虫子们。他鄙弃将昆虫开膛破肚，把实验室变成酷刑室和碎尸场的研究方式。《昆虫记》中记录的都是他的观察所得。这位昆虫世界"无与伦比的观察家"，为了弄清楚隧蜂宝宝遭小飞蝇灭门的惨案，对他的昆虫小镇进行了全面搜索，查看了50多个洞穴，地下发生的每一件惨案都未逃过他的眼睛。为了观察朗格多克蝎，他苦苦观察了3年，等待了3年，可始终没有看到预想的那个场景。"耐心的人最终总会碰到机会的"，第四年，他无意中发现了它们，捕捉到了那些弥足珍贵的场面。为观察圣甲虫的进餐与消化，他手里拿着表，守在这个露天进食者面前，"从早上8点一直盯到晚上8点"，观察准确到圣甲虫的排泄过程间隔"45秒"，精确测量到一只圣甲虫12小时的排泄物长度为2.88米。探索的过程是曲折而又艰难的，但是坚持下去，终将窥见生命的奇妙真相。他的耐心、执着、细致与严谨，让人惊叹！

"求真"表现之二——研究

在这一座充满生机的昆虫实验室，法布尔观察研究昆虫的习性、生活、劳作方式、繁衍生息。他孜孜不倦地与他的芳邻们亲密接触，直到它们开口说话为止。他坚持用事实说话，坚信真理藏于事实之中。他为蝉正名，指出拉封丹寓言中的荒谬之处；以雌性绿蝈蝈繁衍后代时自古代一直沿用至今的独特的筵席习惯，老象虫至今保持着古老年代的形态,朗格多克蝎宝宝在母蝎腹下完成孵化等事实,向达尔文的进化论提出质疑:"生命的进化并非循序渐进的。""进化是跳跃形的,有的时候是在进步,有的时候却是在倒退。"

"知之为知之,不知为不知,是知也。"这是法布尔对待科学的态度,他从不妄下断语。在研究了昆虫装死这一现象后,他告诉读者:"没有任何昆虫指南可以让我们事先就能断定,某种昆虫喜欢装死,某种昆虫不太愿意装死,某种昆虫干脆就拒绝装死。如果不经过实验就先下断言,那纯粹是一种主观臆测。"面对萤火虫那盏神奇的尾灯,法布尔直言不讳:"它的尾灯又是干什么用的呢?我很遗憾地说,尚不得而知。"

"求真"表现之三——写作

耐心细致地观察昆虫,认真严肃地记录下它们的活动几乎是法布尔生活的全部。他在文中借虫子之口说道:"是的,他写的东西没有丝毫的言之无物的空洞之味的套话,没有丝毫不懂装懂、不求甚解的胡诌瞎扯,有的却是准确无误地记录下来的观察到的真情实况,既未胡乱添加,也未挂一漏万。"他就是用这样的写作态度来记录他眼中的昆虫世界。

法布尔的一生,"偏见"与"贫穷"常伴其左右,"世态炎凉已遍尝"。他的生活像极了这"一块除了百里香恣意生长,几乎没有其他植物的荒芜之地"的荒石园。但是,他凭着对昆虫的热爱,对科学真理的执着追求,迎着"偏见",一点点开启了昆虫世界的神秘之窗。他追求真理,探索真相的科学精神如荒石园中仅有的一堵断墙残垣,兀立于昆虫世界,兀立于科学领域,兀立于世人心中。

二、品赏《昆虫记》——模仿笔法"写"昆虫

(一) 文脉清晰、表达严密

科普作品是以向大众普及科学知识为主要目的的作品,"科学性"是其基本特征,区别于一般文学作品,科普作品更加强调严谨、准确。《昆虫记》是一部科学巨著,阅读时可从法布尔对昆虫的介绍、对昆虫世界的探索中体会作者严谨的科学精神以及作品遣词造句的严谨文风。

作品中穿插着一些貌似自问自答的句子,这些句子在结构上承上启下,推动着法布尔不断思考、观察、探索,使文章脉络、层次清晰。

如《象态橡栗象》全文思路如下：

这么长的一根尖桩，这么一个怪鼻子，橡栗象用它来干什么呀？（总领下文）

在钻探之前，它上下左右、前前后后地仔细地查来看去，这时它的目的是什么？

（准备：钻探前的勘察，避免无用功。）

花了大半天时间仍未完工的那个长钻洞是怎么回事呢？它干吗这么坚持不懈地干呀？

（工作：挑剔的象态橡栗象母亲为孩子精心挑选食物。）

象态橡栗象是通过什么办法在离入口那么远的地方住了下来的。

（完工：一切就绪，安置好自己的孩子。）

阅读作品，我们不难发现字里行间有很多表示多少、大小、深浅等的数字，科普作品中，数词与副词连用使文章表达更加准确、严谨。

如：它呈长椭圆形，白乎乎的，长约十毫米，宽有五毫米多。

运用列数字的说明方法介绍圣甲虫卵的大小，“约”“多”等字的使用，准确、严密，体现了法布尔严谨的科学精神。

作品中“似乎”“也许”“目前来说”等词的使用，表现不明白、不确定之事绝不妄下断言，言辞留有余地，表述严密。文中类似的例子有很多，同学们阅读时可以适当圈画，体会科普作品语言表达上准确、严密的特点，体会作者严谨、实事求是的的科学精神。

如：

然而，这种捕猎似乎并不多见，因为机会不多，也许这是螳螂的一大憾事。

目前来说，我已经知晓有三类昆虫是这么一种情况：螳螂、朗格多克蝎和金步甲。

本单元的单元导读中明确指出：学习本单元“要体会说明文语言严谨、准确的特点，增强思维的条理性和严密性”。本单元写作训练要求为“说明事物，抓住特征”，并对此提出明确要求“说清楚事物特征”“使对象的特征更具体、准确”。在《昆虫记》的阅读过程中，我们可以向法布尔先生学习抓住事物特征、说清事物特征的方法。说明文写作，既要关注每一个词、每一句话表达的准确、严谨，用好列数字等说明方法，恰当使用“大约”“也许”等副词，使说明准确、严谨；还要关注段、篇的层次、条理，使说明条理清晰，文章层次分明。

（二）语言幽默，形象生动

《昆虫记》有别于一般的百科全书，作者在介绍昆虫的生活习性时，巧妙运用比喻、拟人等修辞，通过生动的描写将昆虫生活与人类社会巧妙联系在一起。因而它不似一般学术论著那样枯燥乏味，行文生动活泼，语调诙谐、亲切，充满情趣和诗意，引人入胜。

1. 运用多种手法，把昆虫世界的生活描述得生动、有趣

作品语言生动幽默，大量运用比喻、拟人等修辞，在作者笔下，一个个小昆虫有着人的性情，读来生动活泼、趣味盎然。

示例1：

这是一见到强光就惊喜，晒着太阳就狂热的昆虫，一到午后炎热的时候，它便趴在刺李树上晒太阳，如痴如醉，快活极了。

运用拟人，"惊喜、狂热、如痴如醉、快活极了"生动形象地描绘了烟黑吉丁在阳光下陶醉、充满活力的样子。

示例2：

新造好的螳螂卵囊长四厘米、宽两厘米，一端尖、一端圆，颜色像麦子一样金黄。卵囊的中间部分是并列的两行，像瓦片一样层层相叠，每排瓦片的边沿都有细小的裂缝，这就是门。

运用比喻的修辞手法，描绘了螳螂卵囊的形状，生动形象，通俗易懂。

示例3：

大功告成，它高兴万分；宴会厅里全都登峰造极！餐桌上摆满了奢华食物；天花板遮挡住当空烈日，只让一丝温馨湿润的热气透进来；心平气静，环境幽暗，外面的蟋蟀发出阵阵合唱声，这一切都有助于肠胃功能的发挥。

运用比喻、拟人，生动形象地展现了圣甲虫享用奢华食物时的满足，生动幽默。

示例4：

那个生怕到得太晚而向着粪堆一溜儿小跑的是哪一位？

运用设问，引发思考，激发读者阅读兴趣，巧妙过渡，引出下文。

示例5：

——该当心点儿了，傻蛋儿；沿着沟底走，既省力又保险；沟底路好走，特别平

坦；你不用太用力，粪球就能滚动向前的。

……

——可你至少该走这条道呀，那是个缓坡，你很容易从那儿爬到顶上的。

运用对话式的语句，好似看见作者为其担忧，在一旁苦口婆心地劝说，读来亲切、有趣，画面感十足。

2. 引用神话、传说、寓言故事，增加阅读趣味性

《昆虫记》虽是一部科普作品，作品中却引用了许多寓言故事、古希腊神话、传说，还穿插了普罗旺斯语和拉丁文的诗歌，增加了作品的阅读趣味性。如《螳螂捕食》中螳螂的拉丁文名为"修女袍"，古希腊人称为"占卜者""先知"。《蝉和蚂蚁的寓言》从拉封丹寓言中蝉的形象说起，为蝉正名，引出对蝉生活习性的介绍。《米诺多蒂菲》由昆虫的命名讲到其与古希腊神话的渊源。《隧蜂门卫》中写到隧蜂外婆这位"称职门卫"的谨慎多疑时，模仿寓言《狼、山羊和山羊羔》小羊羔对狼说话的口吻："让我看看你的爪子，不然我就不开门。"饶有趣味。

3. 说明、描述中蕴含情感，增加作品感染力

在翔实、生动的说明、描述昆虫的文字中，穿插着一些情真意切的抒情性语句，这些语句让读者真切地体会到作者彼时的心理、情感，使作品更具感染力。

示例1：

啊！生命在编织蝗虫的翅膀，真不愧是个能工巧匠，而蝗虫只是那些微不足道的昆虫中的一种而已。

感叹词，"真不愧"强烈地抒发了作者对生命的敬畏与赞叹之情！

示例2：

它从不需要别人的帮助好活下去，而是来自蚂蚁这个贪得无厌的剥削者，它把所有可吃的东西全都搬到自己的粮仓里。

蚂蚁是个厚颜无耻的亡命徒，它很想知道洞底下为何有蜜的甜香味飘上来。

"贪得无厌的剥削者""厚颜无耻的亡命徒"，法布尔对昆虫界的抢夺者——蚂蚁心存芥蒂，始终没有好脸色。

示例3：

最后，它精疲力竭地离开了家，在洞外露天地里凄然地死去。它英勇不屈地尽了自己作为父亲的职责，它为了自己的家人过得幸福而做出了无私的奉献。

法布尔"以人性观照虫性",雄性米诺多蒂菲任劳任怨对家庭的无私付出令人感动。

示例4：

我很钦佩蛆虫明智的预见,不求一时之欢快,而谋未来的安然无恙。

小小的蛆虫也能明智地预见未来,未雨绸缪,作者赞叹生命的智慧。

示例5：

我们最好还是分手吧！尽管我心中不免有点惆怅。

抒发了作者送走蝎宝宝时的留恋、不舍,流露出对昆虫浓浓的爱意。

……

原本在我们眼里呆头呆脑的昆虫如今却闪耀着智慧的灵光。昆虫们原始、简陋的自然生活如今却变得趣味盎然,令人读起来有滋有味。本单元写作训练中提出同学们在写作中可以"运用一些生动形象的说明方法,既突出事物的特征,同时也避免文章枯燥乏味",《昆虫记》为同学们提供了学习和借鉴的范本。

活动任务

请同学们试着观察一种昆虫,仿照文章写法写一篇观察日记。

三、走近法布尔——心怀敬畏"思"昆虫

法布尔用人类社会的道德和认识体系观察、考量昆虫,又透过被赋予了人性的昆虫反观人类社会,指引广大读者透过昆虫世界的"伦理"和"生活"重新审视人类社会的思想、道德准则。

（一）与昆虫对话——感受"虫"之人性

法布尔以人性观照虫性,作品中对昆虫生活、习性、婚恋、繁衍等的描述无不渗透着人文关怀。他让我们看到了昆虫在对待家庭、子女方面与人类极其相似的情感,还让我们看到了昆虫不计回报、勤勤恳恳的劳作,有着与人类相似的工匠精神。

1. 无私的父母之爱

"母爱是本能的崇高灵魂",不可思议的心智灵光便孕育在母爱中,母爱唤醒了昆虫迟钝的智力,使其高瞻远瞩。昆虫世界中,膜翅目昆虫身上体现着最充分的母爱,它们把所有的本能才干都倾注在自己的子孙后代身上,关怀备至、体贴入

微。例如,隧蜂外婆夜以继日地在洞口站岗放哨、看门守屋,守护着自己的子孙。当蜂巢关闭,任务结束,隧蜂外婆便离开家屋,默默死去。在此方面能与之媲美的还有一群成天与粪便打交道的食粪虫类。大自然就是如此有趣而不可思议,我们的美与丑、肮脏与干净,在它那儿可真算不上什么事儿! 圣甲虫在为幼虫准备梨形粪球时极富远见,且深谙蒸发规律及几何学规律,给了圣甲虫宝宝最周到、贴心的呵护。身子矮胖、行动迟缓的西班牙蜣螂为了下一代,施展了全身本领,用它那极其粗糙的工具,以极大的谨慎与令人吃惊的细致,耐心地为孩子们造屋备食。而后,蜣螂妈妈忍受着饥饿一直守护在摇篮边上,直到孩子们长大。蜣螂妈妈照顾娇嫩的孩子时的那份温柔与仔细,与人类多么的相似。米诺多蒂菲爸爸对家庭的责任,对子女的付出,同样令人动容,他"埋头于地下的劳作,拼死拼活地为自己的家人留下一份产业。当它足僵爪硬,奄奄一息时,它可以无愧地告慰自己:'我尽了做父亲的职责,我为家人尽力了。'"为自己的家人过得幸福,付出毕生的时间和精力,不计得失,只求心安,这样的父爱,无私、深沉、伟大,像极了人类社会中深沉的父爱!

2. 忠贞的爱情

在昆虫世界,朝三暮四乃是平常之事,甚至有些昆虫有吞食伴侣的野蛮习性。在《螳螂捕食》一章中,法布尔曾这样写道:"在两个星期里,我惊讶地看到一只雌螳螂竟然接受了七次求婚,吃掉了七个丈夫!"多么残酷、冷血,令人毛骨悚然! 而米诺多蒂菲夫妇则是昆虫界的一股清流。它们一旦结为夫妻,便会始终信守山盟海誓,对彼此忠贞不渝。作者曾几次想拆散它们都未能如愿。虽是女主内、男主外的家庭模式,但雄性米诺多蒂菲从不与女邻居调情嬉耍,他的心中只有自己的发妻和儿女,他为他们倾注了全部的心血。这样同舟共济、始终如一的爱情,在人类社会,亦是人们心中所渴求的。

3. 工匠精神

"工具不能造就艺术家",工匠们完成艺术杰作更需要聪明才智,在这一点上,昆虫世界和人类社会是一样的。豌豆象宝宝早有预见地为自己设计了安全通道——一顶即开的类似舷窗盖的出洞门;圣甲虫用自己的工具在一片漆黑中把工作做到极致,制作出符合人类美学要求的梨形粪球;法那斯米隆为下一代准备的婴儿房呈葫芦状,这种脊背方正、爪子短小的食粪虫制作的葫芦精美至极,"把优雅和力量结合在一起",简直无可挑剔,整个"葫芦"曲线完美流畅,鼓凸部分刻有漂亮的格子纹饰,"葫芦"颈部还设有一条细麦管粗细的通风管道,以保证孩子们能呼吸到新鲜空气。如此匠心独运、尽善尽美的设计,设计者俨然一名技艺高超、智慧超群的匠师。

(二) 与作者对话——体悟"人"之哲思

法布尔以人性观照虫性,又以虫性来反观社会人生。他笔下的昆虫世界亦是他思想和精神的折射。

1. 尊重生命,众生平等

"你们对昆虫是开肠破肚,而我却是让它们活蹦乱跳地生活着,对它们进行观察研究;你们把它们变成了又可怕又可怜的东西,而我则是让人们更加地喜爱它们;你们是在酷刑室和碎尸间里干活,而我却是在蔚蓝色的天空下,边听着蝉儿欢快地鸣唱边仔细地观察着;你们是使用试剂测试蜂房和原生质,而我则是在它们各种本能得以充分表现时探究它们的本能;你们探索的是死,而我探究的则是生。"

"橡栗在邀请大家全都来利用它的果实。我们人从中获得了最大的一份,因为我们是最强者。那是我们唯一的权利。但是,在不同的消费者中进行平衡的分配,这是高于一切的大原则。"

"科学告诉我们它们离我们有多远,它们的速度有多快,它们的体积有多大,它们的质量有多重,还告诉我们它们不计其数,令我惊愕不已,但是这并未使我们有一丁点儿的激动。为什么? 因为科学缺少了那个巨大的秘密,即生命的秘密。"

"可我的蟋蟀们却是我的伴侣,它们使我感到了生命的颤动,而生命正是我们的灵魂。"

"而我们,这种净化工作的主要受益者,反而对这些小勇士有点鄙夷不屑,还用粗言恶语对待它们……它们不乞求我们什么,只是希望我们多少有点宽容心。"

"一小块注入了生命的能感受苦与乐的蛋白质,远远超过庞大的无生命的原料。"

法布尔一生致力于探索生命世界的真实面目。通过他的介绍,我们认识了坚韧、宽容的蝉,有着慈母心的象态橡栗象,堪称艺术家的圣甲虫,等等。法布尔观察它们的繁衍生息,站在昆虫的角度,感受它们的喜怒哀惧。他对生命、对自然的尊重、崇敬与热爱流淌在文字里,毫不掩饰,感人至深。

2. 敢于质疑,探索真理

在解决生活中的问题时求助于科学书籍收获是不大的;这时候,应孜孜不倦地对事实进行探讨,这比藏书丰富的书橱有用得多。在许多情况下,无知反倒更好,脑子可以自由思考,无先入为主之见,不致陷入书本所提供的绝境。

在研究朗格多克蝎时,法布尔因为一开始相信了一位大师的论文,认为朗格多克蝎9月份繁殖,苦苦观察3年无果。巴斯德的突然造访,让他认识到最好的学习途径就是坚持不懈地去观察。于是,他终于发现实际上普罗旺斯的朗格多克蝎是在7月份繁殖的。

生命的进化并非循序渐进的,并非从低级到高级,再从高级往最高级,进化是跳跃形的,有的时候在进步,有的时候却是在倒退。

远古时代的蝎子,其孵化就是在母体的腰间腹下完成的,已初显高等动物胎生现象的前兆;老象虫今天的形态和它们在古老年代的形态并无异样。这些现象是用进化论无法解释的。法布尔通过观察,用事实说话,对达尔文的进化论进行了质疑。

科学发展离不开质疑,实践探索获得真知,我们应该从法布尔身上学习这种敢于质疑、勇于探索的科学精神。只有这样,人类才会进步。

3. 尊重秩序,热爱和平

从最低等的生物到最高等的生物,凡是生产者都受到非生产者的盘剥。以其特殊地位本应超然于这些灾难之外的人类本身,却是这类弱肉强食残忍表现的最佳诠释者。人在心中想:“做生意就是弄别人的钱。”正如小飞蝇心里所想:“干活就是弄隧蜂的蜜。”为了更好地抢掠,人类创造了战争这种大规模屠杀和以绞刑这种小型屠杀为荣的艺术。

地球是一个长了虫的核桃,被邪恶这只蛀虫在啃咬。这是一种野蛮的雏形,是朝着更加宽容的命运发展的一个艰难阶段。我们随其自然吧,因为秩序和正义总是排在最后的。

战争起源于人性的贪婪和不守秩序,他在书中毫不掩饰地对此表达了批判。经历过普法战争的法布尔曾亲眼看见战争带给人们的苦难与折磨,透过文字,我们感受到法布尔对秩序和正义的尊重、对和平的热爱。

（三）与名言相伴——收获"己"之成长

法布尔终其一生撰写《昆虫记》，为其倾注了毕生的心血和汗水。阅读作品，字里行间，我们能感受到作者认真、严谨的科学态度，能体会到他对生命、对自然的敬畏和热爱，更能领悟到他对人生的体察与哲思。这些穿插于句段之间的人生警句，为我们读者带来了更多欣赏与深思的空间。

在《荒石园》中，法布尔尝遍世态炎凉而发出的"为了活命，吃尽苦头，是否值得？"的自问，是否启迪了你对生命意义、人生价值的思考？

在《象态橡栗象》中，法布尔感叹"在这世界上，大家都各有自己的作用，无论强大与弱小"，他启迪我们要尊重每一个生命，无论其伟大还是渺小。他勉励我们即使小如一朵苔米，也要努力绽放自己生命的美丽。

在《豌豆象》中，法布尔告诉我们："知识如同巨大而坚硬的和面缸，进步这种面包就在其中揉拌，发酵。"同学们，让我们珍惜青春年华，驰骋于知识的海洋，去找寻打开自己乃至人类进步之门的钥匙。

在《田野地头的蟋蟀》中，法布尔依据自己的观察经历总结道："幸运垂青耐心的人，我的孜孜不倦终于有了报偿。"成功不是一蹴而就的，无论学习还是生活，都不会总是遂人心愿，遇到困难，让我们用耐心去坚持，孜孜不倦地去努力，生活总会给付出者以回报。

在《西班牙蜣螂》中，"清晰明白是要笔杆子的人的高尚手段。我要尽可能地做到这一点。"这是法布尔在教我们如何写作。作文，"清晰明白"是第一要务，我们都要努力做到这一点。

在《老象虫》中，痴迷于昆虫世界的法布尔一句"时尚真是一种奇怪异常的癖好，在丑化人和物方面真是花样繁多"，道出了他对"时尚"的独特见解。

……

课后可以请学生摘录书中富有哲理的名言警句，记录下他们的思考和感悟。

最值得反复阅读的一本书

——《傅雷家书》整本书阅读指导

　　《傅雷家书》是初中语文教材八年级下册第三单元"名著导读"所要求阅读的篇目。《傅雷家书》是一本阅读难度较大的书,内容比较深奥,且没有完整的情节,学生的阅读兴趣不大。但这本书充溢着父母的谆谆教诲,是父母与孩子真诚交流的范本,能让读者感受到与孩子交流的重要性,堪称教子的经典。此外,这本书还有许多有关音乐、绘画、文学等艺术的论述,又被公认为是一部最好的艺术修养读物。傅雷先生是一位严谨、博学、勇敢、正直的传统知识分子,真正做到了他所说的"宁天下人负我,毋我负天下人"(1956年10月3日家书),是中国传统文化人的典范,从他身上我们可以感受到中国传统文化的力量,因此《傅雷家书》又堪称中华传统文化的载体。傅雷又是一位爱国者。他时刻不忘对子女进行爱国主义教育,他对国家和民族的爱真挚感人,因此这本书也是一本经典的爱国主义读本。

　　这本书如此重要,那么我们应该怎样来读它呢? 语文教材的编者在这一单元提出了"选择性阅读"的读书方法。但阅读方法那么多,同学们也难以选择适合自己的阅读方法。笔者根据自己的阅读经验和对《傅雷家书》的理解,总结了一些阅读与选择的方法,对教材中的"选择性阅读"加以充实,希望给同学们在《傅雷家书》的阅读中带来些帮助。

一、整本书很耐读——读出点内容

(一) 作者简介

　　傅雷(1908年4月7日—1966年9月3日),字怒安,号怒庵,生于原江苏省南汇县下沙乡(今上海市浦东新区航头镇),是中国著名的翻译家、作家、教育家、美术评论家,是中国民主促进会(民进)的重要缔造者之一。

　　他早年留学于法国巴黎大学,精通法语,后来翻译了大量的法文作品,其中包括巴尔扎克、罗曼·罗兰、伏尔泰等名家著作。他有两个儿子,傅聪和傅敏,傅聪后来成为世界范围内享有盛誉的钢琴家,傅敏成了一名英语教师。

（二）背景介绍

傅雷先生是一个严厉、尽责的父亲,在儿子长大成人、留学海外期间,仍通过书信的方式对儿子的生活、艺术进行悉心指导。《傅雷家书》就是由傅雷先生及夫人朱梅馥写给儿子傅聪的家信和傅聪的部分回信摘编而成的。全书收录了1954年1月至1966年6月尚存家书307封中的197封。它全面展示了傅雷的家风,以及傅雷先生"真诚待人,认真做事"的生活准则。

《傅雷家书》贯穿全书的情感线索,是希望儿子能够知道国家的荣辱、艺术的尊严,能够用严肃的态度对待一切,能够做一个"德艺具备、人格卓越的艺术家"。

（三）人物形象

傅雷:正直、仁爱,有深厚的艺术造诣和文化底蕴的艺术家,阅历丰富、热爱中华人民共和国的老一代知识分子,爱子心切、善于说教的严父。

朱梅馥:宽厚、仁爱,贤良、淑德,是傅雷生活的好伴侣、工作的好助手、孩子的好母亲。

傅聪:热爱音乐,执着追求理想,热爱祖国,是不断努力奋斗的年轻艺术家。

（四）主要内容

《傅雷家书》写的多是生活琐事,没有具体的情节,要选择性阅读就得先理出头绪,最好的方法是借助思维导图,对全书进行阅读构建,看看作者到底写了哪些内容,这些内容是在什么时代背景下写的,作者当时的心情如何,对我们分别有什么教育意义。因此笔者从以下几个方面对这本书的内容进行了表格式整合:

从写信时间上看,《傅雷家书》分类如表7-1所示。

表7-1 《傅雷家书》书信年代分类

写作年代	书信数量
1954 年	39 封
1955 年	28 封
1956 年	21 封
1957 年	11 封
1958 年	5 封

（续表 7 - 1）

写作年代	书信数量
1959 年	3 封
1960 年	19 封
1961 年	24 封
1962 年	13 封
1963 年	11 封
1964 年	5 封
1965 年	14 封
1966 年	4 封

按时间分类，可以很清楚地看出这本书的结构，但无法精确地知道这本书具体写了什么。因此我们也可以按内容把整本书进行表格化整合，这个表格不仅可以看出具体的内容，还可以推断出作者的心路历程。

《傅雷家书》从内容上可以分成两大类：一类是和傅聪探讨艺术；另一类是与傅聪交流生活体验，表达思念之情的。值得一提的是在所摘编的 197 封书信中，不仅有傅雷写给傅聪和儿媳弥拉的 123 封，还有 36 封是傅雷的妻子朱梅馥写给傅聪和儿媳弥拉的，另外 38 封是傅聪的回信。

写给傅聪的信，归类如表 7 - 2 所示：

表 7 - 2　《傅雷家书》内容分类

年代	探讨艺术	探讨做人
1954	2.2/2.10/3.19/3.24/4.7/4.21/ 7.27/7.28/8.11/9.4/9.21/10.22/ 11.17/11.23/12.27/12.31	1.18/1.19/1.30/2.24/3.29/3.31/6.24/7.4/7.15/ 8.16/8.31/9.21/10.2
1955	1.9/1.26/3.20/3.27/4.21/5.8/ 5.11/12.27	1.22/3.6/4.1/6.16/9.4/12.9/12.11/12.21
1956	1.4/1.22/2.8/2.29/5.24	1.20/2.13/4.29/6.14/7.6/7.29/10.3/10.10/10.11
1957		2.24/3.17/3.18/9.17/9.25/10.7/10.25/12.23/ 12.25

(续表 7 - 2)

年代	探讨艺术	探讨做人
1958		3.27/9.18
1959		3.12/10.1（父母各一封）
1960	1.10	1.10/2.1/7.4/8.5/8.29（父母各一封）/9.7/10.7/10.21（2封）/11.12/11.13/11.22/11.26/12.2（2封）/12.24
1961	4.25/5.1/6.26/8.31/9.1	1.5/1.23/2.5/3.28/4.9/4.15/4.20/5.23/5.24/6.27/7.7/7.17/8.1/8.19/9.13/10.5/12.17
1962	1.21	1.21/1.22/2.21/3.25/8.12/9.2/9.23/10.20/11.25（2封）
1963		3.3/3.17/6.2/7.22/9.1（2封）/10.14（2封）/11.3（2封）
1964		3.1/4.12（2封）/4.24/10.31
1965	5.27/10.4	1.28/1.29/2.20/5.16/6.14（3封）/9.12/9.23/11.26
1966	1.4	4.13/6.3/8.12

为了保证《傅雷家书》内容的连续性，书中选取了部分傅聪的回信，大致形成了一问一答的格式。

傅聪回信，归类如表 7 - 3 所示：

表 7 - 3　傅聪给傅雷的回信内容分类

年代	探讨艺术	探讨做人
1954	8.1/8.13/8.24/9.12/9.22/10.12（2封）/11.14/12.15（2封）	
1955	1.16（2封）/4.29（2封）/4.30/5.24（2封）/6.20/7.10/9.2/9.28/11.27/12.23	
1956	1.10/2.1/2.17/7.24	4.18/5.15/6.25
1957		3.14/4.18
1958	1.8/2.28/8.20/	
1962	1.10	7.28
1965		5.18

（注：由于全书没有小标题，信与信之间按时间排列，标题就是时间，如 1 月 18 日等，表中简化成 1.18）

（五）阅读建议

从上述分类中我们可以得出许多背景信息：1954 年 1 月，傅聪第一次离开家到波兰学习音乐，并多次参加了国际演出。傅雷夫妇既思念又自豪。在这一年中，傅雷一改往日严父的形象，以书信的方式事无巨细地引导和激励儿子，希望他勤奋学习、坦诚做人。信的字里行间充溢着一位慈父对远行在外的儿子的担忧和浓浓的爱。在傅聪离开后，作为父亲的他开始反思自己对儿子的严格，甚至说出了这样的话："孩子，我虐待了你，我永远对不起你，我永远补赎不了这种罪过！这些念头整整一天没离开过我的头脑，只是不敢向妈妈说。人生做错了一件事，良心就永久不得安宁！真的，巴尔扎克说得好：有些罪过只能补赎，不能洗刷！"傅雷开始补赎自己对儿子的严厉，坦诚地向儿子认错，把自己定位成儿子的朋友。为了尽可能地帮助儿子，他就以书信的方式跟儿子探讨艺术。要知道，一封信从上海寄到波兰，当年至少要 9 天时间，收到信的傅聪若能当天就寄出回信，傅雷至少要等 18 天。按常理说，父子俩一年的通信不会超过 20 封。而书中收录的傅雷写给傅聪的信里，单 1954 年一年就有 39 封，可见，傅雷往往是没有等到傅聪回信就再次写信了。

前三年的书信中傅雷对孩子的爱表现得最热烈、真挚，对艺术探讨的程度也最深、最广，堪称文章的精华。这部分建议同学们要精读。1961 年到 1964 年间的书信主要是生活指导，也有探讨艺术的，虽然内容少了，但深度增加了，平淡的语言往往蕴含着丰富的人生体验和感情，以同学们现在的学识和经历是难以领悟的。对于这部分可尝试略读法，读不懂的先放过，大致了解文章内容即可。

然而，《傅雷家书》实是一本值得反复阅读的书，这一点在后面的"反复阅读法"中会有较详细的解释。等过一段时间后你再翻阅这本书，尤其是看 1961 年后的那些内容时，相信你会有更多的人生感悟，定能体会到"温故而知新"的喜悦。

（六）阅读计划

1954 年到 1957 年，这四年间傅雷夫妇写给傅聪的 67 封信和傅聪回复的 32 封信，共计 99 封，建议同学们可以每天读 3 篇，一个月左右读完。1958 年到 1966 年之间的 92 封信和傅聪的 6 封回信，共计 98 封，同学们可以每天读 5 篇，20 天左右可以读完。这里有必要提醒一下大家：在制订计划时，一定要留有机动时间，免得由于意外而导致计划破产。此外在执行阅读计划时也要灵活一些，如果学有余力就尽量提前，不可遵循死板教条。

整本书内容丰富，涉及面广，我们在阅读时不仅可以学到音乐、美术、文学创作、戏剧等艺术知识，还可以学到哲学、历史乃至社交礼仪等生活知识。总之，不同身份、不同职业的人都可以在这本书的阅读中获得相应的启示。建议可与父母同读一本书，并及时交流读书心得，相信你和你的家人将会更好地理解傅雷父子，也有助于增进父子、父女之情。

（七）家书意义

关于家书的意义，傅雷做过一番推心置腹的谈论："好孩子，你忙。你提笔不如弹琴那末容易。好吧，我们不再要求你多写信。我也忙，可是我十分钟一刻钟就能给你写上一张纸。只要你不嫌繁琐，我可以常常跟你谈天，譬如听我独白。"（注：1954 年 2 月 4 日给傅聪的信）"孩子，你尽管忙，家信还是要多写，即使短短几行也可以；你不知道父母常常在心里惦念，沉默久了，就要怕你身体是否健康；我这一星期就是精神很不安定，虽则忙着工作，肚里老是有个疙瘩；一定要收到了你的信，才'一块石头落地'！"（注：1954 年 11 月 7 日给傅聪的信）"你不是一个作家，从单纯的职业观点来看，固无须训练你的文笔。但除了多写之外，以你现在的环境，怎么能训练你的思想、你的理智、你的 intellect［才智］呢?"从"不再要求你多写信"到"家信还是要多写，即使短短几行也可以"，看似前后矛盾的表述，情感却是一致的，那就是凡事替儿子考虑，"儿行千里母担忧"的牵挂是永恒不变的，父母对儿子的所有爱都承载在这薄薄的信纸上了。

二、整本书要选读——读出点方法

（一）阅读方法

《傅雷家书》是本好书，但在所有的必读名著中它可能是最难读的一本。一方面因为它没有一个完整的情节，叙述的都是家庭琐事和对艺术的探讨。对艺术尤其是对音乐艺术不感兴趣的人往往是很难读下去的。另一方面，因为全书的主体是从一位父亲的角度叙述与儿子的交流，而如今读它的读者是刚进入青春期的孩子，是处在躁动、追求自我、缺乏倾听和反思意识阶段的人群。此外这部作品的时代背景也很特殊：反映那个时代的作品不是很多，初中、高中历史书对这段历史的叙述也比较简略。当代中学生很难理解那个时代背景。

对这样一本书，学生不知道如何去读——用心读每一篇吧，很多东西不懂，内容缺乏吸引力，很难一口气读完；放弃吧，心有不甘，更何况它还是初中必读必考的篇目。那么该怎样读这本书呢？我觉得原苏教版语文五年级下册课本《精读与略读》一文说得好："人的精力是有限的，而书籍却浩如烟海，谁也不可能读完所有的书，更不可能对每本书每篇文章都去精读。为了获取更多的知识、更多的信息，有必要读大量的书，因此我们还要学会略读。""略读就是大略地读。略读可以增加阅读量。通过略读，可以用较少的时间浏览大量的书刊，从而扩大自己的知识面，获得对有关读物的总的认识，便于以后需要的时候去查找。略读又是精读的基础。通过略读，可以在很短的时间内知道一篇文章或一本书的基本内容，从而确定它是否需要精读，或哪些地方需要精读。"

不管是"略读"还是"精读"，选择适合自己的方法很重要。要想做出正确的选择，我们必须先了解常用的有效的阅读方法有哪些。下面笔者就来介绍几种相关的阅读方法。

1. 略读法

略读是指快速阅读文章，以了解其内容大意的阅读方法。换句话说，略读是要求读者有选择地进行阅读，可跳过某些细节，以求抓住文章的大概，从而加快阅读速度。

略读有下列 4 个特点：

（1）以极快的速度阅读文章，寻找字面上或事实上的主要信息和少量的阐述信息。

（2）可以跳过某个部分或某些部分不读。

（3）理解水平可以稍低一些，但也不能太低。

（4）根据文章的难易程度和需要达到的目的，不断灵活地调整阅读速度。

当然，略读只是相对的，如果整本书都略读，那么也就没有必要读这本书了。因此除了部分略读之外，还有一部分要精读。

2. 精读法

精读是以掌握阅读方法、提高阅读能力、理解文章内容、积累知识为目的的读书方法,即精细深入的阅读。要求对文章的语言、结构、内容、写作方法等进行细琢细磨的研读,经过努力钻研,从而达到理解的目的。

精读的特点是纤屑不遗。也就是说,对阅读材料做全面、精细、深入的理解。精读的对象主要是优秀的文学作品和内涵较深、经得起推敲的文章。精读训练的目的是培养学生的精读能力。主要包括理解字、词、句、篇的能力,分析和评价的能力,朗读和记笔记的能力。精读训练的重点是:教师提示精读的步骤和方法,学生逐步练习,直到完全掌握精读的技能,形成熟练的技巧与习惯。

精读的技巧与习惯主要依靠语文课堂教学来完成。根据阅读目的的不同,可采用不同的训练方法。如:以培养学生自学能力为目标的"导读法";以调动学生学习主动性为目标的"设疑法";以激发学生情感,进行审美教育为目标的"情感法";等等。

精读的常用方法有:(1) 把经典论述的句子找出来;(2) 归纳出基本观点和特征;(3) 采用研究方法(或绘制思维导图);(4) 分析其指导意义、可应用的领域、途径;(5) 把已经理解过的东西用自己的想法再次复述一遍(反复阅读);(6) 写读后感(或进行专题探究)等。

对于《傅雷家书》这本书,同学们可以根据自己的爱好来选择精读和略读的部分,例如比较喜欢音乐的同学,就可以选择傅雷和傅聪讨论音乐的部分精读;喜欢美术的同学可选择有关美术的书信精读……反之,对某种艺术不感兴趣的同学,就可以对这部分内容进行略读。在第一部分"读出点内容"中,有关书信内容的大致分类,也给同学们精读和略读的选择提供了参考。如果还是难以判断的话,也可以采用下面的思维导图阅读法。

3. 思维导图阅读法

思维导图是一种将思维形象化、可视化的方法。它运用图文并重的技巧,把各级主题的关系用相互隶属或相关的层级图表现出来,将主题关键词与图像、颜色等建立记忆链接。

《傅雷家书》无论是内容还是结构都比较散。在初步阅读之后,许多同学还是没办法确定该精读的部分,这时可以试着绘制整本书的思维导图,然后根据自己的需要来判断哪些信要精读,哪些信可以略读。

同学们根据自己的兴趣爱好,选择自己要精读的部分,然后绘制局部、单项的思维导图，以直观、具体的单项思维导图为先导，与爱好相同的同学们一起分享、交流，即专题研究。

4. 专题研究法

专题研究是针对某一主题做的深入研究。学生可根据自身的兴趣与能力，与同学、老师、家长等一起选定一个主题，进行一系列有意义的研究。这个过程包括资料收集、整理分析、综合、思考等，最后得出结论或新知。如《傅雷家书》，我们在全班共同阅读的基础上，根据各自的兴趣，试拟出以下几个专题，分小组进行探究。如专题一：傅雷的教子之道；专题二：父子深情；专题三：爱国的傅雷；专题四：傅雷的音乐观；专题五：傅雷的道德观……

专题研究法可以帮助我们更加深入地了解傅雷和那个时代，但这还不够。莎士比亚说过："一千个读者就有一千个哈姆雷特。"名著之所以能成为名著，就在于它们具有深厚的思想内涵，而对于这种思想，不同性格、不同年龄段的人都会有不同的感悟，这就需要我们去反复地阅读。

5. 反复阅读法

一本书在不同的时间、不同的地点进行阅读，体会是不同的，这就是孔子所说的"温故而知新"。《傅雷家书》是一本值得反复阅读的书。有的同学对艺术不感兴趣，这也没关系，你可以先读关于傅雷指导傅聪做人的那部分，若能读出其中的亲情，读到一点为人处世的方法也是好的。如果之后你对艺术产生兴趣，请再次捧起这本书，相信你会有更多的收获。作为一个初中生，大家涉世未深，也许对傅雷、傅聪的父子之情不甚理解，觉得有点造作或夸张，但当你做了父亲或母亲，你再来读这些文字，相信你就会理解他们之间真挚而深厚的感情了。

《傅雷家书》蕴含着傅雷一生的人生体验，有着那个时代的特殊印记，同学们第一次读不懂是很正常的，但相信大家在学习了新的知识，有了新的人生阅历后，再来读它一定会有新的收获。因此建议大家先收藏这本书，每隔一段时间试着读一遍。

下面就以《傅雷家书》中 1956 年 10 月 3 日的信为例，简要谈谈怎样欣赏这本书。

十月三日晨

亲爱的孩子：你回来了，又走了；许多新的工作、新的忙碌、新的变化等着你，你是不会感到寂寞的；我们却是静下来，慢慢的恢复我们单调的生活，和才过去的欢会与忙乱对比之下，不免一片空虚——昨儿整整一天若有所失。孩子，你一天天的在进步，在发展：这两年来你对人生和艺术的理解又跨了一大步，我愈来愈爱你了，除了因为你是我们身上的血肉所化出来的而爱你以外，还因为你有如此焕发的才华而爱你：正因为我爱一切的才华，爱一切的艺术品，所以我也把你当做一般的才华（离开骨肉关系），当做一件珍贵的艺术品而爱你。你得千万爱护自己，爱护我们所珍视的艺术品！遇到任何一件出入重大的事，你得想到我们——连你自己在内——对艺术的爱！不是说你应当时时刻刻想到自己了不起，而是说你应当从客观的角度重视自己：你的将来对中国音乐的前途有那么重大的关系，你每走一步，无形中都对整个民族艺术的发展有影响，所以你更应当战战兢兢，郑重将事！随时随地要准备牺牲目前的感情，为了更大的感情——对艺术对祖国的感情。你用在理解乐曲方面的理智，希望能普遍地应用到一切方面，特别是用在个人的感情方面。我的园丁工作已经做了一大半，还有一大半要你自己来做的了。爸爸已经进入人生的秋季，许多地方都要逐渐落在你们年轻人的后面，能够帮你的忙将要越来越减少；一切要靠你自己努力，靠你自己警惕，自己鞭策。你说到技巧要理论与实践结合，但愿你能把这句话用在人生的实践上去；那么你这朵花一定能开得更美，更丰满，更有力，更长久！

谈了一个多月的话，好像只跟你谈了一个开场白。我跟你是永远谈不完的，正如一个人对自己的独白是终身不会完的。你跟我两人的思想和感情，不正是我自己的思想和感情吗？清清楚楚的，我跟你的讨论与争辩，常常就是我跟自己的讨论与争辩。父子之间能有这种境界，也是人生莫大的幸福。除了外界的原因没有能使你把假期过得像个假期以外，连我也给你一些小小的不愉快，破坏了你回家前的对家庭的期望。我心中始终对你抱着歉意。但愿你这次给我的教育（就是说从和你相处而反映出我的缺点）能对我今后发生作用，把我自己继续改造。尽管人生那么无情，我们本人还是应当把自己尽量改好，少给人一些痛苦，多给人一些快乐。说来说去，我仍抱着"宁天下人负我，毋我负天下人"的心愿。我相信你也是这样的。

这几日你跟马先生一定谈得非常兴奋。能有一个师友之间的人和你推心置腹，也是难得的幸运。孩子，你不是得承认命运毕竟是宠爱我们的吗？

在此之前,我们已经大致了解了作家和作品的背景,通读之后可以先梳理内容,概括本文的主要事件:先是表达思念之情,然后抒发对傅聪的爱,并升华到对艺术、对国家的爱。接着为两人的争辩道歉,并希望儿子和自己一起改造好自己,做到"宁天下人负我,毋我负天下人"。最后表达了对儿子与马先生亦师亦友的感情的由衷赞赏。

由此我们可以列出一个单章式思维导图(见图7-1)。

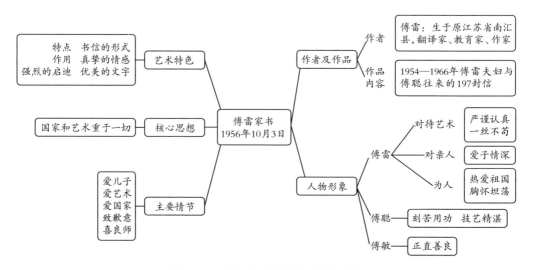

图7-1 《傅雷家书》单章式思维导图

如果是略读,能看出文章的结构和主旨就可以了;如果是精读,我们还应该从表达方式、写作技巧、句子含义等方面进行欣赏。对于初中生课堂的精读引导又不可公式化,我们可运用情景式活动,调动学生的阅读兴趣;运用动手的方式,促进学生去主动研读。笔者在班级里模仿"见字如面"的节目形式开展了活动。请学生选择一封信或信的某一段来朗读,并请他们谈一谈选择的理由,说一说自己读到了一个怎样的傅雷,如果你是傅聪,会怎样给父亲回信等,让学生触摸文字背后的灵魂,调动自己的生活体验,讲述自己的经历。我们班还开展了一次"我是设计者"的活动,设计一个属于你的《傅雷家书》封面语,并说说选择理由。学生作品如图7-2所示。

雨涵同学不光设计了封面语，还设计了完整的《傅雷家书》封面：傅聪是一位钢琴家，在父亲傅雷的眼里，他如一轮红日冉冉升起在这个鸟语花香的世界。父亲对儿子是充满期待的，儿子一直以来也没有辜负父亲的期待，成为大家心目中的"钢琴诗人"。

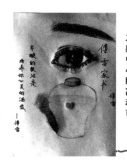

之涵同学用细腻的心灵感知父母的辛酸，用手中的妙笔设计了感动人心的《傅雷家书》封面。眼泪和酒浆，爱与培养，冲击着我们的视觉，打动着我们的心灵，真是可怜天下父母心啊！

图 7 - 2　学生作品

上述 5 种阅读方法都可以帮助同学们化繁为简，更好地阅读这本书。同学们在根据自己的实际情况选择相应的阅读方式时，是理性的、有目的的，往往与自己的阅读兴趣、关注点、思考密不可分。

以上是对这本书阅读方法的介绍。俗话说"学以致用"，读懂书之外还应当学一些写作的方法与技巧。

（二）写作方法

《傅雷家书》是书信的摘编，书信写作方法也是大家应该学习的重点之一。

书信是写给具体收信人的私人通信，是人们日常生活和工作中普遍使用的一种交际工具，属于最常用的应用文体，它有固定的格式。按传统通信的习惯，书信格式主要包括五个部分：称呼、问候、正文、祝颂语、署名和日期。

具体写法如下：

（1）称呼。收信人的称呼顶格写在第一行，然后在后面加上冒号，表示下面有话要说。有的还需要在称呼前加上一定的限定、修饰词，如"亲爱的"等。

（2）问候语。写在称呼的下一行，空两格。它可以独立成为一段。如"你好""近来身体是否安康"等。

（3）正文。一般分为连接语、主体文、总括语三个部分。每部分开头都应另起一行，空两格落笔。

（4）祝颂语。一般以"此致""敬礼"为主。"此致"可以有两种书写方式：一是紧接着主体正文之后，不另起段，不加标点；二是正文结束后另起一行，空两格书写。"敬礼"写在"此致"的下一行，顶格书写。后应该加上一个惊叹号，以表示祝颂的诚意和强度。

（5）署名和日期。写信人的姓名或名字，写在祝颂语下方，空一至二行的右侧。最好还要在写信人姓名之前写上与收信人的关系，如儿×××、父×××、你的朋友×××等。再在下一行署上日期。

如果信写完后又想起需交代的其他事情，则可以在日期下空一行，写上"又附"，书写未尽之事。

书信的格式相对有点复杂，但如果同学们掌握了，那么对于学习其他应用文的格式是非常有帮助的。

三、整本书需品读——读出点灵魂

（一）与人物对话

《傅雷家书》由197封信构成。单是欣赏一篇很难看出其特色，但197封信汇集在一起，我们就不难发现：它不仅渗透着真挚的父爱、强烈的爱国情，还展现了人物震撼人心的高大形象。

1. 爱子的傅雷

《傅雷家书》充满着浓浓的父爱。在傅聪离开的第二天，傅雷在信中写道："你走后第二天，就想写信，怕你嫌烦，也就罢了。可是没一天不想着你，每天清早六七点钟就醒，翻来覆去睡不着，也说不出为什么。好像克利斯朵夫的母亲独自守在家里，想起孩子童年一幕幕的形象　样；我和你妈妈老是想着你二三岁到六七岁间的小故事。"离别是难熬的、痛苦的，最好的良药莫过于麻醉自己，去回忆在一起的点点滴滴。这段看似婆婆妈妈的行为，却显示了傅雷对儿子的无尽的爱。

1955年，傅聪参加了第五届肖邦国际钢琴大赛。这是钢琴界最高级别的赛事之一。在这届比赛上，傅聪惊艳发挥，获得第三名加《玛祖卡》最优奖的好成绩。这是东方人首次在这样的国际比赛中拿奖，且拿到这么好的奖项。傅雷在1955年3月20日的信中写道："难为你，亲爱的孩子！你没有辜负大家的期望，没有辜负祖国的寄托……东方升起了一颗星，这么光明，这么纯净，这么深邃；替新中国创造了一个辉煌的世界纪录！我做父亲的一向低估了你，你把我的错误用你的才具与苦功给点破了，我真高兴，我真骄傲，能够有这么一个儿子把我的错误的估计全部推翻！……我承认自己的错误，但是用多么愉快的心情承认错误。"这些热烈的鼓励和真诚的道歉表达了傅雷由衷的自豪和喜悦。儿子有出息了,父母终于再也不用装出不苟言笑的冷脸,向儿子敞开了心扉。傅雷对儿子的爱是热切的、真诚的,在儿子离开之后,他努力转变父子之间的相处模式。

如傅雷在 1954 年 1 月 30 日晚的信中回忆,有关傅聪留学前在家待的一个半月时间,父子间的相处,写道:"……我高兴的是我又多了一个朋友;儿子变了朋友,世界上有什么事可以和这种幸福相比的!尽管将来你我之间离多别少,但我精神上至少是温暖的,不孤独的。"这种父子关系倒很像汪曾祺与他的父亲的关系:汪曾祺在他的散文《多年父子成兄弟》一文中说他父亲喝酒时先给他倒一杯,抽烟时也给他一支并为他点上。儿子上学期间谈恋爱,父亲不仅不指责,还在儿子写情书时帮着出主意。汪曾祺很喜欢这样的父子关系。但就我所知,能做到对儿子像对兄弟一样平等的实在是寥寥无几。中国的父子之间往往有代沟,代沟使两代人不了解甚至不谅解,这是很常见的现象。父与子就像生活在不同维度,能交流已经很难,能平等对话和相互理解,更像是梦境。傅雷父子的和谐关系,与傅雷在儿子长大后迅速地转换思想,改变自己的角色是分不开的。如傅雷在 1956 年 10 月 3 日的信中写道:"清清楚楚的,我跟你的讨论与争辩,常常就是我跟自己的讨论与争辩。父子之间能有这种境界,也是人生莫大的幸福。"现实生活中傅雷父子志同道合,互为知音。同时傅雷也不断学习,不断地修正自己以跟上年轻人的节奏。正如他在 1954 年 1 月 30 日晚信中写道:"孩子,我从你身上得到的教训,恐怕不比你从我得到的少……我从与你相处的过程中学到了忍耐,学到了说话的技巧,学到了把感情升华!"

《傅雷家书》深刻地诠释了一个字——爱。什么是爱呢?傅雷用文章告诉我们,平等理念下的交流就是对孩子的爱,不断学习,勇于剖析自我、修正自我就是爱。

傅雷对傅聪的爱是毋庸置疑的,他对另一个儿子傅敏也一样爱。《傅雷家书》主要是傅雷和朱梅馥给傅聪和儿媳弥拉的,给傅敏的信仅有 12 封。这并不是说傅雷偏心,而是因为傅聪长年在海外打拼,父子间只能靠书信交流。而傅敏一直在国内照料傅雷夫妇;又因为后来的"文化大革命",傅雷写给傅敏的书信只能烧毁。这一点傅敏自己也说:"因为我在国内,与父母接触的机会更多,父亲对我可以说是耳提面命,言传身教,这种教育远比家书要深刻得多。""父亲其实也给我写了很多信,但在当时那种情况下,我看不到前途,非常苦闷。很多书信都被我烧了。""哥哥在国外,所以他的书信能完整地保存下来。但父亲对我的爱和关心,丝毫不比对哥哥少。"傅雷不是没有给傅敏写信,相反写得特别多。从现存的写给傅敏的信看,在1962年3月8日到3月14日短短6天,傅雷就给傅敏写了两封信,这种写信频率足以证明傅敏所言不虚。

2. 爱国的傅雷

傅雷很注重对儿子的爱国教育。他教导儿子不仅要爱艺术,更要爱国家。他在1956年10月3日的信中说:"亲爱的孩子,你回来了,又走了;许多新的工作、新的忙碌、新的变化等着你,你是不会感到寂寞的;我们却是静下来,慢慢的恢复我们单调的生活,和才过去的欢会与忙乱对比之下,不免一片空虚——昨儿整整一天若有所失。孩子,你一天天的在进步,在发展:这两年来你对人生和艺术的理解又跨了一大步,我愈来愈爱你了,除了因为你是我们身上的血肉所化出来的而爱你以外,还因为你有如此焕发的才华而爱你;正因为我爱一切的才华,爱一切的艺术品,所以我也把你当做一般的才华(离开骨肉关系),当做一件珍贵的艺术品而爱你。你得千万爱护自己,爱护我们所珍视的艺术品!遇到任何一件出入重大的事,你得想到我们——连你自己在内——对艺术的爱!不是说你应当时时刻刻想到自己了不起,而是说你应当从客观的角度重视自己:你的将来对中国音乐的前途有那么重大的关系,你每走一步,无形中都对整个民族艺术的发展有影响,所以你更应当战战兢兢,郑重将事!随时随地要准备牺牲目前的感情,为了更大的感情——对艺术对祖国的感情。"这些话实在是太重要太明智了,傅雷正是通过一封封这样激情澎湃的家书,才让一个远学的游子增强了民族自信心和责任感,以非凡的斗志为祖国效力,才使傅聪与亲人、祖国心心相连,不管家、国发生任何变故,不管自己蒙受何种罪名,他都始终没有背弃自己的祖国。而他的另一个儿子傅敏在"文化大革命"中受尽折磨,最后众人都认为出国探亲的傅敏不会再回来了。可是傅敏不仅回来了,而且明确表示要静心做一位老师,他也确实这么做了,一直在平凡的教师岗位上默默地奉献着。

傅雷在1957年被划为"右派",受到不公正的对待,即使在这样的情况下,他仍然爱着祖国,在1958年9月18日给傅聪的书信中,他提醒傅聪几件要紧的事:"第一,乘在波之便,设法把波方替你录的全部录音录在你自己的机器上,将来带回来……；第二，在波兰穿旧的衣袜等，不要随便扔了，回国后正需要旧衣、旧鞋；第三，回国前千万不要买东西，国内各方面都在节约，大家以朴素为主。何况你东西多，反而累赘；第四，回国前若有余款，可留在使馆，或者根本送给使馆，不要看重个人利益，宁可节约些留给国家。"即使在自杀之前的遗书中，他也赞扬毛主席和共产党的伟大，声明自己的死不过是为了证明自己的清白。

傅雷先生在儿子身上进行的爱国主义教育是我们当前任何一所学校都需要的。连他的妻子朱梅馥女士也一样，《傅雷家书》中有 27 封是朱女士写给傅聪的，其中 1957 年 9 月 17 日的信中说："离家前，爸爸对你的忠言，要仔细多想想，你的主观太强，非把"大我"化为"小我"，甚至化为"小小我"不可。至于感情问题，我们也讲尽了，只要你有理智，坚强起来，要摆脱是没有问题的。你要做一个为人民所爱的艺术家，不要做给人唾弃的艺术家。把你的热情化到艺术中去，那才伟大呢！我们也知道你克制的能力最差，这是很大的缺点，都得由你自己去克服。你这一次参加整风学习，机会难得，要冷静观察，虚心学习，多一次锻炼，对你是有好处的。"诸如此类的话在书中处处可见，因此《傅雷家书》不仅是讨论艺术修养的书，更是一部杰出的爱国主义教材。

3. 爱"独"的傅雷

傅雷最喜欢的一句话是："赤子孤独了，会创造一个世界。"他在 1955 年 1 月 26 日写给傅聪的信中这样说，也希望傅聪能永保一颗赤子之心。这句话被刻在他和妻子的墓碑上。傅雷的"独"便体现在他的赤子之心上，他的纯真受不得一丝玷污，因此当他被诬蔑时，为了自证清白，不惜牺牲生命。

正如他在 1961 年 6 月 27 日写给儿媳弥拉的信中说："一个人（尤其在西方）一旦没有宗教信仰，道德规范就自动成为生活中唯一的圭臬。大多数欧洲人看到中国人没有宗教（以基督教的眼光来看），而世世代代以来均能维系一个有条有理，太平文明的社会，就大感惊异，秘密在于这世上除了中国人，再没有其他民族是这样自小受健全的道德教训长大的。你也许已在聪的为人方面看到这一点，我们的道德主张并不像西方的那么'拘谨'，而是一种非常广义的看法，相信人生中应诚实不欺，不论物质方面或精神方面，均不计报酬，像基督徒似的冀求一个天堂。我们深信，人应该为了善、为了荣誉、为了公理而为善，而不是为了惧怕永恒的惩罚，也不是为了求取永恒的福祉。在这一意义上，中国人是文明世界中真正乐观的民族。在中国，一个真正受过良好教养和我们最佳传统与文化熏陶的人，在不知不觉中自然会不逐名利，不慕虚荣，满足于一种庄严崇高，但物质上相当清贫的生活。这种态度，你认为是不是很理想很美妙？"他是这样说的，也是这样做的。

傅雷一生正直清白，中华人民共和国成立后他本来可以拿很高的工资，享受很好的待遇，但他仍旧闭门译书，继续靠稿费养家，他觉得这样才是他心目中"清白"的生活。1949 年后，上海著名文人里面只有他和巴金没有领过工资，在家工作，自食其力。

正因为要靠稿费生活，傅雷人生中的最后 5 年，因为被打成"右派"，他 80 万字的译稿无法正常出版，眼睛又出了问题，傅雷才会忧心忡忡、内心苦闷，担心一旦翻译停止，生计即无着落。据傅敏转述，1961 年 9 月，他父亲写给当时任中宣部副部长石西民的求助信，催人泪下："雷不比在大学任教之人，长期病假，即有折扣，仍有薪给可支。万一日后残废，也不能如教授一般，可获退休待遇。故虽停止工作，终日为前途渺茫，忧心忡忡，焦灼不堪，甚难安心静养。……因念吾公历年关怀，爱护备至，故敢据实上达。私衷期望，无非能早日恢复目力，以后即或半日工作，亦尚可为西洋文学研究略尽绵薄。目前如何渡过难关，想吾公及各方领导必有妥善办法赐予协助。"

据傅敏所知，后来石西民会同人民文学出版社领导商量，每月汇给傅雷 200 元，作为预支稿费。但在 20 世纪 70 年代末出版他的遗译《幻灭》和《赛查·皮罗多盛衰记》时，就不再有稿酬了。

傅雷名气很大，1958 年傅聪出走，傅雷和傅聪的书信中断。后因国家领导人的直接批示，使得 1959 年 10 月后他们父子二人又获准恢复通信。由此可见，如果他向国家提出享受待遇的要求是很容易被满足的，但他宁愿通过妻子向儿子傅聪求助，也不愿因个人私事麻烦国家。朱梅馥在 1961 年 4 月 20 日和 1965 年 11 月 26 日的信中都讲述了家中的困境和傅雷不得已向儿子求助的窘迫之情。在他的遗书中也可以看到他的财产相当微薄，一生甘于贫困，实在是颜回和陶渊明精神的延续。

4. 爱"怒"的傅雷

傅雷字"怒安"，又号"怒庵"，取的是"怒而安天下民"之典。他性格耿直，的确也善"怒"：他和刘海粟在上海美术专科学校共事时，曾为了一位老师的待遇问题，一"怒"而与刘校长断交 20 年；后来在昆明任国立艺专教务主任时，又因和滕固校长意见不合，任职仅两月的他，一怒辞职回家；此外，和施蛰存、钱锺书也曾因翻译上的不同观点争论而发"怒"。然而，若你仔细分析就能发现，傅雷的"怒"从来都不是为了自己，也不为功利，他大多是因见解不同或学术的分歧而"怒"。这种怒是一种对原则和底线的坚持，是对事不对人的，因此尽管他脾气不好，但在朋友中仍然是很受欢迎的。

傅雷的"怒"除了天性之外，也是有其他原因的。朱梅馥女士说过："我对你爸爸性情脾气的委曲求全，逆来顺受，都是有原则的，因为我太了解他，他一贯的秉性乖戾，疾恶如仇，是有根源的——当时你祖父受土豪劣绅的欺侮压迫，二十四岁上就郁闷而死，寡母孤儿（你祖母和你爸爸）悲惨凄凉的生活，修道院式的童年，真是不堪回首。到成年后，孤军奋斗，爱真理，恨一切不合理的旧传统和杀人不见血的旧礼教，为人正直不苟，对事业忠心耿耿，我爱他，我原谅他。为了家庭的幸福，儿女的幸福，以及他孜孜不倦的事业的成就，放弃小我，顾全大局。爸爸常常抱恨自己把许多坏脾气影响了你，所以我们要你及早注意，克制自己，把我们家上代悲剧的烙印从此结束，而这个结束就要从你开始，才能不再遗留到后代身上去。"

傅聪曾说，他的父亲虽然咄咄逼人，但性格里头有一种 Charisma，也就是魅力。这种魅力，来自他做学问和做人的赤子之心。郑振铎却曾说，傅雷有一天可真要为这"赤子之心"而受难。看《傅雷家书》，如同看巴金的《随想录》和卢梭的《忏悔录》。傅雷真诚地检讨自己的行为，没有任何隐瞒，他真诚地对待每一个人，即使是伤害他的人也不例外。他相信党和政府是伟大的，没有埋怨任何人。傅雷的善不是没有原则、没有底线的善，在他身上有一种中国传统文化最珍贵的东西，那就是"骨气"。

这种骨气就是吴晗在《谈骨气》一文中所赞叹的那种骨气，也是千百年来中华民族的精神的精髓。"士可杀不可辱""宁可站着死，不愿跪着生"，傅雷是这样说的，也是这样做的。

（二）与时代对话

在《傅雷家书》中，傅雷毫不掩饰自己对中华人民共和国的感情，那是一个充满激情的时代,也是一个英雄辈出的时代,傅雷深受感染。他在 1956 年 6 月 14 日的信中这样写道:"我又和邹韬奋太太(沈粹缜)两人当了第一组的小组长,事情更忙。一回来还得写小组的总结,今晚,后天,下周初,还有三个会要开,才能把参观的事结束。祖国的建设,安徽人民那种急起直追的勇猛精神,叫人真兴奋。各级领导多半是转业的解放军,平易近人,朴素老实,个个亲切可爱。佛子岭的工程全部是自己设计、自己建造的,不但我们看了觉得骄傲,恐怕世界各国都要为之震惊的。科技落后这句话,已经被雄伟的连拱坝打得粉碎了。淮南煤矿的新式设备,应有尽有;地下三百三十公尺深的隧道,跟国外地道车的隧道相仿,升降有电梯,隧道内有电车,有通风机,有抽水机,开采的煤用皮带拖到井上,直接装火车。原始、落后、手工业式的矿场,在解放以后的六七年中,一变而为赶上世界水平的现代化矿场,怎能不叫人说是奇迹呢? 详细的情形没功夫和你细谈,以后我可把小组总结抄一份给你……看到内地的建设突飞猛进,自己更觉得惭愧,总嫌花的力量比不上他们,贡献也比不上他们,只有抓紧时间拼下去。从黄山回来以后,每天都能七时余起床,晚上依旧十一时后睡觉。这样可以腾出更多的时间。因为出门了一次,上床不必一小时、半小时的睡不着,所以既能起早,也能睡晚。我很高兴。"

那个时代也是一个共产党员做时代先锋的时代,傅雷在他们身上看到了中国的希望,他由衷地赞美共产党。在 1956 年 4 月 29 日给傅聪的信中写道:"经历一次磨折,一定要在思想上提高一步。以后在作风上也要改善一步,这样才不冤枉。一个人吃苦碰钉子都不要紧,只要吸取教训,所谓人生或社会的教育就是这么回事。你多看看文艺创作上所描写的一些优秀党员,就有那种了不起的耐性,肯一再的细致的说服人,从不动火,从不强迫命令。这是真正的好榜样。而且存了这种心思,你也不会再烦恼;而会把斗争当做日常工作一样了。要坚持,要贯彻,但是也要忍耐!"

傅雷所经历的时代是一个大变革的时代,那个时代是中国从贫穷落后处处挨打到从此站起来的时代,无论是政治、经济还是科学文化以及思想上都给傅雷带来了极大的冲击,傅雷也积极地反思改造自己。在他的影响下,傅聪也积极发表自己的思想。傅聪在 1957 年 4 月 18 日的信中写道:"那些材料我都看了又看,简直都背得了,给我的启发和教育真是无穷,解决了许多我以前没想通的问题,特别因为我在波兰接触到完全不同的环境。使馆的态度,我认为是有严重的教条主义的,使我不能心服,所以毛主席的讲话简直是对我的一个最有力的鼓励。我们的毛主席真是太伟大了,要不是他的英明远见,那波兰的事件不知要闹成什么悲剧呢!我前几个星期心绪不宁,主要因为有许多问题想不通;我究竟是个多多少少能独立思考的人,也多多少少有着理想和热情的人,在我发现许多事实和伟大的马克思主义的理想不符的时候,当然就会因此而感到痛苦。毛主席的话里许多都是我自己也在想的,只是不透彻,看了他的话,真像吃了什么灵芝仙草似的,痛快极了。我重新翻出毛选,一口气从头至尾读了一遍,觉得现在他的话固然有新的发展,但是那种最科学的分析事物的马列主义方法是一贯的。我觉得最主要的,就是要学这种真正的科学的思想方法。"

正因为经历了太多的苦难,傅雷才深深地爱着这个国家,他不仅处处严格要求自己,还把这些爱国的信念深深地移植到两个孩子的心底,在一封封家书中所流露出的爱国激情,同学们一开始也许难以理解,但当你们仔细读了这本书,真正了解那个时代,相信你对傅雷会有更加深刻的理解。

(三)另一个作者

《傅雷家书》中还有36封是傅雷的妻子朱梅馥写给傅聪和儿媳弥拉的,朱梅馥是傅雷的表妹,贤惠、美丽,有才华,受过良好的现代教育。她不只通晓英语,而且文笔也流畅优美,是知性的民国女子。作家杨绛先生说:"梅馥是温柔的妻子、慈爱的母亲、沙龙里的漂亮夫人,不仅是非常能干的主妇,一身承担了大大小小、里里外外的杂务,让傅雷专心工作,她还是傅雷的秘书,为他做卡片、抄稿子、接待不速之客。"傅敏在《傅雷家书》后记中是这样评价妈妈的:"妈妈是个默默无闻,却给爸爸做了大量工作的好助手。爸爸一生的业绩是同妈妈的辛劳分不开的。"

她能写一手漂亮的毛笔字,傅雷的很多书稿都是她一笔一画地誊抄下来,笔迹端正娟秀、一丝不苟。她多才多艺,在创作中给傅雷很大的帮助。傅雷在1961年9月14日写给傅聪的家书中这样说:"我无论如何忙,要是一天之内不与你妈谈上一刻钟十分钟,就像漏了什么功课似的。时事感想,人生或大或小的事务的感想,文学艺术的观感,读书的心得,翻译方面的问题,你们的来信,你的行踪……上下古今,无所不谈,拉拉扯扯,不一定有系统,可是一边谈一边自己的思想也会整理出一个头绪来,变得明确……"傅雷的好友周朝桢说:"像梅馥这样的人,我一生从未见过第二人。用上海人的话讲,她是阿弥陀佛、活菩萨。她受的是西方式教育,听音乐、看书画、读英文小说都起劲,但性格却完全是旧社会那种一点没文化的贤妻良母式的典型。"她一生与傅雷相濡以沫同甘共苦,共同走完最后的人生。她始终在傅雷身后默默地奉献着,支持着傅雷,更是以自己的言传身教引导着孩子们,《傅雷家书》中只收录了她的 27 封信,但很多的书信内容都与她有关,她的名字也应该和傅雷一样闪耀在封面上。

(四)书信会不会被时代淘汰

当代社会由于科技的发展,信息传递非常快捷,特别是手机智能化以后,人与人之间的交流主要靠短信、QQ、微信、微博,书信已经很少见了。"90 后"可能还写过信,"00 后"恐怕从没有写过信。书信是否已被时代所淘汰?的确,现在除了公函外,书信已经很少见了,但书信作为一种历史悠久的文学样式有其自身独特的魅力:短信、QQ、微信、微博等工具都是用手机写,内容往往不长,更没有经过深思熟虑,因而缺少了感情,读者更没有收到书信的那种期待感。书信作为一种应用文,有它独特的格式,它的称谓、问候和祝颂语等都形成了一整套书信文化,在中华礼仪文化中不可或缺。前文也说过,书信的格式涵盖了大部分常见应用文的基本格式,会写书信,生活中的常用应用文格式就不会出错。

另外,在中国古代文学作品中,书信也是很重要的组成部分,有许多作品都收入了我们的语文教材中,如初中教材中的《诫子书》《与朱元思书》《答谢中书书》和高中教材中的《与妻书》《与陈伯之书》等。这些名篇已成为中华文化优秀的遗产,也必将永远流传下去。

此外,在漫长的历史长河中,书信更形成了一种文学体裁。即使在当代,书信体小说也是一种很重要的文学样式,诺贝尔文学奖获得者莫言的小说《蛙》就是一部非常优秀的书信体小说。它不仅是莫言的代表作之一,还获得了第八届茅盾文学奖。由此可见,会欣赏书信、会写书信、会用书信表达情感也是语文的核心素养之一。

(五)与名言相伴

《傅雷家书》是傅雷与儿子关于艺术、人生的探讨合集,汇集了傅雷一生的常识和经验,对艺术和人生极具指导意义,其中的名言警句不可胜数。仔细阅读这本书,相信它对你今后的生活会大有用处,甚至可能影响你的一生。下面就给大家试举几例：

学问第一，艺术第一，真理第一，爱情第二，这是我至此为止没有变过的原则。（《傅雷家书》1954 年 3 月 24 日）

一个人对人民的服务不一定要站在大会上讲演或是做什么惊天动地的大事业，随时随地，点点滴滴的把自己知道的、想到的告诉人家，无形中就是替国家播种、施肥、垦植。（《傅雷家书》1955 年 3 月 27 日）

世界上最有力的论证莫如实际行动，……自己也要犯的毛病先批评自己，先改自己的。（《傅雷家书》1960 年 8 月 29 日）

在中国，一个真正受过良好教养和我们最佳传统与文化熏陶的人，在不知不觉中自然会不逐名利，不慕虚荣，满足于一种庄严崇高，但物质上相当清贫的生活。（《傅雷家书》1961 年 6 月 27 日）

附录：《傅雷家书》中精彩的句子

（一）如何做人

1. 得失成败尽量置之度外，只求竭尽所能，无愧于心。

2. 孩子，可怕的敌人不一定是面目狰狞的，和颜悦色、一腔热爱的友情，有时也会耽误你许多宝贵的光阴。

3. 以后要多注意：坚持真理的时候必须注意讲话的方式、态度、语气、声调，要做到越有理由，态度越缓和。坚持真理原是一件艰巨的斗争，也是教育工作；需要好的方法、方式、手段，还有是耐心。万万不能动火，令人误会。

4. 有一天夜快十点多了，你还要练琴，她劝你明天再练，你回答说：像你那样，我还会有成绩吗？ 对待人家的好意，用反批评的办法，自然不行……从这些小事情上推而广之，你我无意之间伤害人的事一定不大少，也难怪别人都说我们骄傲了。

5. 赤子便是不知道孤独的。赤子孤独了，会创造一个世界，创造许多心灵的朋友！

6. 把自己的思想写下来（不管在信中或是用别的方式），比着光在脑中空想是大不同的。写下来需要正确精密的思想，所以写在纸上的自我检讨，格外深刻，对自己也印象深刻。

7. 你的随和脾气多少得改掉一些……老在人堆里,会缺少反省的机会;思想、感觉、感情也不能好好地整理、归纳。

8. 唯有艺术和学问从来不辜负人:花多少劳力,用多少苦功,拿出多少忠诚和热情,就得到多少收获与进步。

9. 经历一次磨折,一定要在思想上提高一步,以后在作风上也要改善一步。这样才不冤枉。一个人吃苦碰钉子都不要紧,只要吸取教训,所谓人生或社会的教育就是这么回事。

(二) 如何做艺术家

1. 凡是一天到晚闹技巧的,就是艺术工匠而不是艺术家。一个人跳不出这一关,一辈子也休想梦见艺术! 艺术是目的,技巧是手段:老是只注意手段的人,必然会忘了他的目的。

2. 一切伟大的艺术家(不论是作曲家,是文学家,是画家……)必然兼有独特的个性与普遍的人间性,我们只要能发掘自己心中的人间性,就找到了与艺术家沟通的桥梁,再若能细心揣摩,把他独特的个性也体味出来,那就能把一件艺术品整个儿了解了。当然不可能和原作者的理解与感受完全一样,了解的多少、深浅、广狭,还是大有出入;而我们自己的个性也在中间发生不小的作用。

3. 假如你能掀动听众的感情,使他们如醉如狂,哭笑无常。而你自己屹如泰山,像调度千军万马的大将军一样不动声色,那才是你最大的成功,才是到了艺术与人生最高的境界。

4. 一个人没有性灵,光谈理论,其不成为现代学究、当世腐儒、八股专家也鲜矣! 为学最重要的是"通","通"才能不拘泥、不迂腐、不酸、不八股;"通"才能培养气节、胸襟、目光。"通"才能成为"大",不大不博便有坐井观天的危险。

5. 平日你不能太忙。人家拉你出去……还是以练琴的理由,多推辞几次吧。要不紧张,就不宜于太忙;宁可空下来自己静静的想想……切勿一味重情,不好意思。工作时间不跟人出去,做成了习惯,也不会得罪人的。人生精力有限……

6. 艺术不但不能限于感性认识,还不能限于理性认识,必须要进行第三步的感情深入。换言之,艺术家最需要的,除了理智之外,还有一个"爱"字! 所谓赤子之心,不但指纯洁无邪,指清新,而且还指爱! 法文里有句话叫做"伟大的心",意思就是"爱"。这"伟大的心"几个字,真有意义。而且这个"爱"绝不是庸俗的,婆婆妈妈的感情,而是热烈的、真诚的、洁白的、高尚的、如火如荼的、忘我的爱。

7. 过去我一再问及你经济情况,主要是为了解你的物质基础,想推测一下再要多少时期可以减少演出,加强学习——不仅仅音乐方面的学习。我很明白在西方社会中物质生活无保障,任何高远的理想都谈不上。但所谓物质保障首先要看你的生活水准,其次要看你会不会安排收支,保持平衡,经常有规律的储蓄。生活水准本身就是可上可下,好坏程度、高低等级多至不可胜计的;究竟自己预备以哪一种水准为准,需要想个清楚,弄个彻底。

8. 一切学问没有速成的,尤其是语言。

9. 下功夫叫自己心理上松动,保管叫你有好成绩。紧张对什么事都有弊无利。……存着"我尽我心"的观念;一紧张就马上叫自己宽弛,对付你的精神要像对付你的手与指一样,时时刻刻注意放松。

10. 一个又一个的筋斗栽过去,只要爬得起来,一定会逐渐攀上高峰,超脱在小我之上。

11. 成就的大小、高低,是不在我们掌握之内的,一半靠人力,一半靠天赋,但只要坚强,就不怕失败,不怕挫折,不怕打击——不管是人事上的,生活上的,技术上的,学习上的——打击。

12. 你的比赛问题固然是重负,但无论如何要做一番思想准备。只要尽量以得失置之度外,就能心平气和,精神肉体完全放松,只有如此才能希望有好的成绩……倘若能常常想到"文章千古事,得失寸心知"的名句,你一定会精神上放松得多。惟如此才能避免过度的劳顿与疲乏的感觉,最折磨人的不是脑力劳动,也不是体力劳动,而是操心!

13. 我们知道你自我批评精神很强,但个人天地毕竟有限,人家对你的好评只能起鼓舞作用;不同的意见才能使你进步、扩大视野:希望用冷静和虚心的态度加以思考。

(三) 如何对待生活

1. 人生做错了一件事,良心就永远不得安宁! 真的,巴尔扎克说得好:有些罪过只能补赎,不能洗刷!

2. 人生的关是过不完的,等到过得差不多的时候,又要离开世界了。

3. 世界上最有力的论证莫如实际行动,最有效的教育莫如以身作则;自己做不到的事千万勿要求别人;自己也要犯的毛病先批评自己,先改自己的。

4. 一个人发泄是要求心理健康,不是使自己越来越苦闷。

5. 人人都有缺点,谈恋爱的男女双方都是如此。问题不在于找一个全无缺点的对象,而是要找一个双方缺点都能各自认识,各自承认,愿意逐渐改,同时能彼此容忍的伴侣。

6. 辛酸的眼泪是培养你心灵的酒浆。不经历尖锐的痛苦的人,不会有深厚博大的同情心。

7. 对方把你作为她整个的世界固然很危险,但也很宝贵! 你既已发觉,一定会慢慢点醒她:最好旁敲侧击而勿正面提出,还要使她感到那是为了维护她的人格独立,扩大她的世界观。倘若你已经想到奥里维的故事,不妨就把那部书叫她细读一二遍,特别要她注意那一段插曲。像雅葛丽纳那样只知道 love, love, love 的人只是童话中的人物,在现实世界非但得不到 love,连日子都会过不下去,因为她除了 love 一无所知,一无所有,一无所爱。

8. 一个人对人民的服务不一定要站在大会上讲演或是作什么惊天动地的大事业,随时随地,点点滴滴的把自己知道的、想到的告诉人家,无形中就是替国家播种、施肥、垦植。

9. 真诚是第一把艺术的钥匙。知之为知之,不知为不知。真诚的"不懂",比不真诚的"懂",还叫人好受些。最可厌的莫如自认为是,自作解人。有了真诚,才会有虚心,有了虚心,才肯丢开自己去了解别人,也才敢放下虚伪的自尊心去了解自己。建筑在了解自己了解别人上面的爱,才不是盲目的爱。

10. 不是说你应当时时刻刻想到自己了不起,而是说你应当从客观的角度重视自己:你的将来对中国音乐的前途有那么重大的关系,你每走一步,无形中都对整个民族艺术的发展有影响,所以你更应当战战兢兢,郑重将事! 随时随地要准备牺牲目前的感情,为了更大的感情——对艺术对祖国的感情。

11. 感情的 ruin[创伤,覆灭],就是要你把这些事当做心灵的灰烬看,看的时候当然不免感触万端,但不要刻骨铭心的伤害自己,而要像对着古战场一般的存着凭吊的心怀。

12. 一个人要做一件事情,事前必须考虑周详。尤其是想改弦易辙,丢开老路,换走新路的时候,一定要把自己的理智做一个天平,把老路与新路放在两个盘里很精密的称过。

13. 母性的伟大不在于理智,而在于那种直觉的感情……

14. 想着过去的艰难,让你以后遇到困难的时候更有勇气去克服,不至于失掉信心! 人生本是没穷尽、没终点的马拉松赛跑……

一曲英雄的赞歌

——《钢铁是怎样炼成的》整本书阅读指导

《钢铁是怎样炼成的》是语文教材八年级下册第六单元出现的一部名著,根据课标的要求,结合学生学情,笔者建议从以下几个方面指导学生阅读这部名著。

一、读出点内容

(一) 初识名著

1. 作家名片

尼古拉·奥斯特洛夫斯基是苏联作家。1904 年 9 月 29 日他出生在一个贫困的工人家庭。他念过三年小学,做过司炉工,后来参加了红军。他在战斗中多次受伤,后来全身瘫痪,双目失明。他以顽强的意志创作了自传体长篇小说《钢铁是怎样炼成的》,小说获得了巨大成功。1936 年 12 月 22 日,这位伟大的钢铁战士与世长辞。

2. 全书结构

《钢铁是怎样炼成的》分为两部分,第一部分写的是国内战争时期,第二部分写的是经济恢复和社会主义建设时期。

第一部主要情节可概括为:辍学做工—偷枪—结识冬妮亚—救朱赫来—被捕后误放—战场上的搏杀—与冬妮亚分手—参加肃反工作。

第二部主要情节可概括为:制止暴动—筑路—缅怀革命烈士,思考生命价值—戍守边境小镇—身体恶化—打消自杀想法—和达雅结婚—进行文学创作。

(二) 调查问卷

《钢铁是怎样炼成的》学生阅读调查问卷

班级_____　　姓名_____

本调查不涉及任何评定,是想通过问卷了解班级学生的阅读状况,从而更好地开展本学期的阅读课程,请如实填写。

1. 你对《钢铁是怎样炼成的》的了解，属于以下哪种情况？（可多选）（　　）

A. 看过电视剧　　B. 阅读过青少版　　C. 阅读过原著　　D. 其他，如通过画册等

2. 你是否喜欢《钢铁是怎样炼成的》的故事？　　　　　　　　　　　　（　　）

A. 喜欢　　　　　　　　　　　B. 不喜欢　　　　　　　　　C. 一般

3. 你阅读过原著的哪些内容？

_____

4. 你对《钢铁是怎样炼成的》中哪个人物印象最深？为什么？

_____

5. 你对《钢铁是怎样炼成的》中哪个故事印象最深？（概括故事内容）

_____

6. 阅读《钢铁是怎样炼成的》(原著)，你有什么困难？期望老师提供什么帮助？

_____

分析发现：

1.《钢铁是怎样炼成的》是一部苏联名著，人物名字比较难记。

2. 这部名著所写的生活与学生的生活是有距离的。

面对这样的现状，我们该怎样帮助学生，使他们对这本经典名著心生欢喜，读之不辍呢？

（三）怎么阅读

1. 制订阅读计划（见表 8-1）

表 8-1　阅读计划表

阅读内容		时间规划	完成情况
第一部	第一章	____月____日至____月____日	
	第二章	____月____日至____月____日	
	第三章	____月____日至____月____日	
	第四章	____月____日至____月____日	
	第五章	____月____日至____月____日	
	第六章	____月____日至____月____日	
	第七章	____月____日至____月____日	
	第八章	____月____日至____月____日	
	第九章	____月____日至____月____日	

（续表 8 - 1）

阅读内容		时间规划	完成情况
第二部	第一章	____月____日至____月____日	
	第二章	____月____日至____月____日	
	第三章	____月____日至____月____日	
	第四章	____月____日至____月____日	
	第五章	____月____日至____月____日	
	第六章	____月____日至____月____日	
	第七章	____月____日至____月____日	
	第八章	____月____日至____月____日	
	第九章	____月____日至____月____日	

2. 借助思维导图

（1）情节思维导图，就是以主人公保尔为主线把《钢铁是怎样炼成的》的主要情节简要绘制成图。教师可以根据需要将导图中的部分人物和事件隐去，让学生在阅读名著的基础上根据思维导图说出主要人物及其情节（如图 8 - 1 所示）。

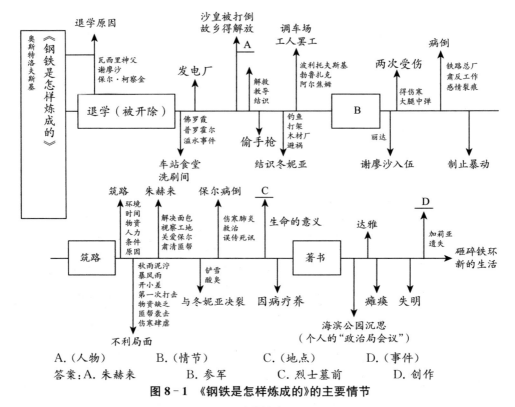

A.（人物）　　　　B.（情节）　　　　C.（地点）　　　　D.（事件）
答案：A. 朱赫来　　　　B. 参军　　　　C. 烈士墓前　　　　D. 创作

图 8 - 1 《钢铁是怎样炼成的》的主要情节

（2）人物思维导图，比如以保尔为核心人物将保尔与其他人物的关系绘制成图（见图8-2）。

教师可以根据需要将导图中的人物或人物关系隐去，让学生在阅读名著的基础上根据思维导图说出主要人物、人物之间的关系或联系。

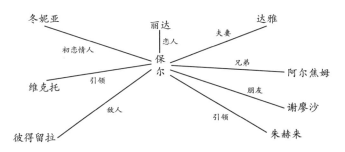

图8-2　人物关系

（3）自制思维导图，就是让学生抓住某个点自由创作思维导图。教师可以提出建议：绘制关于保尔的某个成长阶段的思维导图，也可以围绕某个章节绘制关于该章节内容的思维导图，还可以绘制关于某个人物主要事件的思维导图，等等（见图8-3）。

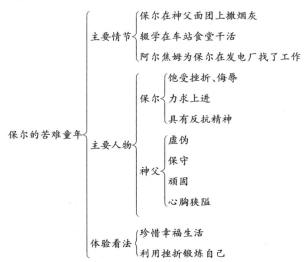

图8-3　关于保尔的成长阶段、主要事件的思维导图

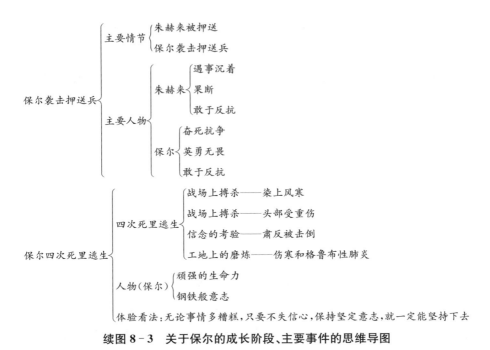

续图 8-3　关于保尔的成长阶段、主要事件的思维导图

3.引导概括归纳

在学生按照阅读计划阅读名著的基础上,教师带着学生概括每一章的主要内容,然后进行归纳总结。

概括每一章主要内容的方法:抓住主要人物、重要事件进行概括。

【例】《钢铁是怎样炼成的》第一部第一节的主要内容:保尔由于和神父发生矛盾而被学校开除,被母亲送到车站食堂做工。保尔因为忘记关水龙头不得不离开车站食堂去发电厂工作。

4.趣味阅读名著

(1)寻找名著本身的趣味

趣题一:你知道保尔是怎样一步一步成长为英雄的吗?

主人公大事年表:

① 由于和神父发生矛盾而被学校开除,被母亲送到车站食堂做工;

② 到发电厂工作,认识朱赫来;

③ 巧遇冬妮亚并互生好感;

④ 1919 年保护犹太人;

⑤ 营救朱赫来；

⑥ 保尔加入布琼尼骑兵队后，在追逐溃逃敌军时，保尔的头部被炮弹片打伤，伤势严重；

⑦ 和冬妮亚分手；

⑧ 回到基辅工作；

⑨ 拜丽达为师，向她学习；

⑩ 平息基辅市的暴乱；

⑪ 参与筑路，并偶遇冬妮亚；

⑫ 参加筑路，保尔患病（格鲁布性肺炎兼肠伤寒），回谢佩托夫卡养病；

⑬ 回铁路工厂工作；

⑭ 到边境小镇别列兹多夫担任共青团书记；

⑮ 从区里被调回，担任共青团工作；

⑯ 重遇丽达；

⑰ 第一次疗养；

⑱ 遭遇车祸，右膝被压坏；

⑲ 疗养期间顺便去探望阿莉比娜（母亲的老朋友），认识达雅；

⑳ 和达雅结为终身伴侣；

㉑ 失明，瘫痪，开始创作小说；

㉒ 小说大获赞赏，开始新生活。

表 8 - 2　保尔的成长经历

保尔的成长经历	相关情节	性格特征
少年保尔的生活和反抗	被学校开除—食堂做小工—电厂做锅炉工—救朱赫来	反抗压迫，追求真理；勤劳、正直、勇敢
战士保尔在战场上奋勇杀敌	大腿负伤—脑部受伤—右眼失明	舍生忘死，无限忠诚

（续表8-2）

保尔的成长经历	相关情节	性格特征
建设者保尔的忘我工作	参加肃反工作—回铁路总厂—参加筑路（伤寒病和格鲁布性肺炎）—回乡治病（急性风湿症）—车祸受伤（右腿残废）	热情似火，献身理想
保尔与疾病抗争	因为身体每况愈下，想自杀，最终打消自杀念头—双目失明，全身瘫痪，开始写作—《暴风雨所诞生的》大受赞赏，开始新生活	坚韧、顽强、积极、乐观

趣题二：英雄的爱情是怎样的呢？

三段恋情：

① 保尔与冬妮亚。少年保尔在钓鱼时认识了冬妮亚，两人产生朦胧的感情。因为冬妮亚参加共青团大会时过分讲究穿着，两人感情破裂。保尔在筑路时再次遇到冬妮亚，两人形同陌路，彻底决裂。

② 保尔与丽达。保尔在铁路工厂任共青团书记时结识女共产党员丽达，因为志同道合，两人互生好感。但因为误会和保尔的"牛虻式"的"革命高于一切"的价值观，两人的恋情中断。后来丽达误以为保尔牺牲，悲伤绝望之余，丽达和别人结婚，并有了孩子。

③ 保尔与达雅。保尔去探望母亲的老朋友阿莉比娜时认识了达雅，后与她结为终身伴侣。在善解人意的达雅的帮助下，保尔战胜自我，获得新生。达雅也在保尔的鼓励和影响下成长为一位共产党员。

趣题三：保尔有四次与死神擦肩而过，你知道是哪四次吗？

四次死里逃生：

第一次是在与波兰白军作战时，保尔大腿受伤并染上了发高烧的伤寒；

第二次是保尔转到布琼尼骑兵队后，在追逐溃逃敌军时，保尔的头部被弹片打伤，伤势严重；

第三次是肃反委员会的紧张工作严重损害了保尔的健康，甚至让他失去知觉；

第四次是在修筑铁路时，保尔患了格鲁布性肺炎兼肠伤寒。

（2）组织活动来激发兴趣。

活动 1：推荐学生观看 20 集电视连续剧《钢铁是怎样炼成的》，比较原著和影视作品的异同。

活动 2：组织"讲英雄故事，学英雄精神"的活动。

活动 3：组织"《钢铁是怎样炼成的》名著知识竞赛"活动。

《钢铁是怎样炼成的》名著知识竞赛题见附录。

二、读出点方法

（一）对阅读的指导意义

1. 学会概括内容——通读：浏览、跳读，把握大意

浏览、跳读要学会捕捉书中的主要线索和关键信息，有取舍，通过抓住核心人物及其事件来把握故事主要内容。

例如，《钢铁是怎样炼成的》中的保尔是小说的主人公，也是故事发生发展的关键，在浏览、跳读时就要抓住保尔这个人物以及发生在他身上的事件，把握故事的主要内容。

▲**方法迁移**

例如，浏览、跳读《海底两万里》时，关于重要人物尼摩船长的语段就需要特别关注，而对小说中大段的环境描写就可以暂时跳过，抓住了尼摩船长及其事件，就能迅速把握故事的主要内容。

2. 学会品鉴人物——细读：聚焦、分析，揣摩人物

（1）可以通过聚焦、分析关于人物的一系列事件来揣摩人物的性格特点。

例如，聚焦、分析关于保尔的一系列事件来揣摩保尔的性格特点。

【事件】① 因为多次受到神父的侮辱，保尔把烟灰撒在神父家的面团上，被赶出学校；② 面对车站食堂替班男孩的寻衅，保尔勇敢还击；③ 保尔同情食堂女工佛罗霞的遭遇；④ 保尔尽力帮助犹太人。

性格：勇于反抗、正直善良。

【事件】① 保尔偷走德军中尉的手枪；② 保尔用朱赫来教他的英国拳法狠狠教训挑事的调车场场长的儿子苏哈里科；③ 保尔扑倒了押送兵，解救了被匪军逮捕的朱赫来；④ 保尔转到布琼尼骑兵队后，英勇战斗，头部被炮弹片打伤，伤势严重。

性格:英勇无畏、坚毅勇敢。

【事件】① 保尔忍受着寒冷、饥饿的痛苦,冒着被匪帮袭击的危险,每天起早贪黑修筑铁路,不幸患了格鲁布性肺炎兼肠伤寒;② 因为身体每况愈下,保尔想自杀,最终他打消了这个念头,他决定坚强地活下去;③ 保尔在全身瘫痪、双目失明的情况下,开始创作小说。

性格:顽强不屈、永不言败。

【事件】① 保尔病愈后主动要求去铁路总厂做一名普通电工,他率领工人在业余时间打扫车间卫生;② 每个夏天,保尔让同志们去休假,自己坚守在岗位上。

性格:无私奉献、道德高尚。

▲方法迁移

例如,阅读《说和做》,就可以通过聚焦闻一多的一系列事件来分析揣摩闻一多的品格。

【事件】① 写作《唐诗杂论》《楚辞校补》《古典新义》三本书;② 起草政治传单;③ 在群众大会上发表演说;④ 参加游行示威。

性格:严谨、刻苦的治学态度,无私无畏的斗争精神,澎湃执着的爱国热情,言行一致的高尚人格。

(2) 可以通过聚焦人物描写来分析揣摩人物性格特点。

【例1】瘦削憔悴、两眼通红的保尔,疯狂地用一把大木锹铲雪。

这句话运用外貌和动作描写,写出了保尔对事业的忠诚,对工作的认真、执着。

【例2】托卡列夫对乘务员们说:"我可以给你们木柴,可是不能白给。这是我们的筑路材料。我们的工地上积了很多雪。你们车厢里有六七百个客人。妇女和小孩们可以留在车里,其他的人都拿锹去铲雪,一直做到晚上。如果他们答应这样做,就可以得到木柴。要是拒绝,就让他们在那儿等到新年再说吧。"

这句话运用语言描写,表现了托卡列夫抓住一切机会、动员一切可以动员的力量来加快筑路工作。

▲方法迁移

例如,阅读《皇帝的新装》,就可以通过聚焦人物描写来分析揣摩皇帝、大臣等人物的性格特点。

皇帝:虚伪、昏庸(语言、心理、动作、神态描写)。

大臣：虚伪（语言、心理、动作描写）。

骗子：狡猾、贪婪（语言、动作描写）。

百姓：胆小、虚伪（语言描写）。

孩子：无私无畏（语言描写）。

3. 学会品味主题——研读：联系背景、人物、情节，把握主题

联系小说的背景、人物和情节，就能准确把握小说的主题。

《钢铁是怎样炼成的》主题思想：小说讲述了主人公保尔·柯察金从一个普通的工人子弟成长为一位无产阶级钢铁战士的故事，生动再现了苏俄青年在布尔什维克的领导下，在革命战争和社会主义建设过程中成长的历程，表现了他们为共产主义理想努力奋斗的精神，革命的英雄主义和乐观主义精神，钢铁般的意志以及无私奉献的精神。

（二）对写作的指导意义

1. 小说插入日记、书信和内心独白，丰富人物形象

例如，小说中团委书记丽达的日记，丰富了人物的形象，从丽达的日记里我们可以感受到保尔为共产主义事业无私奉献的精神和丽达对他的深厚情谊，还可以感受到奥利申斯基的附庸风雅，朱赫来带有几分粗野的朴实作风；小说中青年医生尼娜的日记，丰富了保尔的形象，凸显出保尔在疗伤过程中的惊人的忍耐力；小说中保尔的书信，交代他的生活近况。小说中还插入了很多内心独白，这些内心独白展现了保尔高尚、纯美的精神世界。

2. 小说运用精彩的环境描写，渲染气氛，凸显人物性格

例如，保尔在烈士公墓思考生命的意义时，就有一段出色的环境描写：

在他的右面是阴森森的老监狱，它用高高的尖头木栅栏和松林隔开，而它后面是医院的白色房子。

瓦莉亚和她的同志们就是在这地方，在这空旷的广场上的绞架下被绞死的。他在原来竖绞架的地方默默地站了一会儿，随后就走下陡坡，到了埋葬烈士们的公墓那里。

不知道是哪个有心人，用枞树枝编成的花圈把那一列坟墓装饰了起来，给这小小的墓地围上了一圈绿色的栅栏。笔直的松树在陡坡上面高耸。绿茵似的嫩草铺遍了峡谷的斜坡。

这儿是小镇的近郊，又阴郁，又冷清，只有松树林轻轻的低语和从复苏的大地上散发出来的春天新鲜的气味。

这段关于公墓环境的描写，渲染了两种不同的气氛：一种是阴郁冷清的，另一种是充满生机的。这样的环境描写，既表现了保尔悼念烈士时的沉郁悲痛之情，同时也暗示了是烈士们用生命和鲜血换来了和平的新生活，从而引发了保尔关于生命的意义的深沉思考。

三、读出点精神

（一）与人物对话，汲取人物精神

例如，与主人公保尔对话，可以采用书信形式，写一封信给保尔。

给保尔·柯察金的一封信

敬爱的保尔·柯察金：

你好！你是我的人生楷模和崇拜对象，你的名字和事迹将我的心灯点亮！

你的传奇经历使我悟出了一些生命中永恒的东西！

少年时期的你因为多次受到神父的侮辱，把烟灰撒在神父家的面团上；面对车站食堂替班男孩的寻衅，你勇敢还击；在监狱里面对严刑拷打，你始终不屈服；你同情食堂女工佛罗霞的遭遇；你尽力帮助受迫害的犹太人……我看到一个个性倔强、勇于反抗、正直善良的你！

"只要这个美丽的受过教育的女孩对你有一点儿嘲弄和诬蔑的语言或动作，你就准备给以断然的回击。"——我感受到了你强烈的自尊心！

德军占领小镇时，你偷走德军中尉的手枪；你用朱赫来教你的英国拳法狠狠教训挑事的调车场场长的儿子苏哈里科；你扑倒了押送兵，解救了被匪军逮捕的朱赫来；你转到你向往的布琼尼骑兵队后，英勇战斗，头部被炮弹片打伤，伤势严重，却在疗伤过程中不哼一声。——我看到一个英勇无畏、坚毅勇敢的你！

你忍受着寒冷、饥饿的痛苦，冒着被匪帮袭击的危险，每天起早贪黑修筑铁路，不幸患了格鲁布性肺炎兼肠伤寒；你因为身体每况愈下，想自杀了事，最终你打消了这个念头，决定乐观、坚强地活下去；你在全身瘫痪、双目失明的情况下，开始创作小说《暴风雨所诞生的》，小说发表后大获赞赏。——我看到一个顽强乐观、具有钢铁般意志的你！

你病愈后主动要求去铁路总厂做一名普通电工,你率领工人在业余时间打扫车间卫生;每个夏天,你总是让同志们去休假疗养,自己却坚守在岗位上,一刻也不肯休息。——我看到一个无私奉献、道德高尚的你!

你的青春闪着耀眼的光华,你的生命绽开绚烂的花朵,你实现了生命不息、战斗不止的誓言!你是我心目中永远的英雄!我要从你身上汲取力量,做一个生活的强者!

致以最崇高的敬意!

你的崇拜者:××

××年××月××日

教师评点:这封信让读者对英雄保尔有了更深刻的认识:这是一个个性倔强、勇于反抗、正直善良、有强烈的自尊心、英勇无畏、坚毅勇敢、顽强乐观,具有钢铁般意志和无私奉献的精神的英雄。

小作者用书信体的形式抒发了自己对无产阶级钢铁战士保尔的赞美敬佩之情,表明了自己要从保尔身上"汲取力量,做一个生活的强者"的强烈愿望。

(二) 与时代融合,了解现实意义

《钢铁是怎样炼成的》作为特定历史时期的精神路标,其厚重感和担当意识在现实生活中依然富有生命力。《钢铁是怎样炼成的》塑造的革命英雄是千万读者的人生典范。对于中国人来说,《钢铁是怎样炼成的》这部小说承载着一个时代的记忆,诠释了一个时代的精神,构建了一个时代的价值观。革命英雄身上所具有的勇于反抗、正直善良、坚毅勇敢、顽强乐观、钢铁般的意志和无私奉献的精神等,对于我们仍有重要的意义。如今,我们生活在和平年代,很多人过着衣食无忧的生活,精神上却陷入了迷茫。我们若想找到人生的信仰并坚持,让自己保持清醒,就要接受保尔这种精神的熏陶和洗礼。《钢铁是怎样炼成的》中的英雄人物所表现出来的坚毅勇敢、顽强乐观、钢铁般的意志和无私奉献的精神等,正是我们当代人所需要的精神食粮。

对于年轻一辈的人来说,看多了或现实、或浪漫的文学作品,再来阅读《钢铁是怎样炼成的》这本书,对于那段已逝的迥异的历史,恐怕会有更多震撼的感受。

学生们在读了这部红色经典名著之后,有了自己的思考和感悟,现摘录一篇读后感。

经历烈火与骤冷的锻炼 铸就钢铁般的意志

——读《钢铁是怎样炼成的》有感

《钢铁是怎样炼成的》是苏联作家尼古拉·奥斯特洛夫斯基创作的一部自传体长篇小说。小说讲述了主人公保尔·柯察金从一个普通的工人子弟成长为一个无产阶级钢铁战士的故事,生动再现了苏俄青年在布尔什维克的领导下,在革命战争和社会主义建设过程中成长的历程,表现了他们为共产主义理想努力奋斗的精神,革命的英雄主义和乐观主义精神,钢铁般的意志以及无私奉献的精神。

保尔勇于反抗,正直善良,坚毅、勇敢、顽强乐观。他的钢铁般的意志和无私奉献的精神深深打动了我。

保尔生活在一个烽火年代,他一生都在和挫折困难做斗争。他儿时被迫成了童工,尝尽了世间的冷暖。老水兵朱赫来是他悲惨童年的一道曙光,引领保尔走上革命之路。后来为救朱赫来,保尔被捕入狱,在监狱里受到非人的折磨。保尔在战场上奋勇杀敌,不幸受伤。国家建设时期,保尔忍受着寒冷、饥饿的痛苦,冒着被匪帮袭击的危险,每天起早贪黑修筑铁路,不幸患了格鲁布性肺炎兼肠伤寒。后来他身体状况越来越差,丧失了战斗能力。对于保尔来说,失去战斗能力,不能归队继续战斗,简直是无法想象的一件事,这让保尔陷入了巨大的痛苦之中。读到这里,我不禁为保尔担心:保尔今后的人生道路该怎么走?

保尔从来不会让我们失望,接二连三的挫折磨难都没有将他击倒,即使是全身瘫痪、双目失明的巨大痛苦也没有打倒他。他紧紧地握住笔艰难地写作,以全新的方式践行他生命的誓言,靠着顽强的毅力、坚定的信念,成了一名作家。虽然保尔的身体残疾了,但他的精神世界是丰富的。生命可以燃烧也可以腐朽,保尔凭着钢铁般的意志和顽强奋斗的精神将生命燃烧成最绚烂的烟花。

保尔曾说过:"即使生活到了实在是难以忍受的地步,也要活下去,使生活变得有益于人民!"保尔做到了,他用实际行动完美诠释了这句话。

我常常为一次考试的失利,与朋友间的一点小纠纷,别人对我的一点误解而闷闷不乐、耿耿于怀。现在想来,我所遇到的挫折与保尔所面临的苦难相比根本算不了什么!读了保尔的故事,我坚信:只要内心足够强大,意志足够坚定,所有的阴霾都会消散!

闭上眼,《钢铁是怎样炼成的》中的一幅幅画面在我脑中闪过:有战场上英勇杀敌的保尔,有篝火旁潇洒跳舞的保尔,有被病痛折磨却不哼一声的保尔……他正微笑着向我走来:多么可爱的钢铁战士!

人的一生就像一次短暂的旅行。在旅途中,我们会遇到各种艰难险阻,其实这都是生活在考验和锻炼我们的意志。让我们学习保尔的精神,以乐观的心态,经历烈火与骤冷的锻炼,铸就钢铁般的意志。

教师评点:孩子的文笔也许稍显稚嫩,孩子的思考也许并不深刻,但从他的文字中,我们可以感受到孩子对英雄的深深的敬佩,以及想要像英雄一样凭着钢铁般的意志和顽强奋斗的精神好好生活的强烈愿望。一部小说,有那么几个人物让孩子难以忘怀,有那么几个瞬间让孩子感动流泪,有那么一种精神内化成孩子的价值观,就足够了。

(三) 与名言相伴,指引人生方向

人最宝贵的是生命。生命每个人只有一次。人的一生应当这样度过:当回忆往事的时候,他不会因为虚度年华而悔恨,也不会因为碌碌无为而羞愧;在临死的时候,他能够说:"我的整个生命和全部精力,都已经献给了世界上最壮丽的事业——为人类的解放而斗争。"

感悟:这是保尔凭吊烈士墓时对于生命的意义的思考,也是保尔战斗一生的写照。这段名言也激发每个人去思考——我们应该怎么度过自己的一生?

钢是在烈火与骤冷中铸造而成的。只有这样它才能坚硬,什么都不惧怕。我们这一代人也是在这样的斗争中,在艰苦的考验中锻炼出来的,并且学会了在生活面前不颓废。

感悟:保尔是一个无产阶级钢铁战士,他经受住了各种各样的考验:在监狱里,面对严刑拷打,他始终不屈服;在战场上,他奋勇杀敌,从不退缩;在和平建设时期,他忍受着寒冷、饥饿的痛苦,冒着被匪帮袭击的危险,奋战在修路第一线,直到病倒;在全身瘫痪、双目失明的情况下,他开始创作小说《暴风雨所诞生的》,小说出版后大获赞赏。保尔经历了烈火与骤冷的锻炼,铸就了钢铁般的意志。

附录:

《钢铁是怎样炼成的》名著知识竞赛题

一、填空题(共 20 题)

1.《钢铁是怎样炼成的》的主人公是_____。

2.《钢铁是怎样炼成的》是_____(国籍)作家_____写的自传体小说。

3. 保尔被学校开除后被母亲送到_____做工。

4. 老布尔什维克_____引领保尔走上革命之路。

5. 少年保尔在钓鱼时结识林务官的女儿_____,两人产生朦胧的感情。

6. 保尔的哥哥是_____。

7. _____为安抚士兵,下令虐杀_____人。

8. 保尔打倒押送兵,救了_____。

9. 红军撤离谢佩托夫卡后,谢廖沙的姐姐_____和一批革命同志遇害。

10. 保尔转到布琼尼骑兵队后,英勇战斗,_____被炮弹片打伤,伤势严重。

11. 保尔在铁路工厂任共青团书记时结识女共产党员_____,因为志同道合,两人互生好感。

12. 困难都没有吓退那些坚强的筑路人,_____视察深受感动,说他们是无价之宝,_____就是这样炼成的!

13. 保尔忍受着寒冷、饥饿的痛苦,冒着被匪帮袭击的危险,每天起早贪黑修筑铁路,不幸患了_____。

14. 保尔病愈后主动要求去_____工作,他率领工人在业余时间打扫车间卫生。

15. 保尔提出开除菲金,因为菲金故意弄坏昂贵的_____。

16. 1924 年 1 月 21 日,布尔什维克党的领袖_____去世。

17. 保尔去探望母亲的老朋友阿莉比娜时认识了_____,后与她结为终身伴侣。

18. 保尔身体状况恶化,列夫·别尔谢涅夫送给保尔一台_____。

19. 保尔在双目失明,全身瘫痪的情况下,开始创作小说_____。

20. 有了_____的帮助,保尔的文学创作工作以双倍速度向前推进。

【答案】1. 保尔·柯察金　2. 苏联　奥斯特洛夫斯基　3. 车站食堂　4. 朱赫来　5. 冬妮亚　6. 阿尔焦姆　7. 戈卢勃　犹太　8. 朱赫来　9. 瓦莉亚　10. 头部　11. 丽达　12. 朱赫来　钢铁　13. 格鲁布性肺炎兼肠伤寒　14. 铁路工厂　15. 美国钻头　16. 列宁　17. 达雅　18. 无线电收音机　19.《暴风雨所诞生的》　20. 加莉亚

二、选择题（共10小题）

1. 保尔的初恋是　　　　　　　　　　　　　　　　　　（　　）

A. 瓦莉亚　　　　　　　B. 冬尼娅　　　　　　　C. 达雅

2.《钢铁是怎样炼成的》多次描绘了一条美丽的河，它是　（　　）

A. 伏尔加河　　　　　　B. 第聂伯河　　　　　　C. 顿河

3. 保尔偷走德军中尉的　　　　　　　　　　　　　　　（　　）

A. 子弹　　　　　　　　B. 手枪　　　　　　　　C. 手榴弹

4. 保尔最爱读的小说是　　　　　　　　　　　　　　　（　　）

A.《钢铁是怎样炼成的》B.《牛虻》　　　　　　　C.《暴风雨所诞生的》

5. 保尔的妻子是　　　　　　　　　　　　　　　　　　（　　）

A. 达雅　　　　　　　　B. 丽达　　　　　　　　C. 加莉亚

6. 磨坊主一伙人杀害了　　　　　　　　　　　　　　　（　　）

A. 格里沙　　　　　　　B. 杜巴瓦　　　　　　　C. 潘克拉托夫

7. 师政治部负责青年工作的是　　　　　　　　　　　　（　　）

A. 丽达　　　　　　　　B. 杜巴瓦　　　　　　　C. 潘克拉托夫

8. 骑兵连队追赶逃跑的波兰军时，保尔的_____受伤。　（　　）

A. 手　　　　　　　　　B. 腿　　　　　　　　　C. 头

9. 保尔从车站食堂离开后去了　　　　　　　　　　　　（　　）

A. 发电厂　　　　　　　B. 调车场　　　　　　　C. 骑兵连

10. 保尔在谁的影响下走向革命道路。　　　　　　　　　（　　）

A. 阿维尔巴赫教授　　　B. 朱赫来　　　　　　　C. 母亲

【答案】1. B　2. B　3. B　4. B　5. A　6. A　7. A　8. C　9. A　10. B

三、判断下列说法正确与否：错的打"✗"，对的打"✓"（共10小题）

1.《钢铁是怎样炼成的》是法国作家奥斯特洛夫斯基的代表作。　（　　）

2.《钢铁是怎样炼成的》分为两部分,第一部分描写国内战争,第二部分描写经济恢复和社会主义建设。 （　　）

3. 保尔的英雄事迹表现在他驰骋疆场,骁勇善战,屡立战功上。 （　　）

4. 保尔为救朱赫来而被告密入狱。 （　　）

5. 保尔离开学校后先后去了电厂和车站食堂干活。 （　　）

6. 保尔的"人最宝贵的东西是生命,……"一段名言,是在烈士墓地上的内心独白。 （　　）

7. 保尔在铁路工厂提出开除任意毁坏贵重钻子、不遵守劳动纪律的共青团员朱赫来的团籍。 （　　）

8. 为完成任务,成立六个突击队,保尔任第一队队长,朱赫来送给保尔一双靴子和一支毛瑟枪。 （　　）

9. 保尔救出了朱赫来后,被贵族的儿子维克多出卖,被白匪关押起来。 （　　）

10."现在你浑身已经发出卫生球的味道了"是保尔对冬妮亚说的。 （　　）

【解答】1. ✕　2. ✓　3. ✕　4. ✓　5. ✕　6. ✓　7. ✕　8. ✕　9. ✓
10. ✓

紧抓时代脉搏　细品慢读现代诗

——《艾青诗选》整本书阅读指导

　　《艾青诗选》是初中语文教材九年级上册第一单元名著导读推荐阅读的名著，其中收录了艾青不同时期的诗歌共 98 首。牛汉说："在中国新诗发展的历史当中，艾青是个大形象。"聂华苓说："艾青的诗好在那雄浑的力量，直截了当的语言，强烈鲜明的意象。"即便如此，很多教师和学生，还是对这本书兴趣不大，原因是诗歌通常比较零碎，没有具体可感的连贯性故事情节，更没有令人印象深刻的人物形象。另外学生既不了解作者，也缺乏现代诗歌阅读的方法，很难深刻理解作品中的意象和主题，这也是一个重要原因。

　　如何让学生掌握读新诗的方法，深入作品、理解作品的意义价值，我们可以从以下三步来探索。

一、导读引路，读出点内容

（一）走近编者明目的

　　从小学至初中，老师教过学生太多的中国古代诗歌，这些诗歌唤醒了大家心底最亲切的文化记忆，也陶冶着我们的情操，当然，因为老师讲得多，学生学得多，大家也初步有了鉴赏古代诗歌的方法和策略。然而，现代诗歌呢？因为教材中选入很少，教师不太重视，很少会给予学生有效的阅读指导，因而学生往往也会忽视现代诗歌的价值。

　　中国现代诗歌形式上采用白话，打破了旧体诗的格律束缚，内容上反映新生活，表现新思想，有独特的魅力。艾青是中国现代诗歌史上一位重要的诗人，他的诗作以其独有的艺术特色和情感内涵，吸引着读者。

　　九年级上册第一单元的主题是"活动·探究"，课文内容是 5 首中国现代诗，且安排了 3 个任务：学习鉴赏、诗歌朗诵、尝试创作。编者将《艾青诗选》放在本单元名著导读部分，不仅希望学生掌握中国现代诗歌鉴赏的一些方法，还希望学生学以致用——运用学会的方法去鉴赏艾青的诗歌，体会其作品的价值，尝试进行新诗创作。

（二）了解作者理书脉

众所周知，一个人的经历和性格往往对他的作品产生重大的影响，所以，在阅读《艾青诗选》时，可以带领学生结合艾青的生平经历来梳理书脉。

艾青，原名蒋正涵，号海澄，1910 年 3 月 27 日出生于浙江省金华市。"据说我是难产的，一个算卦的又说我的命是'克父母'的，我成了一个不受欢迎的人……"艾青的父母将这个"克父母"的儿子寄养在本村贫苦农妇"大堰河"的家里。艾青在大堰河家生活了 5 年，他在回忆这段童年生活时说："这几年使我感染了农民的那种忧郁，使我对中国农民有了一种朦胧的初步印象。"

1928 年秋，年满 18 岁的艾青考入国立杭州西湖艺术院绘画系，几个月后，在林风眠校长的鼓励下来到巴黎勤工俭学，学习绘画，接触欧洲现代派诗歌。

1932 年初，艾青回国，回国途中，他写下了《当黎明穿上白衣》《阳光在远处》《那边》，诗作流露出诗人内心的愁苦和对国家命运的担忧。

回国后，艾青在上海加入中国左翼美术家联盟，从事革命文艺活动，不久被捕。在阴暗、潮湿的牢房里，艾青无法再从事绘画，却用笔写下了一首首诗篇。监狱的生活使他从一个画家转变为一个诗人。诗人借诗思考、回忆、控诉、抗议。"诗成了我的信念、我的鼓舞的力量，我的世界观的直率的回声。"在狱中，他写了《透明的夜》《芦笛》《马赛》《九百个》等大量诗歌。铁窗生活让他怀念起他在法国的自由岁月，同时也让他对自己身处的黑暗社会现实有了更痛切的认识。其中《大堰河——我的保姆》一诗，通过对乳母大堰河的追忆和生死对话，抒发了他对贫苦农民的怀念和感激之情，以及对黑暗世界的诅咒。

1935 年 10 月，艾青出狱，流落多地后来到上海，创作了如《黎明》《太阳》等为民族命运歌唱的作品。

1937 年抗日战争全面爆发后，艾青一直处于动荡与漂泊之中，从杭州到武汉，从临汾到衡阳，从桂林到湖南新宁，再到重庆，诗人一路走过中国广大的原野、乡村和城镇，深切感受到中国广大土地上人民的真实生活与苦难，写下了《太阳》《春》《煤的对话》《生命》《手推车》《乞丐》《北方》《吹号者》《他死在第二次》《我爱这土地》《火把》等诗作。这一时期，艾青已经成为时代的强有力的"吹号者"，他以现实体验为根基，以鲜活的形象、充沛的情感、多样的体式，让诗歌包蕴了更为深广、多样的现实内容和史诗性元素。他对祖国现实的忧思、悲鸣和呼号,使他的诗变得更为深沉和博大。诗人从大半个中国的滚滚烽烟中汲取诗情,他的笔下呈现了严酷的斗争和悲壮的画面,有着血肉之躯的人物,以及进取、乐观、昂扬的战斗精神。

1941 年 3 月,艾青在周恩来的帮助下,来到了延安,一种新的生活展现在他面前。在延安,艾青成为文艺界抗敌协会延安分会理事,并当选陕甘宁边区参议会议员。他创办了《诗刊》,并开始尝试用新的诗歌形式来表现新的内容。

1949 年以后,诗人写了《国旗》《新时代冒着风雪来了》等歌颂新时代和主旋律的作品,也创作了《礁石》这样具有象征意义和哲理意味的咏物诗。

1957 年艾青被错划为"右派",赴黑龙江、新疆生活和劳动,创作中断了近 20 年。直到 1976 年,诗人再次执笔,创作了《雨花石》《光的赞歌》《古罗马的竞技场》等富有时代感和冲击力的作品。这一时期的作品尽显历经沧桑后的豁达与省思,诗句更为从容和凝练,里面的警策之句也日益增多。

回顾艾青一生的创作,不难发现,诗人由于不同时期经历和思想的变化,作品的内容、思想、诗歌风格也有所不同,我们可以把他的作品大致分成四个阶段:

第一阶段　1932 年到 1937 年"七七事变"前夕。

第二阶段　1937 年到 1942 年。

第三阶段　20 世纪 50 年代。

第四阶段　20 世纪 70 年代。

(三)朗读诗文激兴趣

艾青的《我爱这土地》是九年级上册第一单元第二课的课文,是一篇情感真挚、深沉、浓烈的现代新诗佳作,这首诗一次次唤醒人们对民族百年沧桑的回忆。我们可以把文字变成声音来引起学生的情感共鸣,激起学生阅读《艾青诗选》整本书的兴趣。

环节一:一读诗歌。学生自主朗读《我爱这土地》,接着播放名家配乐朗诵,进行体悟。

环节二:二读诗歌。出示背景资料,确定基调,理清脉络。

环节三:三读诗歌。首先是确定语速,接着是对节奏的划分,注意停顿,最后考虑轻重音的处理。

环节四:四读诗歌。在朗诵时辅以恰当的神情姿态,抒发朗诵者的情感。

在指导学生反复朗读时,可以要求学生边读边思考,在思考的过程中反复朗读,帮助他们更好地体会意象所蕴含的深意。

以上几个环节的朗读,可以帮助学生探寻诗歌的灵魂,提升他们的审美能力,激发他们的审美创造力。读诗应读明大意、读懂情感,将个人的感情投入其中。诵读可以与诗人产生情感上的共鸣,感同身受,再加上合理的想象和再创造,潜移默化中学生的审美能力就提升了。审美能力提升了,学生也会对写诗产生兴趣,长此以往形成良性循环,学生就会真正地爱上诵读,爱上诗歌。

因此,我们可以在班级中举行"艾青诗歌"朗诵会,朗诵会活动过程和要求如下:

(1)每位同学自选一首艾青诗歌,标出重音、停连、节奏,注明语气、语调、语速等,并进行个人尝试朗读。

(2)第一次组内朗诵,互相评价、交流,然后个人再次尝试朗读。

(3)第二次组内朗诵,推选班级朗诵会选手,确定朗诵篇目、朗诵形式(独诵、双人朗诵、齐声合诵或多人轮诵,也可配乐、配视频朗诵)。

(4)朗诵会前准备:制作节目单;推举点评员,制订点评细则;推举主持人,准备简单的串词。

(5)举行班级"艾青诗歌"诗歌朗诵会。朗诵者应该注意表情、语气、动作等;点评员应依据点评细则,做到客观、公正;观众应集中注意力,认真倾听,适时给予掌声鼓励。

(四)制订计划促阅读

温儒敏在一封致上海"整本书阅读论坛"的信中提到,"整本书阅读"功夫在课外,也就是说整本书阅读主要是课外阅读。初中语文统编教材中安排有名著导读,意味着整本书阅读要列入教学计划,但这是很特别的课型,特别在于课内要讲得少,主要还是要学生课外自主性阅读。

因此,可以制订以下阅读计划,促使学生来完成《艾青诗选》整本书的阅读:

第一周:阅读 1932 年至 1937 年的诗歌。

第二周:阅读 1938 年至 1939 年的诗歌。

第三周:阅读 1940 年的诗歌。

第四周:阅读 1941 年至 1978 年的诗歌。

阅读过程中,要求同学们勾画诗歌的意象、表达情感和自己喜欢的诗句,体会诗人同一创作时间里,感情表达、诗歌表达形式的异同,写下自己的感悟。

二、选读诗篇,积累点方法

温儒敏认为,初中的名著导读应以课外阅读为主,课内的讲授,主要是关于名著的基本情况的介绍,提示“读这一类书的方法”,激发学生的阅读兴味。比如,怎样读长篇小说,怎样读社科著作,怎样读传记,怎样读历史,都应当在基本方法上有所交代。让学生知道不同的书是有不一样的读法的,让学生学会“读某一类书的方法”。阅读《艾青诗选》期间,可以选择一些诗篇,指导学生积累一点阅读现代诗歌的方法。

(一) 知人论世知意图

读懂一首诗,首先要了解诗歌产生的时代背景、作家的生平经历和创作风格。可以说,每一首诗的产生都是有背景的,都有一个契机激发诗人创作的灵感。

22 岁的艾青远离故乡,远离亲人,远离祖国。他一边打工,一边读书,一次又一次地经历了异国他乡的世态炎凉。年轻的心本当欢乐、本当热情奔放的时候,他的心中却有了许多积郁——孤独? 寂寞? 举目无亲的苍凉? 奔波劳累的辛苦? 《阳光在远处》这首诗就将诗人心中的愁苦、向往极好地表达出来。

而《大堰河——我的保姆》,是艾青 1933 年因为一次被捕、一场大雪,想起了身世凄凉的大堰河,从而引起对她的怀念,一口气写下了这首自传体抒情诗。

《浪》写于 1937 年 5 月上海吴淞炮台。诗人此时希望有一种强大的力,能摧枯拉朽,能荡涤大地上的一切污泥浊水,能在困难重重之中冲出一条路来……而这希望如何抒发出来呢? 如何才能把这种希望表达得集中、鲜明、形象? 诗人看到了浪,看到了浪的力量。于是,诗人机敏地抓住了这一契机,创作了本诗。

《秋晨》写于 1939 年 9 月。在秋天的早晨,艾青来到桂林乡间,感慨乡村生活虽然贫穷,但当自己要离开时却对其留恋不舍,于是写下了《秋晨》。

《树》写于 1940 年春天,当时全面抗日战争已经进行了两年多,正转入艰苦的相持阶段。这场伟大的民族战争正给予我们全体人民一次洗礼,使他们的灵魂在战争中经受严酷的磨炼,日益走向精神的觉醒。诗人以诗人敏感的心灵感受和锐利的政治目光深切地体察到时代和社会脉搏的动向,意识到了我们伟大民族的觉悟已经到来,从原野上一棵棵"彼此孤离地兀立着"的树的意象获得灵感,产生了"在看不见的深处/它们把根须纠缠在一起"的联想,表达了自己对民族觉醒的讴歌赞美之情。

(二)把握形象明情感

现代诗是通过鲜明生动的艺术形象来反映生活、抒发感情的。阅读、鉴赏诗歌需要通过认真分析、品味,理解和把握这种形象,感受诗中的意境,从而体会诗人的情感。

《吹号者》围绕主要人物——吹号者展开情节:这吹号者,以原野给他的清新的呼吸与夹带着纤细的血丝来吹号角,可见他是以心血来吹号角的真正的吹号者;他吹起了起身号,可见他是黎明的通知者;他吹出了集合号、出发号、行进号、冲锋号,可见他又是战斗的鼓吹者、胜利的召唤者;他最终英勇地牺牲在战场上,可见他更是为了解放事业而不惜牺牲自己宝贵生命的勇士、可敬的奉献者!这首诗流露出对"吹号者"不朽精神的高度赞颂。

《太阳》(1937年春)中写"太阳向我滚来"的气势,写"太阳"来了之后的巨大影响,写"太阳"来了之后自己的心情。"太阳"是从历史的远处滚来,不管这漫长的历史多么黑暗,多么艰难,"太阳"以它不可阻挡的气势,光亮亮地滚来了,使"生命""高树""河流""虫蛹"等大地上的万物复苏,充满了勃勃的生机。在《向太阳》第四章《日出》、第五章《太阳之歌》中,诗人用彩笔为我们画了一轮正在升起的逐渐扩大光圈的有动态感的太阳,在第六章《太阳照在》和第七章《在太阳下》中,诗人已完全超越了自身的一切痛苦的回忆,为我们展示出一片太阳光照之下的曾经蠕动着痛苦灵魂的大自然的美好景象。而在《太阳》(1940年4月11日湘南)中,太阳高高在上,只要看到就会幸福,我们像活在泥泞中的蚯蚓,要翻动泥土向上伸,只要能离开阴湿;我们是蛾的同类,愿意在灼烧中死去,只要能看见火焰。这些诗歌中的太阳,驱散黑暗苦难,给人光明、自由、美好,诗人对太阳的向往和赞颂,充分表现了诗人的高度热情和对光明未来的追求和信心。

诗歌《我爱这土地》中,"鸟"是"嘶哑的喉咙歌唱",即使死了也把羽毛腐烂在土地里的形象,"土地"是"被暴风雨所打击着的"的形象,"河流"是"永远汹涌着我们的悲愤的"形象,"风"是"无止息地吹刮着的激怒的"的形象。结合写作背景,我们不难发现,诗人借一只饱受磨难、拼尽全力、用整个生命去歌唱的鸟的形象,写出了当时祖国大地遭受的苦难、人民的悲愤以及诗人对光明的向往和希冀,表达了对生他养他而又多灾多难的祖国的深沉的爱和愿为祖国献出一切的决心。

(三)品味语言析技巧

诗人都重视锤炼语言,以使诗歌形象、凝练,富有色彩、节奏和动态的美,他们往往能以最恰当的字句,生动而圆满地表达自己所要表现的思想感情。

品味语言要善于抓住关键的词语进行品析,并借助想象和联想,进一步读懂其深层含义,领略诗歌语言的魅力。关键词语可以是动词、形容词、副词、数量词、叠词等。

《大堰河——我的保姆》中,有这样的诗句:"大堰河,今天我看到雪使我想起了你/你的被雪压着的草盖着的坟墓/你的关闭了的故居檐头的枯死的瓦菲/你的被典押了的一丈平方的园地/你的门前的长了青苔的石椅/大堰河,今天我看到雪使我想起了你。""坟墓"是"被雪压着的草盖着的",更显得荒凉;"瓦菲"是"关闭了的故居檐头的枯死的","石椅"是"长了青苔的"。可见在大堰河去世以后,家里已经无人居住,家园已经彻底垮掉。"园地"是"被典押了的",并且是"一丈平方的",可知大堰河的土地很少,并且因生活所迫而被典押。除了语义上的理解外,也要注意它在色调上的调配。诗中的各种色调是那么的冷清而枯寂——雪是白色的,坟上的草丛是枯黄或者深绿色的,瓦菲是褐色的,青苔是碧青色的。这一组修饰性词语呈现出一幅萧索而斑驳的图景。它如同一幅泛黄的老照片,映射出底层妇女大堰河苍凉而孤苦的一生。在理解并分析了这些修饰性词语之后,我们不仅感受到大堰河生活的贫苦,更感受到大堰河是整个家庭的支柱,她的死亡意味着这个家庭的衰败。同时,我们也深刻地感受到了这组意象群所渲染的悲凉、凄清的氛围,以及诗人对大堰河的同情和哀悼之情。

《大堰河——我的保姆》的第十节,"大堰河,含泪的去了/同着四十几年的人世生活的凌侮/同着数不尽的奴隶的凄苦/同着四块钱的棺材和几束稻草/同着几尺长方的埋棺材的土地/同着一手把的纸钱的灰/大堰河,她含泪的去了",诗中用数量词"四十几年""数不尽"分别来修饰"人世生活的凌侮""奴隶的凄苦",表明大堰河生前生活凄苦、受尽凌侮;用数量词"四块钱""几束""一手把"分别来修饰"棺材""稻草""纸钱的灰"表明大堰河的埋葬十分简陋。这些修饰词将大堰河生前的凄苦和死后的悲凉表现了出来,表达出了诗人对大堰河命运的深切同情。

品味诗歌语言,也可结合诗歌的艺术技巧,体会修辞手法和诗歌表现手法在诗歌中的妙用。常用修辞手法有比喻、比拟、夸张、反复、排比、对仗、对比等,常用表现手法有情景交融、直抒胸臆、托物言志、动静结合、虚实相生、渲染、象征、映衬等。

《给乌兰诺娃》这首诗共有两节,第一节,作者对《小夜曲》表演中乌兰诺娃的优美的舞姿做了生动的描绘。诗人用"云"来形容舞蹈家身段的柔美,用"风"来形容舞蹈家动作的轻盈;"比月光更明亮""比夜更宁静",则是用对比的手法表述《小夜曲》带给诗人视觉和听觉方面的艺术幻觉。而"人体在太空里游行"则呼应了上面所写的云的柔软、风的轻盈、月光的明亮、夜的宁静,这一切组合成一种纯洁美丽的艺术境界,向读者传达了《小夜曲》的优美动人。第二节,艾青以"仙女""女神"的意象对乌兰诺娃的舞蹈艺术做了深情的赞美。天上的仙女是美的象征,乌兰诺娃是人间的仙女,这就如敦煌壁画中的飞天仙女形象一样,是人们对美的追求的形象化的表达。接着诗人用两个超越于"梦"和"幻想"的虚幻意象来表现乌兰诺娃舞蹈的艺术价值之高。最后一行"是劳动创造的结晶",则是对这位舞蹈家能取得如此成就的一个总结——这种美不是上天授予的,而是数十年如一日的辛勤劳动所结出的果实。

当然,阅读《艾青诗选》,也可以从中学到一点创作现代诗歌的方法。

1. 叙事手法

叙述即记叙和述说。它是一种记人叙事并陈述其来龙去脉的表述方法,它一般包括时间、地点、人物、事件、原因、结果六要素。叙述,从不同的角度有多种划分方法,而最常见的是按叙述的先后顺序,分为顺叙、倒叙、插叙、补叙、平叙。

《他死在第二次》以上帝的视角,即第三人称,讲述了一个战士从受伤到第二次战死的过程。全诗分为12段,每段都有独特的场景、事件、情绪与领悟。在第三段《手》中,作者通过护士纤细、洁白的手,与战士曾经拿过镰刀又举过枪、笨拙而粗糙的手作对比,表达了一个士兵盼望重返战场的心情。诗人还通过护士的动作描写,体现出了护士细心呵护的温暖。

2. 借景抒情

借景抒情是指作者带着强烈的主观感情去描写客观景物,把自身所要抒发的感情、表达的思想寄寓在此景此物中,通过描写此景此物予以表达。

《阳光在远处》开头写道阳光,寄托了作者对光明的渴望。中间写到了"暗的风,暗的沙土,暗的旅客的心啊",写景的同时,流露出作者苦闷、沉重、惆怅的心情。结尾又写到阳光,表达了作者对未来的希望。

3.象征手法

象征手法是根据事物之间的某种联系,借助某人某物的具体形象(象征体)来表现某种抽象的概念、思想和情感。它可以使文章立意高远、含蓄深刻。象征的妙处在于可以将抽象的形象转化为可以感知的物体。

《火把》中的火把,在夜晚中起到了指明方向的重要作用,是光明的象征。然而,在文中火把不仅仅指象征着光明,也象征着先进的革命思想的火光,革命思想的火光一直在领导着革命前进。

九年级上册第一单元的第三个任务是"尝试创作"。青春少年,有诗的情怀,但可能少了点写诗的方法和深度,我们可以安排学生进行仿写。先选定《艾青诗选》中的一首诗歌,熟读后揣摩诗歌的形式、内容、主题、表现手法、模仿形式和写法,模仿着写一首小诗。

三、开展活动,探究点精神

牛汉认为,艾青的诗代表了一个时代,从他的人和诗中,我们能真切地感受到诗人在无比巨大的历史胸腔内,创造诗的生命的激情。这种激情使人类的美好的智慧和精神不断发扬光大。读完整本书后,我们可以开展一些活动,使阅读更深入。

(一) 与人物对话

艾青是中国新诗发展史上坚持最久、成果最丰富的诗人,他的作品深受广大读者的欢迎,产生了巨大的影响。他的诗歌能够取得这样杰出的成就,一个重要的原因是,他的诗歌始终是和我们的国家、我们的人民、我们的民族同呼吸共命运的。他经历了各个历史时期——抗日战争时期、解放战争时期、中华人民共和国成立初期以及"文化大革命"时期,而他的作品紧密地反映了当时的时代,反映了人民的心声。

读完《艾青诗选》,可以通过让学生给诗人写信的方式,加深他们对艾青及其作品的认识。有学生是这样写的：

敬爱的艾青爷爷：

您好！

我是一位初中生，读了您的《艾青诗选》后，我的脑海中不禁浮现出"国破山河在，城春草木深。感时花溅泪，恨别鸟惊心"这样的诗句。

您的一生遭受过太多的磨难，幼时被父母离弃的痛，留学国外的孤独苦闷，回国后的牢狱之灾，出狱后的颠沛之苦，"文革"中的无妄之灾接二连三地击打着您，但在您的98首诗歌中，却几乎没有您为自己鸣不平的诗歌。

有人说，您的诗中无处不静静地流淌着一种"蓝色的忧郁"，但您的忧郁不是为了个人，而是为正在经历屈辱和磨难的祖国母亲。这样的忧郁是"先天下之忧而忧，后天下之乐而乐"的精神苦修，是博大的"大我"情怀。

您的痛苦不因一己之私，您的哀伤不因一己之利。"假如我是一只鸟，我应该用嘶哑的喉咙歌唱，这被暴风雨所打击着的土地……为什么我的眼里常含泪水，因为我对这土地爱得深沉。"您的情怀从一己之悲中走出，走向何方呢？中国的文化土壤孕育出这样一种答案——祖国、人民和光明，人民栖息的"土地"作为一种意象从您的笔端流淌而出。

不因为时事的艰辛而选择精神的逃避，不因为食不果腹而整日担忧"食无鱼"，或许处处碰壁，或许一生不得志，但您"依然站在那里，含着微笑，看着海洋……"。您走出自我的内心体验，为千年古国的过往与未来而忧思。中国知识分子的精神传统时刻提醒着您肩膀上负荷的力量和责任——"以天下为己任"。

您用诗歌，唱出了人民所遭受的困苦，反映了中华民族的悲惨命运。您的诗歌激起了一个个不愿做奴隶的人民的爱国心。您的诗歌中透露出一颗炙热的赤子心，让我明白了什么是善良，什么是坚忍，什么是伟大，也让我更爱这片土地！

此致

敬礼！

丹阳市访仙中学 陈小双

2020年2月7日

此信中，小作者对艾青诗歌中流露出的忧国忧民的"忧郁"之情有了非常深刻的认识和感悟。

（二）与时代融合

一直以来，众多学者研究过艾青，他们对艾青的作品和思想给予了深刻的评价，可以让学生上网收集一些，读一读，进一步领悟作者和作品的精神内涵。

【示例1】吕荧《人的花朵》中认为，艾青作为一个"农人的后裔"的智慧者，作为一个挚爱土地与人民的诗人……由于深深地伤痛着土地与人民的受难，因而他的歌声常常笼罩着薄暗的哀郁的阴影。他的诗渲染着素美的彩色，淳朴而美丽；他的诗体现着大地的浑厚广阔的风貌。

【示例2】汪亚明《向忧郁的深处拓进》中认为，艾青的忧郁包含两个层面：民族的忧患感、自我压抑感和生命悲切感。诗人常常用反差很大的极致性意象来传达自己的复杂感情。

【示例3】章亚昕《忧患的创世者——论艾青诗歌的抒情主人公》中说："创世者的忧患意识，是中华民族现代意识的结晶，忧患的情绪和创世的意志，乃是新民主主义革命的心理动力。现实与理想的尖锐冲突，造成实践主题的使命感与悲剧感，他势必归结为崇高，悲愤而又壮烈，强健而又深沉。"

【示例4】李怡在《中国现代新诗的进程》一文中，对艾青的诗提出了这样的看法：他"始终保持着自己鲜明的个性特征，与20世纪30年代柔肠百结的现代派相比，艾青更能接受象征主义维尔哈伦的现实感和忧愤的情绪，他以这种方式坚持着对现实人生的反省和自强不息的抗争，与其他现实主义诗人没入大众、放弃自我不同，艾青诗中始终激荡着一种浪漫主义式的自我形象"。

（三）与名言相伴

《艾青诗选》中，有些语句给人留下了深刻印象，如：

为什么我的眼里常含泪水／因为我对这土地爱得深沉……

——《我爱这土地》

一棵树，一棵树／彼此孤离地兀立着／风与空气／告诉着它们的距离／但是在泥土的覆盖下它们的根生长着／在看不见的深处／它们把根须纠缠在一起

——《树》

我不是弱者——我不会沾沾自喜，／我不是自己能安慰或欺骗自己的人／我不满足那世界曾经给过我的／——无论是荣誉，无论是耻辱

——《时代》

离开了运动,/就没有生命。/活着就要斗争,/在斗争中前进,/即使死亡,/能量也要发挥干净

——《鱼化石》

认识没有地平线/地平线只能存在于停止前进的地方/而认识却永无止境/人类在追踪客观世界中/留下了自己的脚印/实践是认识的阶梯/科学沿着实践前进/在前进的道路上/要砸开一层层的封锁/要挣断一条条的铁链/真理只能从实践中得以永生

——《光的赞歌》

......

这些语句文短旨大,语意隽永,备受人们青睐。我们可以引导学生收集整理《艾青诗选》中的警句,作为座右铭,陪伴学生左右,这样有利于帮助学生建立正确的世界观和人生观,走好漫长的人生路。

阅读《艾青诗选》时,应引导学生,紧抓诗人创作的时代脉搏,静下心来,有序、有效地细细品读,真正走进诗人营造的意境之中,读出诗味,读懂诗人,在感受现代诗无穷魅力的同时,学会读诗、写诗。

英雄聚义的史诗　荡气回肠的传奇

——《水浒传》整本书阅读指导

"是谁把英雄的故事一说再说……"提起《水浒传》，中国人可以说是无人不知、无人不晓。哪怕是不识字的人，说起里面的人物都如数家珍。

一百回本《水浒传》，洋洋洒洒80多万字，不仅人物众多、各部分之间关联众多，且文言化的程度比较高，对于八年级的学生来说，拿起来读的确是要有勇气和毅力的。学生读《水浒传》原著本，最主要的原因是备战中考，这属于被动地读书，效果不一定好。如果想要效果好，合理地运用有效的阅读方法就显得尤为关键。

事实上，读《水浒传》不仅可以丰富知识、开阔视野、陶冶情操，而且对自己的终身发展也有很大帮助。

希望下面的阅读方法可以帮助同学们提高阅读兴趣，建构知识框架。

一、读出点内容

（一）轰轰烈烈的故事，中外闻名的传奇

《水浒传》是一部以北宋末年的农民起义为主要故事的章回体英雄传奇白话小说。

《水浒传》通过描写梁山好汉反抗欺压、占山为王到投降朝廷后抗辽、镇压方腊起义，最终走向悲惨失败的宏大故事，满腔热情地歌颂了起义英雄的反抗斗争和他们的社会理想，也具体深刻地揭示了起义失败的内在历史原因。

《水浒传》问世后，在社会上产生了巨大的影响，成了后世中国小说创作的典范。很多小说、戏剧以《水浒传》中的故事为素材，另外，《水浒传》还被翻译成了多种文字，在国外享有盛誉。

（二）特点分析——长、难、繁

阅读前先利用阅读调查表进行问卷调查。

《水浒传》学生阅读调查问卷

班级_____   姓名_____

本调查不涉及任何评定,是借此了解班级学生关于《水浒传》的阅读情况,以更好地开展本学期《水浒传》主题阅读课程,请如实填写。

1. 你对《水浒传》的了解,属于以下哪种情况(可多选)   (   )

A. 看过电视剧   B. 阅读过青少版

C. 阅读过原著   D. 其他,如接触过评书、画册等

2. 你是否喜欢《水浒传》故事?   (   )

A. 喜欢   B. 不喜欢   C. 一般

3. 你阅读了《水浒传》原著哪些章回?

_____

4. 你对《水浒传》中哪个人物印象最深?为什么?

_____

5. 你对《水浒传》中哪个故事印象最深?_____(简写故事回目)

6.《水浒传》原著阅读,你有什么困难?期望老师提供什么帮助?

_____

_____

分析问卷,总结发现:

1. 字数多,容量大

《水浒传》的版本,主要有三种:一百二十回版本、一百回版本、七十回版本。《水浒传》一百二十回本《水浒全传》约96万字;《水浒传》一百回本约85万字;《水浒传》七十回本约56万字。

经历代学者考证,一百回本为最早定本;一百二十回本是在一百回本的基础上插增征田虎、征王庆的故事二十回凑成的,集齐了宋江集团招安后征辽、征田虎、征王庆、征方腊这"征四寇"的四大武功。至于七十回本,乃是金圣叹先生的杰作。他看出《水浒传》精华俱在前七十回,故拦腰一斩。

《水浒传》中的故事篇幅较长,篇幅最长的第二十四回"王婆贪贿说风情",计19000多字;最短的第九十五回、九十六回、一百〇七回等,也有4000多字。如果认认真真地看,每天两小时,也要看一个月左右。这样的阅读量对学生是巨大的

挑战。

2. 文白夹杂,诗歌和地方语言齐飞

不同于青少版,《水浒传》原著中有大量古诗词,还有很多文言词,学生一时读不明白。此外,《水浒传》中使用的江湖黑话很多,有些甚至是不太文明的话。针对这些情况,阅读者需有一定的诗词积累和语言天赋。这对学生来说,甚至是对教师来说都有点困难。

3. 人物繁多,故事妙趣横生又错综复杂

《水浒传》全书人物 600 个以上,除 108 条好汉外总共写了 76 个妇女形象,其中略微提及不做具体描写的有 29 人,在具体描写的 47 个形象中,包括 4 个英雄人物,18 个正面人物,22 个反面形象,3 个女将形象。还写了 13 个具有道术仙法的人物和 40 多个官僚形象。

《水浒传》108 条好汉,有近 50 种职业出身;有 77 种姓氏(李姓最多,有 7 人);籍贯涉及现今的 14 个省市;有 36 人因种种原因屈打官司,受冤狱之苦;有史进、林冲等 16 名梁山好汉在出场时报了岁数,这 16 人的平均年龄为 28 岁。

以上这些现象增加了《水浒传》故事的趣味性,同时也增加了故事的复杂性。

4. 打斗场面多,情节曲折,容易混淆

《水浒传》是一部全景式军事文学,全书写了 64 次战斗战役,前七十一回有 32 次,最大的战役中双方出动人马二三十万。书中写了梁山义军、朝廷官兵、辽国、方腊等 4 个作战帅部,写了 9 场法师斗法的情景,26 场间谍战。与此同时,《水浒传》还写了包括兵器和火器在内的 30 多种兵器。

5. 酒席多,酒文化内容丰富

梁山泊进行了 6 次排座次。梁山英雄终日与酒为伴,以痛饮为快,以满饮为荣。酒的描写在水浒中有特殊的地位,全书说到酒、醉酒、饮酒的有 112 回;正面展开醉态描写的有 27 回(包括微醉、半醉、沉醉、大醉、烂醉等),写了 64 家酒店,其在城镇酒店有 31 家,乡村野岭酒店有 33 家。

6. 景物描写众多复杂,内容丰富,千奇百怪

全书景物描写有 168 处,包括用墨较多的集中描写 12 处,分散性描写 64 处和运用诗词韵文的描写 92 处。

《水浒传》是写草莽英雄、绿林好汉的杰作。山林描写相当突出,全书写了野

猪林、赤松林、快活林等 22 座林子,写了少华山、五台山、桃花山等 46 座山岭。

《水浒传》还写了 90 多个市、镇、州、县和 20 多个乡村、地主庄园,描写了清风镇、北京和东京的 4 次元宵灯节,共有 56 回写到月亮。

此外,《水浒传》不仅反映了一个人间世界,也反映了一个与人有密切关系的动物世界。写到虎、马、龙、蛇等 44 种动物,具体描述的有 11 种。在梁山好汉的 108 个绰号中,有 34 个绰号用到了 17 种动物的名称。

(三) 怎么读

1. 建立良好的阅读打卡和小组合作机制——解决"多"的问题

表 10-1　阅读计划表

阅读内容	时间安排	完成情况
第＿＿回至第＿＿回	＿＿月＿＿日至＿＿月＿＿日	（　　　）
第＿＿回至第＿＿回	＿＿月＿＿日至＿＿月＿＿日	（　　　）
第＿＿回至第＿＿回	＿＿月＿＿日至＿＿月＿＿日	（　　　）
第＿＿回至第＿＿回	＿＿月＿＿日至＿＿月＿＿日	（　　　）
第＿＿回至第＿＿回	＿＿月＿＿日至＿＿月＿＿日	（　　　）
第＿＿回至第＿＿回	＿＿月＿＿日至＿＿月＿＿日	（　　　）
第＿＿回至第＿＿回	＿＿月＿＿日至＿＿月＿＿日	（　　　）
第＿＿回至第＿＿回	＿＿月＿＿日至＿＿月＿＿日	（　　　）
第＿＿回至第＿＿回	＿＿月＿＿日至＿＿月＿＿日	（　　　）
第＿＿回至第＿＿回	＿＿月＿＿日至＿＿月＿＿日	（　　　）
第＿＿回至第＿＿回	＿＿月＿＿日至＿＿月＿＿日	（　　　）
第＿＿回至第＿＿回	＿＿月＿＿日至＿＿月＿＿日	（　　　）
第＿＿回至第＿＿回	＿＿月＿＿日至＿＿月＿＿日	（　　　）
第＿＿回至第＿＿回	＿＿月＿＿日至＿＿月＿＿日	（　　　）
第＿＿回至第＿＿回	＿＿月＿＿日至＿＿月＿＿日	（　　　）
第＿＿回至第＿＿回	＿＿月＿＿日至＿＿月＿＿日	（　　　）

(续表10-1)

阅读内容	时间安排	完成情况
第____回至第____回	____月____日至____月____日	（　　　　）
第____回至第____回	____月____日至____月____日	（　　　　）
第____回至第____回	____月____日至____月____日	（　　　　）
第____回至第____回	____月____日至____月____日	（　　　　）
第____回至第____回	____月____日至____月____日	（　　　　）
第____回至第____回	____月____日至____月____日	（　　　　）
第____回至第____回	____月____日至____月____日	（　　　　）

2. 思维导图——解决"繁"的问题

第一种，内容重构思维导图。

把整个《水浒传》画成一幅复杂的社会人际关系交集图，标上序号（见图10-1）。可以让学生玩掷骰子说故事的游戏。

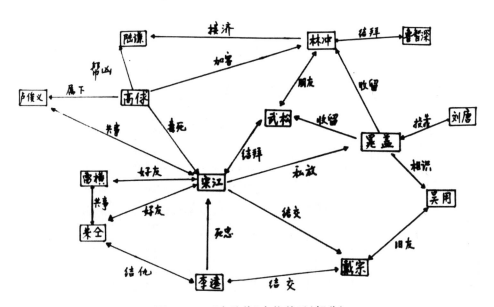

图10-1 《水浒传》人物关系（部分）

也可以用思维导图标示整本书的写作背景及写作特色(见图 10 - 2)。

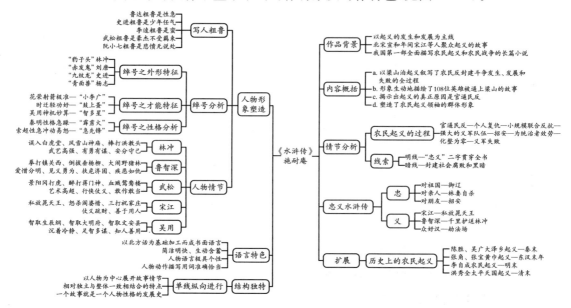

图 10 - 2 《水浒传》写作特色

第二种,对比细图。整理出主要人物的性格特点、故事情节(见图 10 - 3)。

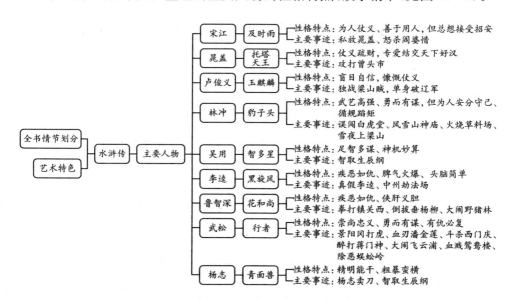

图 10 - 3 《水浒传》主要人物性格特点、故事情节

第三种,局部导图。比如:制作鲁智深个人成长路线及相关事件图(见图10-4)。

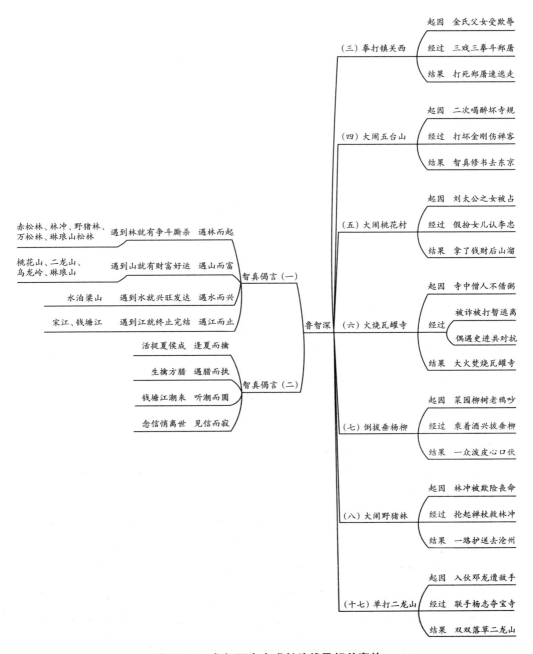

图 10-4　鲁智深个人成长路线及相关事件

第四种,单章思维导图。例如:重点篇目板书图。针对某个故事进行板书设计,如《鲁提辖拳打镇关西》这一经典课文就可以设计板书图(见图10-5)。

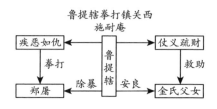

图10-5 "鲁提辖拳打镇关西"板书图

3. 趣味阅读——解决"难"的问题

趣题一:《水浒传》中宋江为何要接受招安,而不是推翻朝廷?

宋江领导的梁山好汉选择了接受招安的道路,最终致使起义失败,覆灭。这令读过《水浒传》的读者都扼腕叹息。那么如果宋江不选择接受招安的道路,而是坚决地与朝廷对抗,就会有好的结局吗? 当然不会。可以说,招安是梁山的唯一选择。为什么这么说呢?

众所周知,农民起义要达到改朝换代的目的,要具备最基本的外部和内部这两个条件。外部条件主要指社会阶级矛盾空前尖锐、民不聊生;内部条件主要指起义军自身实力过硬,并得到广大群众的支持。

宋江起义,是否具备这两个条件? 不具备。

首先,宋江起义所处的宋朝是中国历史上经济最繁荣、科技最发达、文化最昌盛和人民生活水平最富裕的朝代。

宋朝也是历代王朝对农民剥削最轻的王朝。由于剥削较轻,所以宋朝社会里农民阶级与地主阶级的矛盾远比其他朝代要缓和得多。

中国农民,只要不是被逼到"吃不饱饭",断然是不会造反的。毕竟,造反是要冒着掉脑袋的风险的。

其次,宋江集团到底有没有实力跟宋朝政府全面对抗呢? 当然没有。

宋江集团打祝家庄这样的村级组织,先后打了三次才勉强拿下,宋江为此还险些被俘。打大名府、打高唐州,以及打东平和东昌二府,梁山都是以巧取胜,胜得有些侥幸。若要跟宋朝政府全面对抗,梁山这点实力还不够。

何况,梁山不搞生产,不搞贸易,没有稳定的经济来源,生存物资全靠抢。军纪也令人难以恭维,拿下城池以后总少不了要杀人放火。这样的武装,老百姓会支持?

所以,宋江集团面前只剩下两条路,一是被镇压下去,二是接受招安。被血腥镇压,以惨剧收场,显然不是宋江愿意看到的结局。于是摆在梁山好汉面前的就只剩下接受招安一条路。

所以说,宋江还是有很敏锐的政治头脑的,他选择了当时唯一可行的道路。只不过造化弄人,梁山好汉的最终结局还是不好,这是千古的遗憾!

趣题二:林冲为何活得很"娘"?

林冲是《水浒传》里被逼上梁山的典型。按理讲,林冲具有过人的本领和胆识,完全不必活得"忍让",但为何林冲遇到事却总是一忍再忍呢?

首先,林冲是八十万禁军教头,有很高的社会地位。林冲曾花一千贯钱买过一把宝刀,按购买力推算,当时一千贯相当于现在的 30 多万人民币。林冲舍得花30 多万买一把刀,可见其家境之富裕,至少属于当时社会的中产阶层。

其次,林冲在首都(开封)有份体面的工作,还有房子、车子、娘子、保姆,这样的生活可能是现在很多人所向往的。很多人奋斗一生的所得也不过如此,而林冲30 多岁就拥有了。

如果不是高俅逼人太甚,以林冲这样的身份地位,除非脑子烧坏了,才会去落草为寇!

这也许就是"万人敌"的林教头在战场上无往不胜,但是在对待自己的问题时处处忍让的原因。

趣题三:《水浒传》中晁盖的奇怪遗言。

《水浒传》攻打曾头市一章中,晁盖身中毒箭,自觉性命不保。于是留下了一句耐人寻味的遗言——"若那个捉得射死我的,便叫他做梁山泊主。"这句话字面意思不难理解,谁捉住史文恭,谁就做梁山老大。

但按照常理,晁盖死后,应该是作为梁山第二把手的宋江接替寨主之位。为何晁盖不直接将位子传于宋江呢?其实是晁盖不想梁山以后走接受招安的道路,因而就不想将位子传给宋江。

这个遗言背后的逻辑是:武艺平平的宋江,根本不可能亲手捉拿史文恭,自然做不了寨主。晁盖的真正用意是要将位子传于林冲。

因为林冲不仅是梁山元老,而且曾以一己之力将晁盖扶上寨主之位。晁盖对林冲最为信任,出征要带着林冲,选定的梁山看家人自然也是林冲。林冲对晁盖也同样忠心耿耿。

林冲的官场经历和上梁山的曲折过程,决定了林冲是万万不会走接受招安路线的。

最为重要的是,林冲本领高强,在目前的梁山一干人中,捉住史文恭的可能性最大。

晁盖临死前这一把算盘打得不错,可是他忘记了宋江也不是省油的灯。宋江在二打曾头市时根本没安排林冲的"活计",自然林冲就没机会捉住史文恭,也没有机会成为寨主。后来,宋江又在吴用的帮助下,成功地"弄"来了可以拿住史文恭,并一定会让位于自己的"玉麒麟"。不得不说,和林冲相比,宋江更有两把"刷子"。

4. 对比阅读——激发学生探究的欲望

在读《水浒传》的时候,教师可以鼓励学生利用寒暑假时间,结合《水浒传》的电视连续剧(主要为 1998 年央视版和 2011 年新版)来读原著;同时布置作业,让他们找一找电视连续剧《水浒传》和原著的不同之处。

有的学生通过比较,就找到电视连续剧《水浒传》中将"鲁智深擒方腊"改成"武松单臂擒方腊"。

通过这种方式,同学们阅读原著的热情明显提高,同时,读原著的思路也更明晰了。

既然学生找出了不同,就可以进一步引导他们思考:电视连续剧为什么要改成"武松单臂擒方腊"?

学生们各抒己见,此时教师应该鼓励他们去查资料、班级讨论,最终给他们一个明确的答案:

首先,尽管现在通行的一百回本的《水浒传》里写的是"鲁智深擒方腊",但"武松单臂擒方腊"绝不是央视版电视连续剧《水浒传》的首创。

明崇祯甲申年春丁卯月初版的《通臂拳谱》就记载有"武松独手擒方腊"的武术套路,其第二套《饿虎爬山六把歌》口诀云:"饿虎爬山一捏喉,左擒右腕使压肘。武松独手擒方腊,还把银鱼钓金钩。"

　　成书于清代道光年间的曲本《涌金门》也有武松单臂擒方腊的情节,但比较粗略;另一曲本《武松单臂擒方腊》(又别名《平江南》《擒方腊》)成书比《涌金门》稍后,为《龙虎玉》剧目的后本,所写武松单臂擒方腊过程相对完整、精彩。关于这个曲本,鲁迅在《谈金圣叹》一文中有谈道:"所以《水浒传》纵然成了断尾巴蜻蜓,乡下人却还要看《武松独手擒方腊》这些戏。"

　　其次,《水浒传》原著写鲁智深经神人指点擒方腊,过程平淡,情节缺乏变化。相较之下,若以武松用断了一条臂膊的代价擒捉到方腊,悲壮的效果显而易见。所以,清末浙江萧山人蔡东藩作《历朝通俗演义》,其《宋史演义》就不按《水浒传》来写,而采用了冲击力较强的"武松单臂擒方腊"情节。

　　受此影响,田连元在自己的评书《水浒传》中,也对擒方腊过程做了修改。

　　把"武松单臂擒方腊"故事拍成影视作品,最早的应该是1975年香港邵氏电影《荡寇志》,该片在这个点上拍得非常出彩,也因此大获成功。所以,1998年央视版《水浒传》沿袭邵氏电影《荡寇志》的改编,并不奇怪。

　　特别值得一提的是,1998年央视版《水浒传》拍"武松单臂擒方腊",还匠心独运地串起了一个比较合理的伏线:众英雄在水泊捉到了林冲的死对头高俅,宋江为招安计,却坚持将他释放了。林冲气得一病不起,而等到众英雄受招安,终于吐血身亡。鲁智深是林冲最好的兄弟,他眼见林冲死了,万念俱灰,就在大相国寺修行不出。这样,擒捉方腊的任务就转到了武力跟鲁智深相当的武松头上。

　　这种安排,极大地照应了《水浒传》开头林冲与高俅结怨、与鲁智深结义的前因,故深入人心。

　　通过对比,学生们还找到了其他的不同之处:

　　例如,原著中放走晁盖、宋江的是朱仝,剧中却把功劳推给排名比他低、武功比他差、不良嗜好比他多的雷横。

　　原因是从"晁天王认义东溪村"到"宋公明私放晁天王",雷横的这个角色贯穿始终,使得情节连贯为一体,这样的处理符合连续剧创作的规律,在电视剧的整体思路中很合理。

　　电视剧中,林冲是被气死的,名著中林冲是病死的。原著明显更为合理。林冲确实和高俅有不共戴天之仇,可林教头心胸何至如此狭窄! 他恨高俅不假,但他绝不会因宋江释放高俅而变成那样。鲁智深也不可能因为这个就半路出家,撇下梁山兄弟不管。

电视剧中公孙胜的结局被改成不辞而别，也不是很合理！

陈桥驿挥泪斩小卒一节，原著中的小卒本属于项充的部队，电视剧中被改成了"三阮"的部队，而且有了姓名——何成，这样演绎可以突出所谓招安派和斗争派的矛盾。

至于征方腊损兵折将一出，小二、小五兄弟之死的设计显示了手足情谊，感人至深，而且很符合原著人物性格。其他诸如二娘舍命救武松等，虽不能考证是否合乎原著的人物行为，但比起让他们一个个奋勇战死，更有戏剧性。

5."说书"活动——每个学生都是好"演员"

《水浒传》的阅读，还应该采用形式多样的方法来引导。引导方法到位的话，学生阅读名著的数量和质量都会有大的提高。例如：学校可以利用宣传栏，班级墙报等加强宣传、班级定时定期开展《水浒传》读书报告会，这些对学生阅读名著都可以起到帮助。

小说作家创造了丰富多彩的艺术表现形式，直接为我们学习语言、学习写作提供了可借鉴的宝贵经验。阅读名著，有助于提高我们的文学鉴赏水平和语言表达能力。

就语言而言，《水浒传》是我国第一部成功的白话长篇小说，它标志着汉语白话文进入成熟阶段。但它对于学生的文言文学习，特别是形成文言文语感也有很大的帮助。学生在课外文言文考试中失分的一个很重要的原因就是读不懂，没有语言感觉。为此，笔者觉得在提高兴趣、掌握情节的基础上，非常有必要进一步引导学生对《水浒传》的语言进行赏析。

我们班就组织过学生争当"说书人"活动，让学生去欣赏《水浒传》的语言魅力。

古代说书人，他们可以将《水浒传》说得天花乱坠、让人爱听，原因在哪呢？他们有什么成功的地方值得借鉴呢？在活动中，我们可以利用服装、道具等古代说书人常用的物件，帮助学生增强说书意识。也可以将一些基本的说书口头语教给学生，增强现场感。还可以找学校借一些文娱队的服装——长袍马褂，自己动手做古代说书人的醒木，让班上有表演天赋的学生表演。配上诸如："各位看官，上回书我们说到……""说时迟，那时快……""二马一错蹬……""花开两朵，各表一枝""欲知后事如何,请听下回分解"等说书人语言后,学生们的参与热情定会空前高涨。

宋江在辞让梁山泊主之位时热情说道:"宋江身材黑矮,貌拙才疏;员外堂堂一表,凛凛一躯,有贵人之相。第二件,宋江出身小吏,犯罪在逃,感蒙众兄弟不弃,暂居尊位;员外出身豪杰之子,又无至恶之名,虽然有些凶险,累蒙天祐,以免此祸。第三件,宋江文不能安邦,武又不能附众,手无缚鸡之力,身无寸箭之功;员外力敌万人,通今博古,天下谁不望风而降。"

宋江的语言艺术在这个章节中表现得淋漓尽致。在课堂上,笔者背诵了这段话,同学们听后很佩服,笔者因势利导,鼓励他们多从《水浒传》中学习精练的语言,在"说书"活动中,尽量使用比较经典的原文对白,以增强自己的古文表达能力,不知不觉对文言文语言的感悟也可以上一个层次。现在,班上的同学在课后交流时,时不时会地冒出一两句文言语言。例如:课代表在统计谁是还没交作业的同学时,没交的同学会扯着嗓子高喊一句:"正是洒家!"引来同学们会心的笑声!

6. 规范"网名"活动——每个学生都是艺术家

QQ、微信作为网络时代的特殊产物,已经走进了千家万户并为大家所熟悉,尤其是现在的中学生。可是,仔细看看我们的中学生取的网名,要么没有特点,要么没有品位。

笔者在课堂上,引导学生了解水浒英雄们的绰号与他们各自外貌、名字、性格、经历的联系,利用对《水浒传》绰号的理解,让学生结合自身情况给自己起QQ、微信网名,来锤炼学生的造词能力。

为此笔者还专门开了一堂赏析课,分析了水浒人物绰号的由来,接着请学生们对照自己的特点,给自己起网名。

例如,宋江有四个绰号:"黑宋江""及时雨""呼保义""孝义黑三郎"。其中"呼保义"是什么意思呢? 原来"保义郎"是低级武官名,"呼保义"即"自呼保义",表示宋江的谦虚。"保"即保持,"义"即忠义,"呼"即别人都那样叫他。两种解释大体上表现了宋江对国家、朝廷和皇帝的态度。

经过这样的分析,学生们顿时就明白了。接着,笔者就在课堂上开展了给自己也起一个跟自己的名字、性格等特点有关的网名的活动。

一个叫孙权的同学给自己取了"东吴大帝"的网名,让人一看就明白。语文课代表叫宋叶,她给自己起网名叫"及时叶",套用了宋江的绰号,同时也表达了为同学们服务的意愿。

通过这个活动,学生们不仅加深了对《水浒传》人物绰号的理解,也给自己起好了网名,学生的学习热情空前高涨。

二、读出点方法

学生读《水浒传》,绝不能为读而读,一定要从长篇的古代章回体小说中,读到阅读和写作的意义,通过阅读《水浒传》,学会今后阅读和写作的方法,真正让自己的能力有所提高,这才是我们学习《水浒传》的真正意义。

（一）阅读的方法

1. 学会概括大意——通读:浏览、跳读,把握大意

《水浒传》篇幅比较长,通常老师布置的读法是给每章写梗概。为了培养同学们的概括能力,我让学生用三字形式重新概括自己写的梗概。

以下内容是学生对《水浒传》一百回本的整理:

第一回:张天师　祈瘟疫　洪太尉　放妖魔

第二回:王教头　走延安　九纹龙　闹村庄

第三回:史大郎　走华阴　鲁提辖　打恶霸

第四回:赵员外　修寺院　鲁智深　闹五台

第五回:小霸王　想结婚　花和尚　揍恶霸

第六回:九纹龙　想打劫　鲁智深　烧寺庙

第七回:花和尚　拔杨柳　豹子头　遭陷害

第八回:林教头　配沧州　鲁智深　打公差

第九回:柴官人　救林冲　林教头　打教头

第十回:林教头　敬山神　陆虞候　烧草料

第十一回:好朱贵　施号箭　林教头　上梁山

第十二回:林教头　上梁山　杨提辖　杀牛二

第十三回:急先锋　要争功　青面兽　斗北京

第十四回:赤发鬼　醉灵官　晁天王　认外甥

第十五回：吴学究　想打劫　公孙胜　出主意

第十六回：杨提辖　押金银　吴学究　劫宝贝

第十七回：花和尚　打二龙　青面兽　占宝寺

第十八回：美髯公　稳插翅　宋公明　放晁盖

第十九回：林教头　杀王伦　晁天王　做大王

第二十回：梁山泊　尊晁盖　郓城县　走刘唐

第二十一回：虔婆醉　打唐牛　宋三郎　杀婆惜

第二十二回：婆惜娘　闹郓城　朱全义　释宋江

第二十三回：柴旋风　留三郎　武二郎　打老虎

第二十四回：坏王婆　说风情　郓哥儿　闹茶肆

第二十六回：何九叔　藏骨殖　武都头　杀嫂子

第二十七回：母夜叉　卖人肉　武都头　遇张青

第二十八回：武二郎　镇安平　金眼彪　夺酒店

第二十九回：金眼彪　霸孟州　武二郎　打门神

第三十回：好施恩　入死囚　武二郎　飞云浦

第三十一回：鸳鸯楼　宰都监　武行者　走蜈蚣

第三十二回：武行者　打孔亮　锦毛虎　释宋江

第三十三回：黑三郎　看鳌山　花知府　闹清风

第三十四回：镇三山　闹青州　霹雳火　走瓦砾

第三十五回：石将军　送书信　小李广　射大雁

第三十六回：吴学究　举戴宗　宋三郎　逢李俊

第三十七回：没遮拦　追宋江　船火儿　闹浔阳

第三十八回：及时雨　会太保　黑旋风　斗白跳

第三十九回：浔阳楼　吟反诗　梁山泊　传假信

第四十回：梁山泊　劫法场　白龙庙　小聚义

第四十一回：宋公明　取无为　张白跳　捉文炳

第四十二回：还道村　受天书　宋公明　遇玄女

第四十三回：真李鬼　劫李逵　黑旋风　杀四虎

第四十四回：锦豹子　逢戴宗　病关索　遇石秀

第四十五回：病关索　骂巧云　石三郎　杀和尚

第四十六回：病关索　闹翠屏　拼命三　烧祝店

第四十七回：扑天雕　修书信　宋公明　一打庄

第四十八回：一丈青　捉矮虎　宋公明　二打庄

第四十九回：解兄弟　双越狱　孙兄弟　大劫牢

第五十回：吴学究　连环计　宋公明　三打庄

第五十一回：插翅虎　打秀英　美髯公　失衙内

第五十二回：黑旋风　杀天锡　柴官人　陷高唐

第五十三回：戴院长　取公孙　李黑牛　劈真人

第五十四回：入云龙　斗高廉　黑旋风　救柴进

第五十五回：高太尉　兴三兵　呼延灼　摆连环

第五十六回：鼓上蚤　盗盔甲　汤铁匠　赚徐宁

第五十七回：金枪手　教钩镰　宋公明　破连环

第五十八回：三座山　打青州　众虎将　归水泊

第五十九回：吴学究　赚吊挂　宋公明　闹华山

第六十回：公孙胜　降芒砀　晁天王　中箭亡

第六十一回：吴学究　赚麒麟　张白跳　战金沙

第六十二回：放冷箭　救主人　劫法场　跳酒楼

第六十三回：宋公明　打北京　关大刀　取水泊

第六十四回：呼延灼　赚关胜　宋公明　擒索超

第六十五回：托天王　梦显圣　张白跳　报冤气

第六十六回：鼓上蚤　烧翠云　吴学究　取大名

第六十七回：宋公明　赏三军　关大刀　降二将

第六十八回：宋公明　打曾头　卢俊义　捉文恭

第六十九回：东平府　陷史进　宋公明　释双枪

第七十回：没羽箭　打英雄　宋公明　擒壮士

第七十一回：忠义堂　受天文　梁山泊　排座次

第七十二回：柴官人　入禁苑　李黑牛　闹东京

第七十三回：黑旋风　乔捉鬼　梁山泊　双献头

第七十四回:燕浪子　扑天柱　李黑牛　坐衙门

第七十五回:活阎罗　偷御酒　黑旋风　扯皇诏

第七十六回:吴加亮　布怪旗　宋公明　排八卦

第七十七回:梁山泊　巧埋伏　宋公明　赢童贯

第七十八回:十节度　议山泊　宋公明　一败俅

第七十九回:赤发鬼　烧战船　宋公明　二败俅

第八十回:张白跳　凿海鳅　宋公明　三败俅

第八十一回:燕浪子　遇道君　戴院长　出乐和

第八十二回:梁山泊　大买市　宋公明　受招安

第八十三回:宋公明　破大辽　陈桥驿　斩小卒

第八十四回:宋公明　打蓟州　卢俊义　战玉田

第八十五回:宋公明　夜渡关　吴学究　取文安

第八十六回:宋公明　战独鹿　卢俊义　陷石峪

第八十七回:宋公明　战幽州　呼延灼　擒番将

第八十八回:颜统军　列混天　宋公明　授兵法

第八十九回:宋公明　破敌阵　宿太尉　颁圣诏

第九十回:五台山　宋参禅　双林渡　燕射雁

第九十一回:张白跳　伏金山　宋公明　取润州

第九十二回:卢俊义　兵宣州　宋公明　战毗陵

第九十三回:混江龙　小结义　宋公明　战苏州

第九十四回:宁海军　吊弟丧　涌金门　顺归神

第九十五回:张白跳　捉天定　宋公明　取宁海

第九十六回:卢俊义　歙州道　宋公明　乌龙岭

第九十七回:睦州城　射元觉　乌龙岭　神相助

第九十八回:卢俊义　战昱岭　宋公明　取清溪

第九十九回:鲁智深　终坐化　宋公明　纵还乡

第一百回:宋公明　聚蓼儿　徽宗帝　游水泊

学生对《水浒传》章节的重新概括,不仅简化了内容,便于理清《水浒传》的情节,而且在概括的过程中,提升了自己概括的能力。

概括能力,在现代文阅读中,是非常基本也是颇为重要的一项能力。在阅读中培养阅读能力,也是真正符合学生认知的一种方法。

2. 学会品鉴人物——细读:聚焦、比对,找寻特点

现在的学生普遍阅读理解能力不是很强。《水浒传》中有名的人物众多,作者在写作时注重表现他们身上的不同之处,人物性格上虽有类似的地方,但是绝不雷同。如何引导学生,让他们读出相类似的人物性格的不同点,读出人物之间的细微差别,对于学生提高阅读能力意义重大。

在施耐庵笔下,李逵、鲁智深都有鲁莽的特点,但是他们俩的鲁莽却有着细微的区别。可以引导学生从以下几个方面去细读、品味他们的不同。

(1) 外貌的不同

原著中的李逵外貌:"黑熊般一身粗肉,铁牛似遍体顽皮,交加一字赤黄眉,双眼赤丝乱系。怒发浑如铁刷,狰狞好似猱狲。天蓬恶煞下云梯。"

原著中的鲁智深外貌:"头裹芝麻罗万字顶头巾,脑后两个太原府纽丝金环,上穿一领鹦哥绿丝战袍,腰系一条文武双股鸦青绦,足穿一双鹰爪皮四缝干黄靴,生得面圆耳大,鼻直口方,腮边一部貉胡须。身长八尺,腰阔十围。"

通过对比,学生发现:虽都是粗人形象,但鲁智深穿着打扮明显比李逵的形象要高一个层次,更有英雄气。

(2) 两人在打架上的不同

鲁智深是军官出身,阅历较深,富有正义感,痛恨社会的不平,他虽然性格急躁,行动莽撞,但在斗争中有时又细心机智。

拳打镇关西,没想到三拳把他打死了,他立刻想到要为此吃官司坐牢,自己单身一人无人送饭,于是假装气愤,指着郑屠户道:"你诈死,洒家和你慢慢理会。"一头骂,一头大踏步去了。这样便脱身了。

在大相国寺菜园子里,几个泼皮要算计他,故意跪在粪窖边不起来,引起他的疑心。谁料他走到跟前没等泼皮上身,一脚一个把两个为头的踢到粪坑里去了。

这些都说明他是个粗中有细的人。

李逵则和鲁智深大不相同,他憨直、刚强、粗心、大胆,极忠于梁山事业,反抗性最强,打起仗来,赤膊上阵,勇猛无比。他是个真正的粗人,一味蛮干,不计后果,又有几分天真,好管闲事,常常惹出事端。

在江州因夺鱼和张顺厮打,被张顺骗到水里,淹得他两眼发白;去蓟州搬取公孙胜,路上偷吃酒肉,受到戴宗的惩治;斧劈罗真人,被真人罚到蓟州大牢里受苦;打死殷天锡,连累柴进坐牢,差点送了性命。

两个人打架方式的不同,也决定了两人打架的质量和后果,往往是鲁智深占尽了便宜,李逵却吃尽了苦头。

(3) 两人都杀人但目的不同

李逵,长相黝黑粗鲁,小名铁牛,江湖人称"黑旋风",排梁山英雄第二十二位,是梁山步军第五位头领。李逵打仗,一双板斧,逢人便杀,勇猛无比,不计后果。

李逵是单纯的"爱杀人",凶恶残暴,毫无心肝,将杀人作为狂欢。

李逵星号是"天杀星",近乎变态地喜欢杀戮,动辄就如切瓜砍菜一般地砍过去。江州法场上的围观百姓他杀,粉雕玉琢、玉雪可爱的三岁娃娃他杀,已经投降成为自己人的扈三娘全家他杀,就连老神仙罗真人他也想杀! 李逵杀人,不求功劳,只求杀得快活。他在风乔杀了狄太公的女儿和便宜女婿后,只因刚刚酒肉吃得太饱,想消消积食,就拎过来两具尸首,剁饺子馅儿似的一阵乱剁……

而鲁智深看似鲁莽,其实却是菩萨心肠,就连打死欺男霸女的郑屠户也不是他的本意。鲁智深杀人是因为打仗,为了取得胜利而杀人。

打死郑屠户后,鲁达出逃,虽然亡命江湖,却压根没认为打死人命这事儿没啥大不了。遇到金翠莲的新丈夫赵员外后,听闻赵员外愿意收留,鲁智深便不无忏悔地说道:"……又犯了该死的罪过,若蒙员外不弃贫贱,结为相识,但有用洒家处,便与你去!"

而等到衙门查访到赵员外处,赵员外建议让他在五台山出家,鲁智深再一次自认"洒家是个该死的人,但得一处安身便了,做什么不肯",屡认该死,说明打死郑屠户这样的恶人,鲁智深也是心有忏悔。

通过对比阅读,学生们对《水浒传》的理解能力更强了,这样的能力同样可以用在现代文阅读中。

(4) 两人被逼上梁山的原因不同

鲁智深是因为失手打死镇关西,不得已出家当和尚,而后在二龙山当了头领落草为寇,随后和杨志、武松等人一同归顺梁山。

李逵却是因为仰慕宋江英名,因宋江和戴宗要被杀头而劫法场,随后和宋江、戴宗一起上了梁山落草为寇。

从这里看来鲁智深落草为寇的最初目的是为了躲避,而李逵落草的最初目的却是义气。

这点细微的区别,学生通过对比分析就能发现,也有助于提高他们的阅读能力。

(5) 二人在处事上的不同

鲁智深比李逵要明理,李逵则显得有些愚笨和痴呆。同样是忠义的好汉,鲁智深面对众兄弟说的话,凡是对的都言听计从,而李逵却只听宋江一个人的,就算宋江的命令和做法是错的,李逵也要支持、履行到底。

通过对比,学生们发现,鲁智深可以说是有脑子的人,而李逵则是"没头脑"。

(6) 在对待未来人生态度上不同

鲁智深对于很多事情能够看得开,宋江打败方腊之后,梁山好汉中很多人都得以加官晋爵,而鲁智深却断然拒绝了与宋江回京封官和在名山大庙中做住持的建议。只在六和寺中度过余生。李逵就不一样了,面对宋江让他一同赴死的要求,李逵没有拒绝,反而接受,与宋江一起饮毒而亡。

在对待人生的态度上,不难看出鲁智深和李逵性格还是有很多不同之处。一个聪明淡泊,一个坦然爽气!

(7) 两人结局不同

鲁智深和李逵最后的结局截然不同,鲁智深的结局给人一种释然的感觉,而李逵的结局留给我们的却是惋惜和不解。鲁智深在六和寺出家,修成正果;而李逵的结局是,当宋江饮下御赐毒酒,想到李逵将来肯定会为此造反,坏了自己的忠义之名,便骗李逵也喝了毒酒。李逵知道实情后垂泪道:"罢了!生时服侍哥哥,死了也做哥哥部下的一个'小鬼'。"遂毒发身亡。后与宋江合葬于蓼儿洼,二人阴魂相聚。由此可见李逵的愚忠和单纯。

小说最后两人截然不同的结局,更使两个人物的形象得到了升华。

引领同学们对比李逵和鲁智深的不同,可以培养学生认真阅读文章的能力,对于学生阅读现代文能力的提升,也有一定帮助。

3. 写作的方法

(1) 用写景来推动情节发展

例如《林教头风雪山神庙》中对风雪的描写。

作者是怎样借助景物描写即风雪描写来推动故事情节和塑造人物形象的呢？

这一章节中直接描写风雪的不下 10 处，间接描写风雪的还有好几处。

林冲自来天王堂取了包裹，带了尖刀，拿了条花枪，与差拨一同辞了管营，两个取路投草料场来。正是严冬天气，彤云密布，朔风渐起，却早纷纷扬扬卷下一天大雪来。那雪早下得密了。怎见得好雪？有《临江仙》词为证：作阵成团空里下，这回忒杀堪怜。剡溪冻住子猷船。玉龙鳞甲舞，江海尽平填。宇宙楼台都压倒，长空飘絮飞绵。三千世界玉相连，冰交河北岸，冻了十馀年。

林冲来到了大军草料场，早把前几天怀疑陆谦已到沧州之事置诸脑后，眼看草料场处于风雪飘摇之中，还打算等天晴到城里请个泥水匠修补修补。

只说林冲就床上放了包裹被卧，就坐下生些焰火起来。屋边有一堆柴炭，拿几块来生在地炉里。仰面看那草屋时，四下里崩坏了，又被朔风吹撼，摇振得动。

因风大雪猛，林冲就必须拿着老军送的酒壶按照老军指引的路线去打酒，临走前把余火灭掉，"雪地里踏着碎琼乱玉，迤逦背着北风而行。那雪正下得紧"。

打酒途遇山神庙，当林冲打酒返回时，由于风大雪猛，草料场已经垮塌，他只好到山神庙暂避风雪。风雪越来越大，林冲来到山神庙后必须用大石将门顶住。当林冲得知自己结局怎么也逃脱不了死时，性格只得由柔弱转为刚强，由委曲求全、逆来顺受转为铤而走险杀死仇敌投奔梁山。

那雪越下的猛。但见：凛凛严凝雾气昏，空中祥瑞降纷纷。须史四野难分路，顷刻千山不见痕。银世界，玉乾坤，望中隐隐接昆仑。若还下到三更后，仿佛填平玉帝门。

不是风大雪猛，林冲就不会去打酒，就不会发现山神庙；不是风大雪猛，草料场就不会倒塌，林冲就不会到山神庙躲避风雪，并用大石顶好山门；不是风大雪猛，陆谦等人放火后就不会到山神庙躲避风雪，林冲也就听不到隔墙戏，就不会实现性格的陡转，杀死仇敌投奔梁山。

这一章运用风雪景物描写来推动故事情节，塑造人物形象，是十分成功的。

同学们要善于在自己的作文中运用这种方法。用写景来推动情节的发展，让自己的作文也能跌宕起伏。同时，写景也能美化作文的语言，增强作文的艺术效果。

（2）用诗词来点缀文章

《水浒传》里面的诗词和对联形式的回目，以七律居多，兼有极少五言诗，形式多样，内容十分庞杂。

初中生写作文，如果能适当运用诗词来点缀文章，可起到很好的艺术效果。

① 塑造人物形象。《水浒传》中的诗词刻画了许多个性鲜明的人物形象。

例如写宋江，第三十九回宋江上梁山前，作者为他安排了一首《西江月》和一首七绝：

自幼曾攻经史，长成亦有权谋。恰如猛虎卧荒丘，潜伏爪牙忍受。不幸文刺双颊，那堪配在江州。他年若得报冤仇，血染浔阳江口。

心在山东身在吴，飘蓬江海谩嗟吁。他时若遂凌云志，敢笑黄巢不丈夫。

《西江月》以权谋为词眼。上阕自述才干，明言忍受，等待时机；下阕发泄不平，抒发胸怀，立志复仇。七绝诗表明宋江的心迹，以"笑黄巢"显示志向，展现出的是涤荡天下不平之事，创万世基业的"凌云志"。

经过诗歌的点缀，宋江的人物形象更丰满了，《水浒传》的文学味道也更浓厚了。同学们要学会在自己的作文中运用诗歌来塑造人物形象。这样，作文也能更有文学内涵，塑造的人物也可以更丰满，更具体可感！

② 营造环境氛围。《水浒传》的诗词里有一大部分诗歌为写景诗，用以描绘自然环境和社会环境，同时还具有暗示人物命运，烘托主题的效果。

如第二十二回，写宋江兄弟逃离宋家村，插诗一首：

柄柄芰荷枯，叶叶梧桐坠。蛩吟腐草中，雁落平沙地。

细雨湿枫林，霜重寒天气。不是路行人，怎谙秋滋味。

这首五律，通过对"荷枯叶坠"的自然景象的描写，渲染了深秋凌晨那种肃杀凄凉的气氛，同时借助禽鸟草虫归宿有处来反衬两人归家无门。作者用委婉含蓄的笔调，以景衬人、借景展示宋氏兄弟命运的危急，以此来感动读者，使读者为主人公的前途担忧，产生共鸣。

同学们可以在作文中，适当增加描写环境的内容。作文有了诗词点缀，环境氛围会更加浓厚，更有文学的味道；文学效果会更加明显，更容易打动读者，引起读者的共鸣。

三、名著是精神，读出点灵魂

《水浒传》是一部以描写古代农民起义为题材的长篇小说。它形象地描绘了农民起义从发生、发展直至失败的全过程，深刻揭示了起义的社会根源，满腔热情地歌颂了起义英雄的反抗精神和他们的社会理想，也具体地揭示了起义失败的内在历史原因。

读完《水浒传》，教师可以要求学生给书中的人物写信，让学生分别与文中人物对话，与时代融合，与名言相伴，引导学生深入了解人物的精神世界，进而领悟作品的精神内涵。

（一）与人物对话

读完《水浒传》，丹阳市华南实验学校八（五）班吴宇铮同学，对一丈青扈三娘颇感兴趣，同为女性，她在文章中写道：

将士骑兵驾于骒马，浪潮一样涌来。马蹄踏平滚滚尘埃，骏马上拖着的红纱在烟雾里一闪而过。为中的女将自是英姿飒爽，雾鬓云鬟，黄金坚甲，眉宇之间是傲然，那一把日月刀在火光中闪着光，一派巾帼之气和浓烟一起扑来。

……

我眼看尘埃落定，只是惊叹，此时身处这一男尊女卑的时代，竟有女将驰骋。

只道女子不如男，却毫不记得"巾帼不让须眉"一句。

战鼓擂起。

她在火光下轻舞了双刀，引得一片刀枪棍棒的撕咬。

鲜衣怒马的女侠又闯入白杨之间，寻她梦里的不朽尽欢。

吴同学的文字，字里行间透露着对扈三娘命运不公的不平。《水浒传》中的扈三娘漂亮英勇，是一位英武善战的将才。

即使这样战功赫赫，扈三娘的待遇还是不高，这不公平。排座次的时候她居地煞第二十三位，整体排名五十九位，她那个不中用的丈夫，在她前边第五十八位。她阵前活捉的两位将军：郝思文，第四十一位，在她前面十八位；彭玘，第四十三位，也高她十六位。我们可以说是梁山对扈三娘的不公平，换句话说，作者对扈三娘不公平。

扈三娘的结局也很悲惨，她最终死于江南。她在遇到做妖法的郑魔君后，被郑魔君的镀金铜砖砸在面门上，倒下马死去。这里我们说她死得不值，原因在于在战死的五十九位梁山好汉中，其他人都是正常的战争死亡，唯有他们夫妻两人是这样一种结局。

所以说不管《水浒传》将扈三娘写得如何英雄了得，用了如何的浓墨重彩，她作为一个人物形象，作为一个艺术形象仍是单薄的，没有性格可言的，只是一个概念、一个符号，连她的死都写得如此潦草。从这里我们是不是可以看出作者对女性的一种态度？在那个男尊女卑的时代，女人只能是男人的附属品，即使是貌美如花、英勇善战、功勋卓著的一丈青，也概莫能免！

（二）与时代融合

丹阳市华南实验中学八（六）班欧阳自远同学在作文中写道：

时代啊，蓦然回首，灯火阑珊处，我似乎又见到了那金戈铁马、风雨飘摇的你……

他们叫你"宣和"。北宋后期皇帝昏庸无能，奸臣当道，政治腐败，外敌环伺，又遇天灾。人民生活在水深火热之中，被逼到绝境，不得不反。这时，宋江等三十六人组织发动了一场惊天动地的农民起义。

……

转首，我目视前方，看到了被叫作中华人民共和国的你。在这中华人民共和国七十华诞之际，你站在这里，是那么伟岸而又强大！人人都在赞美你的泰和安平、繁荣昌盛。现在的你，是处于战乱纷争时的人民梦中的追求。

时代啊时代，不一样的你，书写了不一样的风景……

自远同学能将北宋末年的时代和现在我们生活的时代结合起来，并发自内心感慨：很庆幸，我降生在一个名字叫"中国"的母亲的怀里。

乱世不仅是时代的悲哀，更是中国人的悲哀。盛世不仅是中国人民的幸福，更是世界人民的幸福。愿我们的祖国不断繁荣强大，人民永远生活幸福。终有一天，这个世界将不再有纷争，人人和平共处，共享美好家园！

（三）与名言相伴

一部名著中，一定有很多耳熟能详的名言警句可以作为学生的座右铭。读完《水浒传》后，笔者发动学生去找《水浒传》里适合他们学习、做人的名言。学生找到了很多，整理如下：

替天行道。

吃饭防噎,走路防跌。

有缘千里来相会,无缘对面不相逢。

急来抱佛脚,闲时不烧香。

惺惺惜惺惺,好汉惜好汉。

水来土掩,兵到将迎。

人无千日好,花无百日红。

有眼不识泰山。

送君千里,终须一别。

远亲不如近邻。

杀人须见血,救人须救彻。

若路见不平,真乃拔刀相助。

蛇无头而不行,鸟无翅而不飞。

有眼不识泰山。

踏破铁鞋无觅处,得来全不费功夫。

四海之内,皆兄弟也。

锦上添花,旱苗得雨。

课堂上,笔者带领学生对这些收集的名言警句进行分类,并选择可以作为自己座右铭的一句,说明理由。

学生们比较倾向于以下几句:

吃饭防噎,走路防跌。(理由:人要有居安思危的意识)

水来土掩,兵到将迎。(理由:学习不要怕困难,要有点乐观意识)

远亲不如近邻。(理由:同桌是缘分,要互相帮助)

四海之内,皆兄弟也。(理由:团结就是力量)

讨论之后,笔者引导学生把积极健康的名言警句写成自己的座右铭,张贴在桌面上。这样做,有助于引导他们建立正确向上的班风、学风。学生们都陡然有了一种"英雄气",有了中华民族本该有的团结互助、友爱互谅的传统美德。

《水浒传》不仅是民族的文化传承,更是世界人民的精神食粮。希望我们的学生爱上读《水浒传》,并通过读《水浒传》,增长知识,丰富阅历,传承文明!

讲"儒林"故事　品百味人生

——《儒林外史》整本书阅读指导

　　《儒林外史》是一部优秀的古代讽刺小说。它被安排在部编教材初中语文九年级下册第三单元的名著导读部分。这一部分的主题是"讽刺作品的阅读"。由于这部作品人物众多、事件繁杂、文字量较大,学生普遍反映这本"大部头"读起来"很吃力"。面对这样的情况,我们可以从以下三个方面入手。

一、名著里有故事　读出点内容

（一）总览全书,把握概况

　　《儒林外史》由清代吴敬梓所作。吴敬梓出身于安徽全椒一个名门望族,但到了他生活的雍正、乾隆时期,其家道已逐渐衰落。正是家道中落、陷入困顿的境况让吴敬梓窥透了世间的残酷与冷漠。在贫困潦倒的日子里,他将自己的才思、情感以及对社会的深沉思考,倾注在《儒林外史》的创作之中。

　　《儒林外史》全书共五十六回,没有贯穿始终的中心人物和主要情节,而是由许多个生动的故事串联起来。虽全书没有一个主干情节,但却有鲜明的主题贯穿始终,那就是反对封建科举制度与封建礼教,揭露封建科举制度下虚伪、黑暗的社会风气。这一主题,在当时具有非常大的现实意义。加上它那形象准确、凝练晓畅的白话语言,丰富各异的人物形象,以及含而不露的讽刺手法,在艺术上获得了巨大的成功。《儒林外史》的成功不仅直接影响了近代讽刺小说,更是对现代讽刺文学产生了深刻的启发。

　　但由于时代原因,作者虽然表达了对虚伪、腐败现实的抨击,但却看不到改变士林和社会现状的希望之所在,这是有其局限性的。

（二）鲜明的艺术特色

1. 人物众多,形象各异

　　书中的人物熙来攘往,这些人物或唯利是图,自甘堕落;或貌似君子,内心卑污;或故弄玄虚,欺世盗名;或倚仗权势,贪赃枉法;或自命清高,实则鄙陋;或终老科场,迂腐可悲……他们全无读"圣贤书"的儒生应有的学识与品格,而是为功名利禄所裹挟,丑态毕露。这其中有腐儒的典型周进、范进,贪官污吏的代表汤奉、王惠,八股迷马静、鲁编修,等等。通过描绘这幅士林群像图,作者揭露了封建科举制度对读书人的残害,也借此表明了自己对功名利禄的否定态度。作者还通过对个别不慕荣利、恪守道德、富有个性的贤人奇士的刻画,寄寓了自己对理想社会的追求。

2. 深刻的主旨

《儒林外史》是一部借助讽刺手法展现社会风貌和读书人命运的小说。小说生动地刻画了在封建科举制度下,读书人热衷功名并为之痴迷的状态。作者从揭露科举制度以及受制度影响而面目丑陋的读书人入手,讽刺了当世之人的虚伪卑劣,以及整个封建礼教的腐朽和民众灵魂的堕落。《儒林外史》有力地抨击了封建社会,发出了读书人对人性丑恶、社会黑暗的批判。

3. 多重艺术手法结合

鲁迅先生认为,《儒林外史》"虽云长篇,颇同短制"。的确,《儒林外史》中人物众多,情节繁杂,但人物和情节往往是前后联系、互相映衬的。所以,呈现出的是一种散而不乱的艺术结构。在描写人物时,作者又多用讽刺手法,结合夸张、细节描写、语言描写等手法,含蓄而又委婉地对不同人物进行了不同程度的讽刺,表达了对封建科举制度的批判。可以说,《儒林外史》为中国古典讽刺小说打下了坚实的基础,在某种程度上为讽刺小说的发展指明了方向。

(三) 怎么读

在阅读前通过问卷调查的形式对学生的阅读情况进行了解,可以更好地进行阅读指导。调查问卷如下:

《儒林外史》阅读情况调查问卷

班级_____　　　姓名_____

本调查不涉及任何评定,仅以此了解你的《儒林外史》阅读情况,以便更好地开展本学期《儒林外史》主题阅读课程,请如实填写。

1. 在本学期开始《儒林外史》主题阅读课程前,你了解《儒林外史》吗? 你是通过以下哪种途径了解的(可多选)　　　　　　　　　　　　　　(　　　)

A. 不了解   B. 阅读青少版

C. 阅读原著   D. 其他

2. 你最喜欢或最不喜欢《儒林外史》中哪个人物？为什么？

_____

3.《儒林外史》中哪个故事给你留下了深刻的印象？（简要概括）

_____

_____

4. 如果要向同学推荐一部名著，你会推荐《儒林外史》吗？如果不推荐，原因是什么？

_____

通过问卷调查，我们有了以下几点发现：

第一，流行度不广。

正如胡适先生所说："这部书是一种讽刺小说，颇带一点写实主义的技术，既没有神怪的话，又很少英雄儿女的话；况且书里的人物又都是'儒林'中人，谈什么'举业''选政'，都不是普通一般人能了解的。因此，第一流小说之中，《儒林外史》的流行最不广。"这一说法在调查结果中也得到印证，在学生中，与《西游记》《水浒传》等相比，《儒林外史》的知名度确实不高。

第二，人物多，容量大。

《儒林外史》全书共五十六回，约 33 万字。在升学压力巨大以及时间不宽裕的情况下，学生想要在短时间内"啃"完这个大部头，确实是一个不小的挑战。

《儒林外史》这本书，大致描写了 200 个人物，其中主要人物有数十个，这些人物没有贯穿全书，随着后一个人物的登场，前一个人物就渐渐退场，因此，看了后面容易忘了前面。

第三，文白夹杂，时代印记浓厚。

《儒林外史》的语言简洁准确，形象生动。但由于年代久远，书中不少词语需要借助书下注释才能够理解其含义。所以，学生原本连贯的阅读常常因此被打断，缺少了流畅的阅读体验，学生自然更难以亲近《儒林外史》。

针对上述情况，结合《儒林外史》自身特点，我们将以"故事会"的形式帮助学生更好地走进"儒林"，体悟百态人生，感受讽刺小说的艺术魅力。

1. 借助"故事会"，走进人物，亲近名著

《儒林外史》虽是一部长篇小说，但"颇同短制"，每个人物有相对独立的章节。所以，在指导学生通过"故事会"的形式走进人物、亲近名著时，对学生所选择的人物不做主次、出场先后的要求，而是全凭他们对人物的好恶。这种根据学生自身的情况选择性跳读的阅读形式，不限制学生的阅读，更利于学生亲近名著。

在"故事会"开展之前，学生通读整本书并选定主讲人物，熟读与之相关情节。把握情节后，组织语言，讲述人物的故事。要求讲述既要包含主要情节，又要能抓住细节；不仅要能完整讲述，声情并茂配合动作更优。在讲述中如出现错漏，其他学生可以补充、完善。一次"故事会"可以由四五个学生展示。这种讲故事的形式，不仅促使学生认真精读其中某些人物，也让他们在其他学生分享的故事中对人物、情节有大致了解。

讲故事环节结束后，由全班学生一起评选最佳故事讲述人。这样能激励学生继续深入阅读《儒林外史》。

以下是学生"故事会"的讲稿：

各位同学，大家好。

今天，我要为大家讲的是周进的故事。

周进到 60 多岁时，还是个童生，没有其他谋生手段，只好以教书糊口。有一年他在山东兖州薛家集的村子做官，将就混了一年。在这一年里，周进遭到了新进秀才梅玖与王举人的奚落，又因不会逢迎推荐他的夏总甲，结果被众人给辞了。失了官，他的生活陷入了困境。

他的姐丈金有余和几个朋友做生意，少一个账房先生，就带着周进去谋个营生。周进听说有人要修葺贡院，想进去看看，结果，走到贡院门口却被看门的人一顿大鞭子给打了出来。周进挨了打，可他却不死心。跟金有余说他想去贡院看看。在金有余花了点小钱后，周进和客人们一同进了贡院。

周进一进到号里，见两块号板摆得整整齐齐，不觉悲从中来，一头撞在号板上，直僵僵地不省人事了。众人慌了神，连忙施救。救过来后，周进又爬起来扶着号板，一个号一个号地大哭，直到口里吐出鲜血。金有余告诉众人，周进苦读半生，却连乡试的场都没上过。众人同情他，决定出点银子帮周进捐个监生让他能够进场考试。刚好宗师来录遗，周进就录了个贡监的首卷。

待到了乡试,周进进入考场,发觉是自己哭过的号,欣喜至极,结果真中了举。上京会试,又中了进士,直至皇帝直接委任他为广东学道。后来,周进在考场上遇到了年过半百却还是童生的范进,心生同情,翻看范进的文章直到第三遍,发现范进的文章非同凡响,就点了范进头名。

这位学生在讲故事的时候,不仅情节完整,还注意了语音语调。在讲故事的同时,他还模仿了周进撞号板的动作,以及悲痛欲绝的神情,这让同学们在听故事的时候能够深入情境,在脑海中形成对故事情节更深刻的印象。

2. 借助思维导图,把握人物、情节,体悟情感倾向

为了帮助学生更好地把握整本书的主要内容以及作者倾注在作品中的情感与理想,阅读之初,教师可以对学生提出绘制思维导图的要求,师生共同阅读,讨论交流,一起绘制思维导图。

第一种,以人物为中心,其主要事件为分支制作思维导图。这类思维导图有助于学生更好地概括人物形象,梳理人物之间的关系,把握作者的情感倾向。以凤四老爹为例,如图 11 - 1 所示。

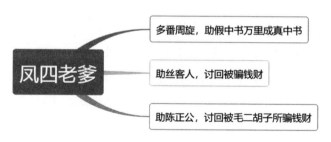

图 11 - 1　凤四老爹主要事件

第二种,以人物为中心,与其有关人物为分支制作思维导图。这类导图有助于学生更好地将故事情节前后联系。以范进为例,如图 11 - 2 所示。

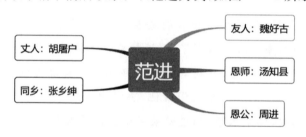

图 11 - 2　范进人物关系

二、名著里有技巧 读出点方法

(一) 阅读名著助力提升阅读能力

1. 学会快速通读

通读整本书,能让读者快速了解每一回的主要内容,以及章回与章回之间的相互联系,有助于读者在脑海里留下一个大体印象。特别是像《儒林外史》这样的"大部头"作品。在通读时,我们可以根据内容大致做出以下安排:

表 11 - 1 阅读计划表

第一周	快速阅读第一至二十回
第二周	快速阅读第二十一至四十回
第三周	快速阅读第四十一回至五十六回

在通读全书时,可以根据自己的读书习惯对精彩句子做出批注,或者在自己产生阅读感悟的地方做记录,以便再次阅读时能更好地碰撞出思维火花。同时,还可以在每一回阅读结束后,简要归纳本回出场的重要人物,以及与之相关的重要情节等,这样就能做到书中有痕,心中有数。

2. 学会精读和略读相结合

精读名著是以掌握文章内容、理解作者情感、把握文章主题为主要目的的一种读书方法,也是名著阅读的一种重要方法。略读是一种快速阅读技能,要求读者跳过一些细枝末节有选择性地进行阅读,这种阅读技能可以加快阅读速度,提升阅读效率。在阅读时应该将这两种方法结合起来。通读过《儒林外史》后,具体的精读计划参照以下安排(见表 11 - 2):

表 11 - 2 阅读计划表

第四周	精读第一、五、十一、十四、二十一回及相关批注,并思考批注对小说主旨的揭示。
第五周	精读第二十七、三十一、四十一、四十七回,并结合之前的批注再次思考,看看自己是否对作品有了更加深刻的理解。
第六周	选择自己感兴趣的人物或典型人物的相关章回进行精读。如:范进、严监生、蘧公孙、马二先生、杜少卿、沈琼枝、凤四老爹等。

在进行精读的时候,要注意着眼于大处,要能够统览全书,结合文章的写作背景,从大处把握文章的主旨。同时,在精读时,还要注意从小处入手。例如,人物的外貌、语言、动作、神态等,分析这些细节对表现人物形象、文章主题的作用。

3. 学会活读整本书,注重个性化阅读感悟

提起中国文学史上吝啬鬼的典型,几乎人人都会想到吴敬梓笔下的严监生。之所以把严监生定义为吝啬鬼,大概是由于对他临死之前的一段描写。他临死的时候,伸出两根指头,不肯咽气,众人百般猜测仍无结果,这时只有赵氏懂得严监生的心:"爷! 只有我能知道你的心事。你是为那盏灯里点的是两茎灯草,不放心,恐费了油;我如今挑掉一茎就是了。"在赵氏挑掉了一根灯芯后,严监生终于咽气。若从这一独立的片段来看,"吝啬鬼"这一称号严监生当之无愧,但严监生真的是这样一个人吗? 这时可以引导学生:严监生真的吝啬吗? 在你阅读的过程中有没有发现严监生慷慨、大度的一面? 通过引导,学生发现了严监生这个人物的复杂性,他有吝啬的一面,也有慷慨、善良、重情重义的一面。妻子王氏生病后,每日里都需四五个医生用药,人参等各种名贵药材从不间断,仍然不见效果后他就和两个舅爷商量再请名医。王氏死后,留下的私房钱和首饰等,严监生并没有私藏,而是毫不吝啬地给了王氏的两个哥哥,每人好几百两银子。这些情节无不体现严监生的慷慨。通过这样的发散思考和讨论交流,学生进行了具有个性的文本阅读。于是他们便发现了一个与大家印象中截然不同的严监生。

(二)阅读名著助力提升写作能力

中国的讽刺文学经历了一个发展过程。这些讽刺,或入木三分,无情地揭露虚伪;或隐而不露,含蓄地抨击丑恶。吴敬梓对讽刺手法的运用可谓炉火纯青。在《儒林外史》中,他抓住生活中传神的细节、夸张的动作、出人意料的语言将讽刺意味表现得淋漓尽致。这样的讽刺手法在《儒林外史》中俯拾皆是,我们可以通过阅读学习,将《儒林外史》中的讽刺手法运用到日常的写作中去。

1. 细节描写讽刺人心

都说没有细节就没有艺术。同样,没有细节描写,就没有有血有肉的人物形象。这就是所谓的细节看人心。《儒林外史》中的细节就暗藏着对各色人物的讽刺之情,且看为母守丧期间范进在汤知县家酒席上的一个小小细节:

两人进来,先是静斋见过,范进上来叙师生之礼。汤知县再三谦让,奉坐吃

茶,同静斋叙了些阔别的话;又把范进的文章称赞了一番,问道:"因何不去会试?"范进方才说道:"先母见背,遵制丁忧。"汤知县大惊,忙叫换去了吉服;拱进后堂,摆上酒来。席上燕窝、鸡、鸭,此外就是广东出的柔鱼、苦瓜,也做两碗。知县安了席坐下,用的都是银镶杯箸。范进退前缩后的不举杯箸,知县不解其故。静斋笑道:"世先生因遵制,想是不用这个杯箸。"知县忙叫换去,换了一个磁杯,一双象箸来。范进又不肯举。静斋道:"这个箸也不用。"随即换了一双白颜色竹子的来,方才罢了。知县疑惑他居丧如此尽礼,倘或不用荤酒,却是不曾备办。落后看见他在燕窝碗里拣了一个大虾元子送在嘴里,方才放心,因说道:"却是得罪的紧。我这敝教,酒席没有什么吃得,只这几样小菜,权且用个便饭。敝教只是个牛羊肉,又恐贵教老爷们不用,所以不敢上席。现今奉旨禁宰耕牛,上司行来牌票甚紧,衙门里都也莫得吃。"

范进与张静斋一同去打秋风。席间,他坚持为母守丧而坚决不用贵重的筷子。这一举动看似谨守礼制,恪守孝道,可事实上,面对燕窝碗里的大虾元子时,他自然地将它送进了嘴里。这一处小小的吃虾丸的细节描写就足以使人看出范进是一个把仁义道德礼制挂在嘴边,实际上却是自私、虚伪、内心丑恶的人。可以说,一个对吃虾元的细节描写让范进现出了原形。这一细节看似不起眼,但却是对人心极深刻、极有力的讽刺!

2. 动作描写讽刺性格

动作描写成功与否,在于动作是否符合人物的身份、地位,描写得生动准确则可以凸显人物的性格特征。通过动作描写来表现对人物的讽刺是《儒林外史》中另一种常见的手法,且看对范进的一段描写:

不觉到了六月尽间,这些同案的人约范进去乡试。范进因没有盘费,走去同丈人商议,被胡屠户一口啐在脸上,骂了一个狗血喷头。

再看另一段描写:

范举人先走,屠户和邻居跟在后面。屠户见女婿衣裳后襟滚皱了许多,一路低着头替他扯了几十回。

在范进中举前,范进因没有盘费而厚着脸皮与丈人商量,谁知却被丈人一口啐在了脸上。从这一个小小的"啐"的动作中,我们看出了胡屠户对范进的不屑与轻视。范进中举后,在治好范进疯病回家的路上,胡屠户亦步亦趋,跟在女婿身后,见女婿的衣裳后襟滚皱了,便"一路低着头替他扯了几十回"。这个近乎执拗的动作,与之前在范进面前耀武扬威的状态形成鲜明的对比,凸显出胡屠户现在的唯唯诺诺。作者通过这个小小的动作,生动地描绘了封建科举制度下,人一旦中举,其乡人亲友诚惶诚恐、阿谀奉承的画面,也辛辣地讽刺了封建科举制度对人的毒害。

3. 语言描写讽刺形象

人物性格的展示离不开成功的语言描写,在写作中运用生动的语言描写能鲜活地表现人物的思想感情,细腻地反映人物的内心世界。《儒林外史》在语言描写上很好地做到了这一点。例如:

匡大道:"弟妇一倒了头,家里一个钱也没有,我店里是腾不出来,就算腾出些须来,也不济事。无计奈何,只得把预备着娘的衣衾棺木都把与他用了。"匡超人道:"这也罢了。"匡大道:"装殓了,家里又没处停,只得权厝在庙后,等你回来下土。你如今来得正好,作速收拾收拾,同我回去。"匡超人道:"还不是下土的事哩。我想如今我还有几两银子,大哥拿回去,在你弟妇厝基上替他多添两层厚砖,砌的坚固些,也还过得几年。方才老爹说的,他是个诰命夫人。到家请会画的替他追个像,把凤冠补服画起来,逢时遇节,供在家里,叫小女儿烧香,他的魂灵也欢喜。就是那年我做了家去与娘的那件补服,若本家亲戚们家请酒,叫娘也穿起来,显得与众人不同。哥将来在家,也要叫人称呼'老爷'。凡事立起体统来,不可自己倒了架子。我将来有了地方,少不得连哥嫂都接到任上同享荣华的。"

穷困的匡超人,因为孝顺父亲又勤奋好学,且常得他人帮助,最终考取了教习的职位。在娶了李给谏的外甥女后,被告知妻子已死。这时,他却用一番花言巧语拒绝了哥哥让他将妻子棺木下土的要求,并告诉他哥以后凡事都要立起体统。这段语言描写让我们看到匡超人形象的变化。此时的他丢弃了往日的淳朴,爱慕虚荣的形象呼之欲出。作者对他的讽刺之情也显露无遗。

4. 一波三折的情节,跌宕起伏的人生

"文似看山不喜平。"一篇文章如果平铺直叙,让人读来会有"嚼蜡"之感。跌宕起伏的情节安排能使故事具备扣人心弦的艺术魅力。《儒林外史》中就不乏这样一波三折的情节。例如"范进中举"这一经典回目,就对写作时如何安排情节有着很好的指导意义,非常值得我们借鉴。且看原文:

　　范进三两步走进屋里来,见中间报帖已经升挂起来,上写道:"捷报贵府老爷范讳进高中广东乡试第七名亚元。京报连登黄甲。"范进不看便罢,看了一遍,又念一遍,自己把两手拍了一下,笑了一声道:"噫! 好了! 我中了!"说着,往后一交跌倒,牙关咬紧,不省人事。老太太慌了,慌将几口开水灌了过来,他爬将起来,又拍手大笑道:"噫! 好了! 我中了!"笑着,不由分说,就往门外飞跑,把报录人和邻居都吓了一跳。走出大门不多路,一脚踹在塘里,挣起来,头发都跌散了,两手黄泥,淋淋漓漓一身的水,众人拉他不住,拍着笑着,一直走到集上去了。众人大眼望小眼,一齐道:"原来新贵人欢喜疯了。"

　　范进中举后喜极而疯这一情节可谓一波三折,随着情节的起伏,范进的形象也愈发清晰地展现在了读者眼前。引人发笑的同时,形象地描摹出科举迷的畸变心理,控诉了封建科举制度吃人的本质。

　　吴敬梓的《儒林外史》在艺术上达到了很高的造诣。《儒林外史》中,一举一动见人心,一言一语含人性,神情姿态里藏世情,跌宕情节里透世风。再加上含而不露的讽刺手法,吴敬梓为读者揭开了儒林的真面目,展现了热衷功名、虚伪丑陋的儒林众生相。让人不由得拍案惊叹吴老先生笔力的雄厚、写作技艺的高超。

三、名著里有情感　读出点精神

　　《儒林外史》是我国古代讽刺小说的代表,描绘了一幅封建社会读书人的众生相,有力地批判了科举制度,揭露了封建社会的黑暗现实。其艺术特色鲜明,广受赞誉。鲁迅和胡适对《儒林外史》都推崇万分。

　　读完《儒林外史》后,我们可以通过写信的方式,要求学生分别与文中人物、作者以及时代对话,引导学生深入了解人物的精神世界,进而领悟作品的精神内涵。

　　(一) 与人物对话——与范进、严监生、吴敬梓对话
书信(一)

范进先生:

　　你好!

　　你是小说里的人物,我能看得见你,但你却看不到我。虽然如此,但我仍然有很多话想对你说。

　　我清晰地记得那天上课时的情景,老师挟着书走上讲台,告诉我们今天要带

我们认识一位在中国文学史上非常经典的形象。那时,你就从课本里走了出来。

当看到你想要参加考试却没有盘缠,无奈之中只得向丈人寻求帮助却被当屠夫的丈人骂得狗血淋头时,同学们都忍不住大笑起来,我却不由得叹息。当你考试归来,你的老母亲已经"饿得两眼都看不见了",于是,你只好"抱着鸡,手里插个草标,一步一踱的东张西望,在那里寻人买"。你的样子很有喜感,让人忍不住发笑,但你无米下锅的命运却令人心酸。我不由得再次叹息。高兴的是,你考中了,你考中举人了!然而,你却高兴得发疯了,几十年的失望和渴盼交织在一起,一下子发泄出来,这样的发泄方式令人措手不及,只见你披头散发,满脸脏污,连鞋子跑掉了一只都不自知,只顾拍手叫道:"中了!中了!"唉,我忍不住再次叹息。

那天,上完课后,我的心情有些沉重,却说不清到底是为什么。

后来,我读了《儒林外史》。通过这本书,我知道了你中举的前因后果。在你中举人之前,还有一个命运和你相似的人:周进。看,你们连名字都叫得一样,都叫"进",是期盼着早日进学,早日过上荣华富贵的日子吗?可是你们却一直熬到头发、胡子都花白了才考中举人、进士。真是坎坷万分啊!而你的恩师周进先生比你还要"励志",六十多岁还在私塾教书,后来连自己的学生都中秀才了还没考取任何功名。最后还是靠着亲朋的资助才有资格进考场,终于中举,并来到广东当科举主考官。

命运就是这么神奇,你们这两个老书呆子相遇了。或许是上天终于看到了你,周进老师面试了你。当周进询问你年龄时,你老老实实地回答五十四岁,再看看十二月上旬仍穿着一身麻布直裰,冻得哆哆嗦嗦的你,周进老师的同情心一下子被激发了出来,他细细地看了你的文章,越读越有滋味,在他的赏识下你顺利考中了。

这个结局看似美好,但也让我一下子明白了,与你初次相遇时心中的感叹从何而来。你看,你和你的恩师虽然都在科举道路上取得了成功,但这其中存在着很大的偶然性,更何况你只是一个为考试而读书的书呆子,你连苏轼都不知道,你能中举这是多么侥幸啊!回头看看你的家庭,家中早已揭不开锅,更不要说食荤腥了,生活都快难以维系了。你是家中的唯一男丁,为何不踏踏实实去找份活干,来养活自己、养活家人呢?我想,唯一能解释的就是你受封建科举制度的毒害实在是太深了!

如果时光能倒流,我一定要穿越到你所在的那个时代,亲口告诉你:几十年如一日,执着于科举梦想,这种持之以恒的精神值得钦佩。但科举之路并不适合每个人,在无数次的碰壁之后,换条路走或许才是明智的选择!

　　此致
敬礼!

你的小读者

书信(二)

严监生先生:

　　你好!

　　在读《儒林外史》之前我就知道了你,读了《儒林外史》后我更加了解了你。认识你是在你临终之时。你因舍不得灯油而执着地伸着两个手指。就是这个动作,让世人觉得你是吝啬的人。从此,你成了"吝啬鬼"的代称。但我要为你大呼"冤枉"! 因为读了《儒林外史》后我才真正了解了你。你是一个家财万贯却对自己极其抠门的人,但你对家人甚至虎视眈眈觊觎你家产的大哥却十分大方。为解决外逃大哥的官司,你花了一大笔钱;为医治病重的妻子王氏,你花了大笔银两;为顺利将生有一子的赵氏扶为正室又将大笔银两送与大舅子王德、王仁;为妻子置办丧事又花了大笔银钱……为家人散财无数,却对自己悭吝无比。"吝啬鬼"这个帽子你戴得真是"冤"!

　　此致
敬礼!

你的小读者

书信(三)

尊敬的吴敬梓先生:

　　您好!

　　老师告诉我们有这样一本书,它堪称中国古典文学史上不可多得的瑰宝。它就是您所著的揭露清代封建科举制度和封建礼教下的社会现状的长篇讽刺小说——《儒林外史》。翻开这部著作,我的眼前仿佛展开了一幅清代社会面貌的画卷,我不由得想要走进作品,走近生活在清朝的你。

　　通过查阅资料,我知道了您素来有"安徽第一文豪"之称。可见您在文学上的造诣之深。您自幼酷爱读书,少年时就凭借文采而声名远扬。只是可惜,您命途多舛,在您23岁那年,父亲去世,从此家道衰落。当那些如狼似虎想要侵吞您家产的近亲出现,您深深地感受到了世态炎凉,而当时的科举制度已近腐败,您虽有旷世才学却对功名无欲无求,于是您搬离了故土,移居南京。

在南京生活的那段时光,日子虽然清贫,但您倾注了大量的心血和半生精力完成了一部不朽的作品——《儒林外史》。

这部作品中的人物各有各的特色。这些形象鲜明的人物,给我留下了深刻的印象。比如有这么一类知识分子,他们大多都渴望自己能够拥有更多的知识。但其中很大一部分人是想通过读书参加科举考试给自己换来功名富贵。他们中有的将自己的大半辈子贡献给了科举考试,有的将科举考试看作踏入官场的唯一道路。可一旦如愿,他们就变得看不起其他人,有的甚至凭借以功名换来的权力做一些贪赃枉法、唯利是图的事。在您的笔下,这些人可谓深受科举制度的毒害。当然,除了这类惹人生厌的丑恶嘴脸,书中还有一些令人赞叹的理想之士。他们博学多才、品性高洁,却又不贪图名利。这类人物虽不多,但足以令人钦佩。杜少卿就属于这类人,是您重点描写的一个人物,因为他的身上有您的影子。通过杜少卿,我看出了您是一个淡泊功名、富贵的人。

您塑造了众多经典的人物形象,留下了不朽的文学作品。他们是中国文学宝库中值得永远珍藏的经典!

此致

敬礼!

您的小读者

这是三位学生在读了《儒林外史》后所写的信件,笔触虽稚嫩,但其中蕴含着对人物深深的情感。对于范进,小读者为他中了举人而庆幸,但更多的是对他痴迷于科举的不解与愤恨。第二位小读者读出了一个与世人眼中不一样的严监生,对于他,小读者没有鄙夷,更多的是对他抱有一种同情的心态,要为他摘掉"吝啬鬼"这个帽子,为他正名。对于作者,信件中流露出了小读者对他的由衷钦佩之情。通过阅读,学生对《儒林外史》中的人物有了更加深刻、全面的认识,实现了"读进去、读出来"的目的。

（二）与时代对话

在吴敬梓生活的时代，封建统治者为了更好地选拔人才，制定了科举制度。这一制度对中国的政治、文化、教育等都产生了很大的影响。

不可否认，科举制度存在着一定的缺陷。对于它的缺陷，家道中落后看清世间百态的吴敬梓老先生看得非常透彻。在《儒林外史》中，他用犀利的笔触对封建制度进行了一番酣畅淋漓的抨击。因为科举考试以八股文为规定文体，不允许考生抒发自己的感想，这样就严重地束缚了文人们的思想，久而久之，大部分读书人便为狭隘的四书五经、迂腐的八股文所困，眼界、思想都变得越来越狭窄。所以，科举制度下，不少读书人都成了只会"死读书，读死书"的书呆子。

求学之路漫长而艰难，支撑这些读书人坚持下去的是考取功名后将发生的天翻地覆的变化的生活。所以，取得功名并不是他们的最终目的，取得功名只是他们换取更多利益的垫脚石。于是，他们中的大多数人进入官场之后，想尽一切办法利用手中的职权来谋取私利。正因为这些人，如王惠、汤奉之流，官场因此变得腐败黑暗。

以上是科举制度的弊端。然而，任何一件事情都存在两面性，科举制度的存在说明它有一定合理之处。

科举制度在一定程度上推动了封建教育的发展，带动了社会对人文、教育的重视。同时，科举制度的出现，使得出身贫寒的平民也能得到被选拔入仕的机会，从而走上自己人生的巅峰。统治阶层也拓宽了人才选拔的范围，更多具备真才实学的知识分子能够通过科举考试融入上流社会。所以，历史上才会有那么多刻苦勤勉之人，才会有那么多勤学苦读的美谈。

（三）与名言相伴

名著之所以成为名著，不单单因为其精彩纷呈的故事情节、生动鲜明的人物形象，还在于其蕴含着理性的哲思与深刻的人生智慧。通过以下摘录与大家一同感受。

若以仁义服人，何人不服。

出自《儒林外史》第一回。这句话说明了仁义的力量。强调拥有仁义的人自然能征服人心。

创业难，守成难，知难不难。

出自《儒林外史》第二十二回。这句话大意是：创立一番事业是一件很难的事，但是，要守住已做成的事业，使家国安定，其难度则更大。这句话一方面道出了治家的奥秘，另一方面也说出了治国的道理。

三十年河东，三十年河西。

出自《儒林外史》第四十六回。这一句大意是：世事变幻，兴衰更迭。告诫人们，事物总是不断变化发展，当事物发展到一定阶段往往会向相反的方向转化。

羊肉不曾吃，空惹一身膻。

出自《儒林外史》第五十二回。这句话是指想占便宜，结果非但便宜没得到，反倒还落了坏名声。告诫人们莫贪小便宜。

封建社会已成为历史，科举制度也已成过眼云烟。但身处封建社会的吴敬梓老先生能跳出时代，在《儒林外史》这部长篇小说中，用犀利讽刺的笔触写尽科举制度的腐朽昏聩、儒林士子的众生相以及官场的百态人生。这真是中国文学史上一部不朽的经典！

抓第一人称视角　读自传色彩小说

——《简·爱》整本书阅读指导

初中语文教材九年级下册推荐阅读外国长篇小说——《简·爱》。教材指出阅读外国小说不仅要关注小说的基本元素,如故事情节、人物形象、主题表现,还要了解小说的创作背景、文化内涵、叙事角度、小说语言特点,可以说阅读外国小说是一条了解世界的捷径。由于升学的压力,中外文化的壁垒,九年级的学生往往不能对外国小说进行有效的整本书阅读,为此笔者以《简·爱》为例从以下三个方面进行了探究。

一、读出点内容

外国小说作品繁多,流派纷呈,表现了不同国家、地域的社会生活、风俗民情、审美趣味、文化倾向等,中国读者在阅读过程中容易缺乏代入感,如何引导学生走进作品? 首先从关注学生的阅读情况入手。

(一)《简·爱》整本书阅读调查研究

《简·爱》是初中学生接触到的第一本外国长篇小说,受到地域、时代、文化背景不同的影响,学生在阅读的时候遇到了如下困难:

(1) 人名、地名较多,人物关系复杂,事件不集中,难以识记。作为一本长篇小说,《简·爱》中的人物较多,情节曲折,学生如果不能静下心阅读,容易读了前面忘了后面。

(2) 小说跨国界,跨时代,跨文化,爱情故事难以引起初中生的共鸣,学生很难真正走进故事。受到地域和文化背景不同的影响,学生对故事发生的时代背景一无所知,在阅读的时候有距离感和陌生感,代入感和体验感较差。抛开背景介绍和这本书在文学史上的价值,很多同学认为这本书就只是一个简单的爱情故事。

(3) 小说中有大量的内心独白和露骨的情话,这样的语言让初涉世事的初中生感到矫情。小说的男主人公罗切斯特和女主人公简·爱都喜欢用诗一样的话语来表达各自的爱,但是学生受到年龄和阅历的限制,通常难以理解和接受这样的语言,甚至觉得啰唆和肉麻。

(二) 科学地制订阅读计划

学生阅读《简·爱》这样一本长篇小说肯定需要耗费大量时间,如何安排好阅读时间和提高效率就显得至关重要。在课堂中完成全部阅读是不可能实现的,因此教师要带领学生对名著阅读的时间进行统筹安排,除了利用课堂上有限的时间进行名著阅读和交流之外,更要指导好学生利用好课外阅读的时间,帮助学生制订科学的阅读计划。首先《简·爱》作为一本长篇外国小说,全书共 38 章,约 32 万字,按照初一学生每分钟阅读不少于 500 字的阅读速度,每天课外阅读时间不少于 1 小时的要求,学生每天大概可以阅读 3 到 4 个章节,所以大概可以在 13 天内完成阅读。加上这本书涉及的外国人名和地名众多,情节较为曲折离奇,阅读时间跨度不宜过长,要有连续性,否则读者容易读了后面忘记前面,情节的不连贯性,会打击读者的阅读积极性,消磨读者的阅读意志力。另外,从接受美学的观点出发,我们不能忽视学生对于《简·爱》作品的接受程度。教师不可避免地需要对学生阅读理解能力进行考虑。不同的学生在进入初中以前,所在学校或家庭的阅读氛围不同,因而学生的阅读习惯和理解能力具有一定差异。学生在制订阅读计划时需要教师给出意见,他们再根据自己的阅读情况进行调整。制订阅读计划,如表 12 - 1 所示:

表 12 - 1 阅读计划表

《简·爱》阅读计划	完成时间	你的阅读发现
1～3 章	第一天	
4～6 章	第二天	
7～9 章	第三天	
10～12 章	第四天	
13～15 章	第五天	
16～18 章	第六天	
19～21 章	第七天	
22～24 章	第八天	
25～27 章	第九天	

（续表 12 - 1）

《简·爱》阅读计划	完成时间	你的阅读发现
28～30 章	第十天	
31～33 章	第十一天	
34～36 章	第十二天	
37～38 章	第十三天	

时间的计划和任务量的规划可以使学生合理安排课余时间,并且依据自身对书籍难度的理解和对书籍已掌握知识量的情况制订个性化的阅读任务,处于主体地位的学生会更加主动地按照自己的阅读计划完成阅读任务。

(三) 关注个性的阅读方法——比较阅读法

《简·爱》这本书一直被称为女性教育的启蒙书,这是一部带有自传色彩的长篇小说。我们将夏洛蒂·勃朗特和简·爱的人生轨迹进行梳理,将看到她们相似的人生经历(见表 12 - 2)。

表 12 - 2　夏洛蒂·勃朗特和简·爱的人生轨迹比较

经历	夏洛蒂·勃朗特	简·爱
出身	英国约克郡的穷牧师家庭	穷牧师家庭
家庭主要成员	父母,两个姐姐,两个妹妹以及一个弟弟	父母,里德舅舅一家,约翰堂哥,两个堂姐
幼年主要经历	5 岁那年,母亲不幸去世	父母双亡
求学经历	8 岁的夏洛蒂和两个姐姐玛丽亚、伊丽莎白一起求学,弟弟被送到了柯文桥一所寄宿学校求学。学校不仅环境非常恶劣,校规严厉苛刻,学生们还经常处于饥寒交迫中,并且遭到体罚。第二年,学校流行伤寒病,夏洛蒂的姐姐玛丽亚、伊丽莎白都染病去世。15 岁的她于是来到伍勒小姐在罗海德办的一所学校读书	来到洛伍德学校,结识了好朋友海伦,学校条件艰苦,学生们经常饥寒交迫并且受到体罚。学校流行伤寒病,海伦生病去世。简·爱在洛伍德学校学习了 6 年

(续表 12-2)

经历	夏洛蒂·勃朗特	简·爱
工作经历	毕业后,为了供弟妹们上学,她又在伍勒小姐在罗海德办的学校当了几年教师。1938年,夏洛蒂开始从事家庭教师的工作,在担任家庭教师期间,深刻地感受到了这一职业的辛苦和屈辱。自尊心极强的夏洛蒂不愿意受到他人轻视,萌生了办学校的念头,但是最终却以失败告终	毕业后在洛伍德学校担任教师两年。到桑菲尔德担任家庭教师
感情经历	收到牧师的求婚:朋友的哥哥于1839年曾向夏洛蒂求婚,但是夏洛蒂拒绝了他。之后一位青年牧师在1841年向夏洛蒂求婚,夏洛蒂也拒绝了他。夏洛蒂明白这两位求婚者只是需要一位妻子,而不是因为爱情才向她求婚 爱上有妇之夫:在布鲁塞尔攻读法语时,她竟然爱上了有妇之夫埃热先生。最终,社会伦理战胜了情感,夏洛蒂离开了埃热先生 遇见真爱不久去世:夏洛蒂在38岁时才和父亲的助手阿贝尼科尔斯牧师相爱并结婚了,不幸的是幸福的婚后生活很快就结束了。婚后六个月,夏洛蒂因为淋雨而染上风寒,于1855年3月31日逝世	爱上有妇之夫:罗切斯特的脾气比较古怪,但是简·爱被他的独特气质所吸引,便爱上了他。而在他们准备结婚的过程中,由于梅森指出罗切斯特先生有妻子,而简·爱不愿意作为情妇与罗切斯特一起生活,离开了罗切斯特 收到牧师求婚:离开桑菲尔德后,简·爱来到了偏远的乡村,做起了乡村教师,简·爱的表哥约翰牧师向她求婚 步入婚姻殿堂过上幸福生活:正当简·爱考虑成为传教士妻子时,罗切斯特庄园的烧毁,罗切斯特的伤残,使得简·爱有所感应。她回到了桑菲尔德古堡,找到了失去一条胳膊和一只眼睛的罗切斯特,并与他结了婚,过上了理想的幸福生活

《简·爱》是一本带有自传体色彩的小说,对比夏洛蒂和简·爱的主要经历,我们不难发现:夏洛蒂·勃朗特将自己的一些重要的人生经历融入了简·爱这个人物的创作,可以说简·爱这一虚构的人物形象投射了作者的人生和情感经历。《简·爱》在世界文学史上熠熠生辉,见证了夏洛蒂的坚强、自尊、勇敢和智慧。

（四）使用科学的阅读方法——思维导图阅读法

《简·爱》这本外国长篇小说，人物、背景、情节、主题等均错综复杂，阅读者如果不理清思路，难免会如雾里看花，丧失阅读的兴趣。如何科学地解决这一阅读难题？思维导图阅读法不失为一个不错的解决办法。思维导图被称为"21世纪全球性思维工具"，是一种新的思维模式，可以将全脑中的概念结合，包括左脑的文字、数字、逻辑、顺序、条例，以及右脑的颜色、空间、整体、图像等。在阅读的过程中，绘制思维导图能帮助阅读者梳理事件，理清人物关系，将阅读的信息输出为图，增强自己的记忆。

使用思维导图进行整本书阅读一般分两步：首先，利用思维导图读懂单章内容。由分支、文字和图片组成一个中央图像，寻找它们内部的联系，使它们形成一个有机整体。用连线、箭头、代码、图像或者颜色将这些关系表现出来，为把厚书读薄打下基础。其次，弄清书中各部分内容之间的关系，就是建立各部分内容之间的关联，并用思维导图表现出来。由局部到整体，符合人们认知事物的规律，在绘制的过程中需要回看全书，边思考边完善。学生对整本书的脉络架构了然于胸，自然容易走进名著。整本书的脉络清晰后，整体感知整本书的难点便迎刃而解。

理清情节和内容是读懂名著的第一步。下面结合《简·爱》的阅读，来探讨如何将思维导图阅读法运用于整本书阅读。

1. 单章思维导图

《简·爱》是外国长篇小说，一共38章。阅读者读完每一章后，需要建立整体感知，即弄清这一章讲了什么内容、按什么顺序写、出现了哪些人物、出现了哪些地点等。这是非常重要的，把握住了整体，思维导图就有了大致框架。《简·爱》以第一人称进行叙述，拉近了读者和简的距离，读者能深切感受到简的喜怒哀乐，并且所有的事件围绕简展开，叙事杂而不乱。如果读者抓住了这一点，那么整体感知每一章节和整本书的内容就没有那么难。如一位学生在阅读《简·爱》第一章后，抓住叙述视角，梳理出第一章人物的出场顺序和情节的发展。绘制了这样的思维导图（见图12-1）。

图 12-1 盖茨海德府早餐室人物事件

第一章的故事情节主要发生在盖茨海德府的早餐室,按照人物的出场顺序定下了主脉,支脉围绕主脉中的人物展开情节。这个过程看似是绘图的过程,其实是学生由初读到精读、思维逐步展开、理解逐渐深入的过程。因为学生只有细心阅读、圈点批注,才能理清章节的写作顺序、抓住每个部分的关键词。

2. 内容重构思维导图

吴欣歆老师曾经在她的《整本书阅读,整体提升语文学科核心素养》一文中分析整本书阅读的特点:"整本书提供的信息量大,信息链条完整,信息关联度高,学生在阅读过程中需要透过变化的现象发现不变的本质。""内容重构"思维导图就是为了使学生加深对整本书的阅读认知,学生可以通过选择自己感兴趣的或值得探究的专题,从书中提取相关信息,梳理信息之间的联系,重新组织提取的关键内容,依照一定的逻辑,建构起客观完整的认识,使整本书的阅读更深入。

内容重构思维导图应该是建立在阅读完整本书或者一个集中情节的阅读告一段落之后。《简·爱》的故事情节主要围绕五个地点展开。一位同学立足于简·爱的角度,以地点为中心,5 个地点为主脉,分支为事件,绘制了该思维导图(见图 12-2)。

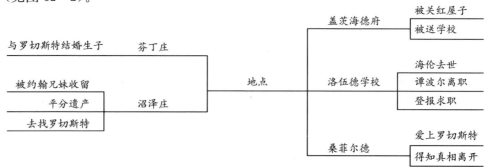

图 12-2 《简·爱》地点思维导图

3. 文学要素思维导图

　　教师可以在学生阅读完整本书后,有意识地去指导学生按照文学要素梳理整本书的主要内容,以便学生在今后的整本书重读或者复习过程中,借助文学要素思维导图(见图 12-3)回忆起书中的主要内容。

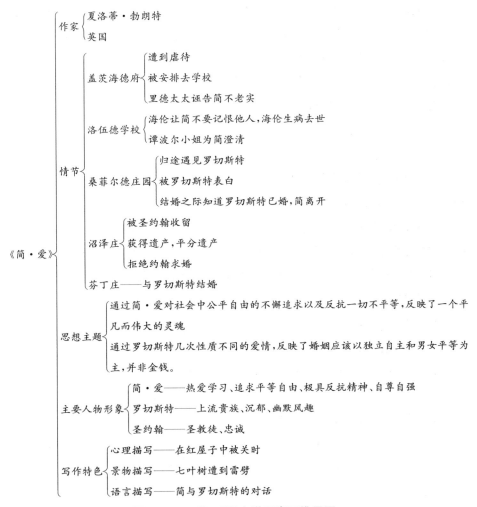

图 12-3　《简·爱》文学要素思维导图

　　该生设置了"作家""情节""人物性格""环境""小说主题""语言""心理"构成了自己的文学要素思维导图。其中情节这一条支脉,仍旧是扣住叙述主人公的视角,紧紧抓住第一人称叙述视角进行有条不紊的绘制。以各文学要素为关键词,高度概括性地突出了整本书记忆和注意的要点,支撑起我们认识、鉴赏这本书的完整认识系统。复习时,只需要浏览文学要素思维导图的各文学要素的分支内容,就能触发联想,让我们回忆起整本书内容,真正把一本厚书读薄了。

思维导图可以充分利用色彩,让学生发挥主观创造性,培养学生良好的阅读习惯,让他们享受完整的阅读过程。以上 3 种思维导图的方式,学生在阅读的时候可以根据自己的阅读习惯和阅读进度综合使用。在读《简·爱》时抓住第一人称叙述视角,边阅读边梳理边创作的阅读方法,有助于解决学生阅读中遇到的读了后面忘记前面,对情节把握不准等问题。

(四)趣味阅读,任务驱动

1. 趣味问题引领

(1)"自爱与被爱"的主题探究

趣是行之始,设计有趣味的问题,有助于帮助学生走入文本。《简·爱》最成功的地方在于塑造了简·爱这样一位独特的女性形象,虽然她其貌不扬、瘦弱矮小,但是她人格独立、内心强大。她的身上有很多值得我们学习的地方,她强大的自爱和爱人的能力给现在处于青春期的初中生上了生动的"爱与被爱"的人生一课。导读课时教师可以以学生感兴趣的问题为引领,设计几个跟小说有关的问题,让学生在解决问题的过程中,加深对作品的理解。

第一,简·爱为什么会爱上罗切斯特,是因为他的财富还是外表?

第二,罗切斯特被简·爱的什么所吸引?

第三,简·爱和罗切斯特的婚礼为何被迫停止?

第四,简·爱为何要离开桑菲尔德?离开罗切斯特?

第五,简·爱爱她的亲戚们吗?

针对上述问题,学生就会迫不及待地去寻找他需要阅读的篇章。他们通过精读文本了解人物的经历,走进人物的内心,感受到简·爱身上崇高的爱与自爱的能力。懂得爱别人首先得自爱,真正的爱能超越年龄、跨越生与死、化解仇恨,是自立、自强,是包容与善良。简·爱在文中有一段这样的感叹:"难道就因为我一贫如洗、默默无闻、长相平庸、个子瘦小,就没有灵魂,没有心肠了? ——你不是想错了吗? ——我的心灵跟你一样丰富,我的心胸跟你一样充实!要是上帝赐予我一点姿色和充足的财富,我也会使你同我现在一样难分难舍,我不是根据习俗、常规,甚至也不是血肉之躯同你说话,而是我的灵魂同你的灵魂在对话,就仿佛我们两个人穿过坟墓,站在上帝脚下,彼此平等——本来就如此!"学生很自然地被简·爱话语中的平等、自信、自立、自强所吸引与感染。走进简·爱的一生,学生会懂得成熟的爱是在保持自己的尊严和个性条件下的结合。爱是人的一种主动的能力,是一种突破人与人之间屏障的能力,一种把自己和他人联合起来的能力。如果没有爱他人的能力,不能谦恭、勇敢、真诚、自制地爱他人,就不可能得到满意的爱①。初中生处于青春期,对异性会自然地产生好奇和好感,但是我们对中学生的爱情观教育往往是缺失的。中学生如何才能懂得爱情是人类特有的美好情感,它美好、热烈、忠诚、纯洁、永恒,只有懂得自爱的人,在爱情中不迷失自我的人,才能真正拥有它。《简·爱》能给中学生补上在成长过程中必不可缺的人生一课,还可以引导学生了解欧洲的生活习惯和饮食习惯、婚俗情况、遗产继承等,了解欧洲的文化背景和风俗习惯,开阔自己的知识面,为以后的阅读外国名著打下基础。

（2）"选择与命运"的主题探究

"To be or not to be, that's a question.（生存还是毁灭,这是一个问题。）"哈姆雷特遇到令他痛苦的抉择时,不禁爆发出这样的疑问。人的一生会经历种种选择,每一次选择都是对自我灵魂的拷问,每一次的抉择体现为人物的行动。行为的背后蕴含着人物丰富的内心活动和性格倾向。

有位老师在教授《简·爱》名著导读课时,选择了"选择与命运"的主题探究,这是一个有趣的主题,同时也是一个贯穿全书的主题。我们试着梳理一下决定简·爱命运的重大选择。每一次选择,我们看到了简·爱性格的转变和她渐趋圆融的成长。在盖茨海德府受到表哥的虐打时,简·爱选择了反抗,这次的反抗直接导致了她离开盖茨海德府,来到了洛伍德学校;在洛伍德求学期间,当她面对学监的污蔑时,她选择了控制自己的情绪,将事实告诉谭波尔小姐,通过自己的努力学习赢得大家的喜爱;当谭波尔小姐结婚时,她选择听从自己渴求自由和冒险的内心,写了求职广告,这一次的选择让她离开洛伍德学校,来到了桑菲尔德;在桑菲尔德期间,她遇到了真爱,但是当她知道罗切斯特有妻子时,她忍住内心的悲痛

---

① ［美］艾里希·弗洛姆.爱的艺术［M］.上海:上海译文出版社,2019.

离开了他;离开桑菲尔德的简·爱昏倒在了沼泽庄圣约翰的家门口,得到遗产后她选择与圣约翰等人平分遗产,得到了渴望已久的亲情;在面对圣约翰强势的求婚时,她又选择回到桑菲尔德看一看罗切斯特;当她知道桑菲尔德毁于大火,罗切斯特受伤时,她选择了嫁给爱情。

人们常说性格决定命运,命运源于人不同的选择。纵观简·爱的一生我们看到了简·爱的历次重大选择背后的人物性格(见表12-3)。

表12-3　简·爱性格变化

地点	简·爱的选择	性格
盖茨海德府	拿书砸表哥,揭穿舅妈的虚伪,被关红房子后选择离开盖茨海德府	性格暴躁、有反抗精神
洛伍德学校	被学监污蔑,选择平复情绪陈述事实……谭波尔小姐结婚后,简·爱选择离开洛伍德学校	坚忍、聪慧、向往自由
桑菲尔德	得知舅妈重病选择去看望舅妈,原谅她……得知罗切斯特是有妇之夫后选择离开	善良、自尊、自爱、自强
沼泽庄	获得遗产,选择与圣约翰等人平分,拒绝圣约翰求婚	重情重义,不贪图钱财,追求爱情
芬丁庄	得知桑菲尔德被毁,罗切斯特受伤,选择嫁给罗切斯特	勇敢追求真爱

表12-3从"影响简·爱一生的重大选择"这一角度,对人物的事件和人物性格进行了梳理。希望同学们在阅读小说的时候,能从"选择—命运—性格"的角度阅读思考简·爱的一生,从简·爱的选择中汲取力量,明白好性格决定好未来的重要意义,少一些哈姆雷特式的彷徨,多一些简·爱的坚定与勇敢。

2.趣味任务驱动

任务驱动一:以一个人物的口吻,在不同的时间点给另一个人物写3封信,要求贴切,真实。

【学生作品】

亲爱的母亲:

您好!

我本是不愿打扰您的,但这件事让您的女儿我遭到沉重的打击,这是我的第一次恋爱。

　　我在桑菲尔德庄园工作,给一个小女孩做家庭老师。她是一个活泼可爱的孩子,在教育她这件事情上我从未操过心,她很聪明,她是庄园男主人收养的。庄主叫罗切斯特,他时而暴躁、冷酷、言语犀利,时而又温柔、软弱,有自己的独特见解。我无数次克制自己的情感,但在日常接触中却深深地被他吸引,无法自拔。我并没有因为地位的悬殊在他面前抬不起头来。

　　罗切斯特向我表白,他爱我,我理所应当地也爱着他。他虽然长得不帅,可以说是丑陋,但他独特的个人魅力令我为之着迷,正当我们准备步入婚姻殿堂时,一个外来之客闯了进来并告诉我,罗切斯特的老婆并没有去世。而我的爱人呢,他一开始不承认,后来他终于领我去看了他的妻子。我的心碎了,由于道德、法律,我决定守住自己的尊严,不管他用什么理由挽留。我毅然决然地选择了离开。

　　我试图淡忘并放下过去的种种,原本我以为自己喜欢上了一个正确的人,往后能过上幸福美满的生活。但,老天从来都没有眷顾过我,又一次让我过上了痛苦的日子。

　　我走出了桑菲尔德庄园的大门,未来的一切是一片可怕的空白,就像刚被洪水淹没过的世界,我不敢往回读一行、回头看一眼,否则,我的勇气就会瓦解。

　　母亲,您在天上是否可以告诉我,我的做法对吗? 我接下来的人生应该怎么办呢?

　　此致

敬礼!

对未来迷茫的女儿——简·爱

2019 年 8 月 22 日

教师点评:在爱情与道义间,简·爱选择了后者。连夜离开桑菲尔德,与罗切斯特不告而别。对于深爱着罗切斯特的简·爱来说,做出这样的选择是痛苦的,也是迷惘的。这位学生能写出这样的信,可以说已经真正走入了人物的内心。

　　任务驱动二:给《简·爱》中你喜欢的人物设计微信名、建立不同关系的微信群(见图 12 - 4 至图 12 - 9)。

学生作品

微信名:MISS JANE

个性签名:你的人生掌握在你手中,永远都要记住。

家人:里德舅妈、伊莉莎、乔治亚娜、约翰、圣约翰、戴安娜、玛丽

亦师亦友:谭波儿小姐

好友:海伦·彭斯

心仪之人:罗切斯特先生

微信群名:洛伍德××级班级群(海伦·伯恩斯、谭波儿小姐、简、米勒小姐……);

莫尔顿乡村学校班级群

图 12－4　学生作品一:简·爱

微信名:阿德拉·瓦伦

个性签名:阳光给你洗洗脸,晨风给你刷刷牙,微笑一下,给自己加油打气。

个性:活泼、快乐

家庭教师:简·爱

微信群名:瓦伦一家

群聊中的人:简·爱、罗切斯特等人

注:阿黛尔的父亲是罗切斯特先生,在简和罗切斯特婚后,阿黛尔到了一所制度比较宽松的学校,学习有了很大的进步。

图 12－5　学生作品二:阿黛尔

微信名:Helen

个性:宽容 坚强

签名:生命太短暂了,没时间恨一个人那么久……

最好的朋友:简·爱

微信群名:Helen Harper

群聊中的人:简·爱,罗切斯特等

注:海伦·伯恩斯——简·爱在洛伍德慈善学校的好友,聪明好学。因为肺结核而死。

图 12－6　学生作品三:海伦·伯恩斯

微信名：MR.ROCHESTER

个性签名：我准备让你热泪如雨，只不过希望它落在我的胸膛！

管家：爱丽思·费尔菲克斯

养女：阿黛尔

追求者：英格拉姆小姐

妻子：伯莎·梅森

心仪之人：简

微信群名：桑菲尔德家庭群（简、阿黛尔、伯莎·梅森）

图 12-7　学生作品四：罗切斯特

微信名：谭波儿老师

微信群名：洛伍德的朋友们

性格：善解人意，善良

学生：简·爱与海伦等

人物简介：谭波儿小姐是一位美丽动人、善解人意的老师。她不认可校长的教育方式，认为应该给孩子们多些关爱，私下经常给孩子们准备食物。在简·爱被冤枉时，帮助她证明她的清白。后跟牧师结婚，离开了洛伍德。

图 12-8　学生作品五：谭波儿

微信名：圣之徒

个性签名：我的主啊！阿门！

家人：黛安娜、玛丽、简·爱、约翰舅舅

仆人：汉娜

心仪之人：罗莎蒙德·奥利弗、简·爱

微信群名：沼泽居亲情群（黛安娜、玛丽、简·爱、汉娜）

　　　　　莫尔顿教徒群（圣·约翰、T先生、W女士、K小姐……）

图 12-9　学生作品六：圣约翰

教师点评：长篇小说，尤其外国小说，人名复杂难记。借助给书中人物设计微信签名和 QQ 说说的活动，用同学们喜闻乐见的方式，厘清小说中人物和人物的关系，拉近学生与作品的距离。

任务驱动三：观看电影《简·爱》，结合原著写影评，哪些地方电影与原著不同？哪些地方你觉得电影拍得不错？哪些地方你觉得可以改善？

【学生作品】

电影版《简·爱》很好地还原了原著，下面针对电影和原著的不同之处谈谈我的理解。

关于情节：在桑菲尔德府，简·爱同罗切斯特先生的对话几乎与书中完全相同，因为该段是本书的精髓所在。但由于影片时间的问题，一些看似不太重要的情节被删改，显得有一些不妥。例如，书中用大篇幅写了简·爱在盖茨海德府遭里德太太一家虐待，但在影片中这些被一笔带过。事实上，这一部分为后来简被送走埋下了伏笔，"真正的勇士，敢于直面惨淡的人生"，环境越恶劣，越能够凸显她敢于反抗的精神。因此，电影可在开头部分适当增加更加细致的细节。

关于人物：书与电影《简·爱》最大的区别在于，简·爱到沼泽山庄的情节被删改，删掉一个重要人物圣约翰。圣约翰是简的追求者，但简拒绝了他，因为圣约翰过于笃信权威，只是为了宗教才追求简。简的拒绝，反映了她对人性、自由、幸福生活的不懈追求。影片直接删去这段，不仅使简的形象单薄了些，在情节衔接方面也显得有些突兀。

除此以外，简·爱的叔叔简·艾略特也被编剧遗忘了，这使梅森到达教堂这一情节有些不合情理。或许是因为在荒原山庄偶遇表哥圣约翰、突然得到大量遗产这些情节显得有些巧合，为了真实性，电影将这些人物删去。

无论是电影版还是书版的《简·爱》，都展示了主人公简对公平、自由的不懈追求以及对不平等的反抗，反映了简敢于抗争、追求平等的进步精神，这种精神触动了观众和读者的心灵。或许有人认为纸质书阅读有些枯燥，电影更能吸引人，我却始终觉得，阅读更有利于我们品读作品深刻的内涵，揣摩作者的意图。电影的确起到了以流行方式传播名著、承载文化的作用，不过，我们在看电影的同时，还是要学会辩证地看待其内容。

教师点评：比较阅读一直是一种较为有效和常见的阅读指导方法，学生在比较中阅读,情节和人物会越比较越立体,而跨领域比较,则有助于打通多思维的通道,丰富学生的知识面。

以上提出的这些多种形式的趣味阅读任务,都需要结合学生的阅读实际和已有的生活经验使用,才能更有效地激发学生向深处探索阅读。

二、读出点方法

(一) 为阅读积累方法

《简·爱》作为初中生必读书目,教师势必要引导学生进行深度阅读。初中生的阅读经验较为缺乏,而且也没有太多的阅读方法,这导致他们在阅读过程中遇到各种各样的难题。面对这样的教学现状,初中语文教师需要有针对性地对学生进行名著阅读方法的指导,使学生能独立自主地开展科学阅读。

下面介绍几种在阅读《简·爱》时需要用到的阅读方法。

1. 对照阅读法

顾名思义,对照阅读法是让学生将不同的名著或者是同一名著中的不同片段进行对照阅读,引导学生对于名著中多元文学要素进行对比和思考,让学生获得更加深入全面的阅读感受的方法[①]。《简·爱》是一本带有自传色彩的外国长篇小说,读者可以在阅读的时候进行真实和虚构人物的比照阅读,也可以寻找不同的翻译版本进行比照阅读。《简·爱》也被拍摄成了电影,读者也可以进行电影和小说的比照,寻找电影和文学作品的不同。笔者的具体做法是,首先在《简·爱》名著推荐阅读会上,介绍简·爱和作者的生平,让学生感受到简·爱并不是完全虚构的人物,她有真实的人物经历和情感作为基底,再对人物所生活的社会背景进行一定的介绍,这样自然拉近了学生和人物、作者的距离。其次,让学生利用假期观看《简·爱》的电影,写简短的影评,让他们在名著导读课上进行交流,这样有助于学生对情节和故事增进了解。电影观看和名著阅读的过程中,他们会不自觉地产生比较阅读的思维,加深对情节和人物的理解和认识。

2. 浏览阅读法

浏览阅读是为了获取一定信息,不注重名著中不重要的情节的阅读法,实际

---

① 陈刚.初中语文整本名著阅读探讨[J].语文教学与研究,2018(10):26.

上是一种略读方法。当时间较为紧迫需要快速阅读时,需要用到略读和跳读的能力;当遇到自己不感兴趣的内容,或者与自己阅读目的无关的内容时可以跳读。比如《简·爱》中罗切斯特唱的歌:"从燃烧着的心窝,感受到了最真诚的爱,把生命的潮流,欢快地注进每根血管。每天,她的来临是我的希望,她的别离是我的痛苦。她脚步的偶尔延宕,使我的每根血管成了冰窟。我梦想,我爱别人,别人爱我,是一种莫名的幸福。朝着这个目标我往前疾走,心情急切,又十分盲目。谁知在我们两个生命之间,横亘着无路的广漠。白茫茫湍急而又危险,犹如翻江倒海的绿波。犹如盗贼出没的小路……"在速读第一遍时,这样的大篇幅铺陈渲染情感的内容,只需要略读,侧重于观其大略,粗略知道文章大意即可;确定阅读重点也可以跳读与情节无关的内容,例如《简·爱》中出现的大量的冲突性的人物对话和环境描写。

我磨尖了舌头,待他一走近我,便厉声问道,他现在要跟谁结婚呢?"我的宝贝简提出了这么个怪问题。""真的! 我以为这是个很自然很必要的问题,他已经谈起未来的妻子同他一起死,他这个异教徒念头是什么意思? 我可不想与他一起死——他尽可放心。""啊,他所向往,他所祈祷的是你与他一块儿活! 死亡不是属于像你这样的人。""自然也是属于我的,我跟他一样,时候一到,照样有权去死。但我要等到寿终正寝,而不是自焚殉夫,匆匆了此一生。""你能宽恕他这种自私的想法,给他一个吻,表示原谅与和解吗?""不,我宁可免了。"

这时我听见他称我为"心如铁石的小东西",并且又加了一句"换了别的女人,听了这样的赞歌,心早就化了"。

类似于这样属于恋人间的或直白或含蓄的互诉衷肠的语言和文字,学生在阅读的时候可以先简单地浏览。

3. 精读法

当有时间慢慢思考时,我们也要有耐心和理解力去精读书籍。对于名著中的重要情节、细节、经典情节等我们应该精读,进行细细地品读和揣摩,从中习得一定的文学创作方法,获得深入的情感体验。通过阅读,拥有分析力,能够进行批判性的思考。精读就是细读、精思、鉴赏,读到精彩之处不妨驻足细品,反复诵读、朗读,圈点批注。如,"我经历着一次煎熬。一双铁铸火燎的手,紧紧抓住了我的命脉。一个可怕的时刻,充满着搏击、黑暗和燃烧! 人世间再也没有人能期望像我这样被爱了。也没有人像我这样拜倒在爱我的人的脚下,我必须摒弃爱情和偶像。一个凄凉的字眼就表达了我不可忍受的责任——'走!'"当罗切斯特告知了简事情的真相,并且极力挽留简·爱留下时,简·爱面对爱情和道义内心矛盾,但还是勇敢地选择了责任,读到这里,我们不由地佩服简·爱的勇敢和决断。

需要指出的是,阅读整本书的过程应该是读者自发使用多种阅读方法的过程。读者如果使用思维导图阅读法进行整本书的阅读,也需要融合多种阅读法,绘制思维导图,需要有检索信息和关键词的能力,阅读时哪怕是快速浏览也要能找出正确关键词,抓住重点。

(二) 为写作积累方法

语文是读与写的结合,语文能力在广泛的阅读和写作中得到锻炼,经典的名著更是有助于提高学生的阅读和写作能力。夏洛蒂热爱绘画,据说她曾一度想成为一名职业画家。她的两幅绘画作品曾经在皇家北部艺术协会举办的、奖励利兹优秀美术作品的画展中展出,当时她只有 18 岁。扎实的绘画功底和深厚的文学素养,再加上自己的亲身体验、卓越的才智和丰富的想象力,夏洛蒂塑造了一个个有血有肉的真实人物。特别是作者以第一人称叙述,简·爱的所思所想、言谈举止被写得极为真实、生动。

1. 以真实的情感描写心理

《简·爱》通过细腻的描写,将人物的心理以及事件的发展方向写得生动明了,拉近了读者与作品的距离。

于是我就这么高高地站着。而我曾说过,我不能忍受双脚站立于房间正中的耻辱,但此刻我却站在耻辱台上示众。我的感触非语言所能形容。但是正当全体起立,使我呼吸困难,喉头紧缩的时候,一位姑娘走上前来,从我身边经过。她在走过时抬起了眼睛。那双眼睛闪着多么奇怪的光芒!那道光芒使我浑身充满了一种多么异乎寻常的感觉!这种新感觉给予我多大的支持!仿佛一位殉道者、一个英雄走过一个奴隶或者牺牲者的身边,刹那之间把力量也传给了他。我控制住了正待发作的歇斯底里,抬起头来,坚定地站在凳子上。海伦·彭斯问了史密斯小姐某个关于她作业的小问题,因为问题琐碎而被训斥了一通。她回到自己的位置上去时,再次走过我,对我微微一笑。多好的微笑!我至今还记得,而且知道,这是睿智和真正的勇气的流露,它像天使脸上的反光一样,照亮了她富有特征的面容、瘦削的脸庞和深陷的灰眼睛,然而就在那一刻,海伦·彭斯的胳膊上还佩戴着"不整洁标记";不到一小时之前我听见斯卡查德小姐罚她明天中饭只吃面包和清水,就因为她在抄写习题时弄脏了练习簿。人的天性就是这样的不完美!即使是最明亮的行星也有这类黑斑,而斯卡查德小姐这样的眼睛只能看到细微的缺陷,却对星球的万丈光芒视而不见。

这段文字是对站在耻辱台上无故受罚的简·爱的心理描写,以及通过"我"的眼睛观察到的好朋友海伦·彭斯的形象和神态,传神地写出了"我"遭遇羞辱和感受友爱时对丑和美的真实感觉。这种从第一人称叙述的角度,让读者更能感同身受。

2. 以写生方式来刻画人物

高高的个子,漂亮的胸部,斜肩膀,典雅颀长的脖子,黝黑而洁净的橄榄色皮肤,高贵的五官,有些像罗切斯特先生那样的眼睛,又大又黑,像她的珠宝那样大放光彩。同时她还有一头很好的头发,乌黑乌黑,而又梳理得非常妥帖,脑后盘着粗粗的发辫,额前是我所见到过的最长最富有光泽的鬈发。她一身素白,一块琥珀色的围巾绕过肩膀,越过胸前,在腰上扎了一下,一直垂到膝盖之下,下端悬着长长的流苏。头发上还戴着一朵琥珀色的花,与她一团乌黑的鬈发形成了对比。

这段文字是对布兰奇·英格拉姆的外貌描写。透过简·爱的眼睛,我们仿佛看到了布兰奇·英格拉姆的半身肖像画:胸部、肩膀、脖子、眼睛、头发。这里描绘出了当时典型的英国上层女子的半身形象。作者描写的时候抓住了这位贵族小姐的外貌特征,身材高挑,面容姣好,衣着华丽,乌黑的头发、纯白的衣服、琥珀色的围巾和发饰,画面配色彰显出贵族小姐的典雅、高贵。像这样用写生的方式来刻画的人物形象还有罗切斯特和圣约翰。学生在写作的时候也能借鉴夏洛蒂运用的人物写生技巧,用细腻的语言来刻画人物形象。

3. 用绘画技法来描绘环境

一张床醒目地立于房间正中,粗大的红木床柱上,罩着深红色锦缎帐幔,活像一顶帐篷。两扇终日窗帘紧闭的大窗,半掩在类似织物制成的彩饰和流苏之中。地毯是红的,床脚边的桌子上铺着深红色的台布,墙呈柔和的黄褐色,略带粉红。大橱、梳妆台和椅子都是乌黑发亮的老红木做的。床上高高地叠着褥垫和枕头,铺着雪白的马赛布床罩,在周围深色调陈设的映衬下,白得炫目。几乎同样显眼的是床头边一张铺着坐垫的大安乐椅，一样的白色，前面还放着一只脚凳；在我看来，它像一个苍白的宝座。

这段文字写出了幼小的简·爱被关在红房子里的孤独，"紧闭的大窗"，密闭的空间放大了她的恐惧。红房子的一切陈设，"深红色锦缎帐幔""深红色""黄褐色""乌黑发亮的老红木""白得炫目的床罩"，这些明暗对比的色彩显示出作者的绘画知识和技法，渲染了恐怖的环境，表现了作者的情感。

此刻是二十四小时中最甜蜜的时刻——"白昼已耗尽了它的烈火"，清凉的露水落在喘息的平原和烤灼过的山顶上。在夕阳朴实地西沉——并不伴有华丽的云彩——的地方，铺展开了一抹庄重的紫色，在山峰尖顶的某处，燃烧着红宝石和炉火般的光焰，向高处和远处伸延，显得越来越柔和，占据了半个天空。

作者从绘画的角度，用色彩描绘景物，同时，这些色彩还表达出作者丰富的情感。夏洛蒂抓住了夕阳下景物的色彩"庄重的紫色""红宝石和炉火般的光辉"，艳丽的颜色呼应了作者的心情。光线由一个点散开，笼罩着"平原""山顶""小山峰""天空"，让夕阳中的桑菲尔德如梦境一般，色彩斑斓，让人沉醉。如诗如画的景色正是简·爱内心世界的投射，这些真实地表现了简·爱爱上了罗切斯特，也爱上了桑菲尔德的一切。

作者很擅长在描写环境的时候，捕捉景物的色彩，注意光线的变化，进行近景与远景的搭配，这使得她笔下的环境呈现出一幅和谐的画面。这种写景的方法其实我们在写作中是可以学习的。

三、读出点精神

经典是人类智慧的结晶，阅读经典可以涵养性情、启迪人生。经典作品会丰富我们的人生感受和经验。比如《简·爱》，虽然反映的生活场景与我们的时代不同，但是简·爱顽强、追求自由和真爱的精神，具有穿越时空的魅力，将丰富我们每个人对自由和平等的认识。经典文学作品所表现的社会人生，具有长远的认识价值和审美价值。读经典作品，可以帮助我们思考人生问题。读名著，就像看汽车的后视镜，是为了让我们更好地前行。简·爱在逆境中不忘学习和丰富自己，至今仍然是值得我们学习的。

《简·爱》是一部成长小说，简·爱父母早逝，从小孤苦无依，被寄养在舅舅家里。然而,疼爱她的舅舅早逝,舅妈虚伪并且厌恶她,表哥表姐时常虐待她,仆人也不尊重她,这些经历使简·爱从小饱尝了生活的艰辛和人情冷暖。但是她意志坚强,敢于抗争,勤奋学习,最后从一个地位卑微的"灰姑娘"蜕变成一位有人格魅力的女性,最终获得了幸福。简·爱的一生充分说明了一个人的内涵和精神力量是坚不可摧的,是战胜一切困难走向幸福生活的源泉,她也成了现代女性成长的榜样。读完《简·爱》后,班级里有两位女生有了这样的感悟:

(一) 与人物对话

《给简·爱的一封信》

亲爱的简小姐:

您好! 岁月如梭,光阴似箭。这些年来,您生活得是否幸福? 不知您现在是为生活而奋斗,还是已经沉下心来,收获了生活上的喜悦呢?

翻开书本,我被您的坚强所吸引。您出身于一个清贫的牧师家庭,父母由于感染风寒,在一个月内先后离世,于是您被寄养在富裕的舅舅家,他对您视如己出。可是好景不长,不久舅舅也病逝了。从此,您受尽舅妈的虐待,什么脏活累活都是您一个人做,连仆人也嫌弃您。还记得那天早晨在阳光室发生的事情吗? 那天,您正在看书,可表哥却来刁难您,认为您没有权利看他们家的书,于是他便挑逗您,温文尔雅的您突然间爆发了,您认为不该再退让了,于是你奋起反抗。这导致您被关进了红房子。那间红房子是里德先生逝世的地方。您虽害怕,但更多的是坚强。如果换作是我,我一定会非常害怕。在洛伍德学校,面对老师的责骂,同学的嘲讽,生活的压迫,您并没抱怨过,而是坚强地去面对……

阅读书本,我渐渐地了解了您,感动于您的勇敢与坚持,在如此恶劣的环境下,困难的生活却从未打倒过您,您没有止步不前,而是始终怀着坚定的意志与信念。在生活的磨难中您体验了很多,同时也收获了许多。与此同时,您也遇到了罗切斯特先生,面对地位的悬殊,您没有因为自己是家庭教师而抬不起头,而是不卑不亢地面对着自己心仪的人。您的执着、善良、美好的品性也在不知不觉中深深地打动了罗切斯特先生。然而造化弄人,您和他的结合遇到了各种困难和阻挠,好在最后,您克服了种种阻力,最终以平等的姿态与心灵相通的罗切斯特先生走到了一起。

合上书本,我长舒了一口气,心情久久难以平复。我望着手中您的画像,您正慈祥地向我微笑,我的心被扎了一下,同样是女孩,您早早承担起家庭的责任与义务,而我却仍是温室里的花朵。同样的年纪,您早已规划好自己的人生,而我却抱怨学习……感谢您,简·爱,是您教会了我生命的意义!

祝:

生活幸福

您忠实的读者:黄欣怡

2019 年 6 月 9 日

教师点评:黄欣怡同学以书信的方式记录了读完《简·爱》的感受,通过深度阅读,她懂得了简·爱的倔强和坚持、勇敢与善良,也敬佩简·爱在爱情中表现出来的自尊和自爱,继而联想到同样作为女孩子的自己。小读者从名著中汲取了美好向上的精神,懂得了生命的意义,并用来指引自己的生活,这就是阅读的意义。

《写给夏洛蒂的一封信》节选

亲爱的夏洛蒂·勃朗特小姐:

对您作品中的简·爱我只能这样形容:可怜但不弱小。虽然在很小的时候简·爱就失去了父母,寄宿在不待见她的舅妈家,但她仍然靠着自己坚强的意志力和顽强不屈的个性,收获了一份不错的职业与一段曲折但结局美满的爱情,这让我感到真正的佩服和感动。当得知书中的主人公简·爱是您人生经历的一个缩影后,我不禁心头一震。原来您也从小生活在一个贫苦的牧师家庭,但是您爱好广泛,自立自强,喜欢写作,在逆境中保持对学习的热爱、对生活的希望。在爱情面前,您跟简·爱一样保持了自尊和自爱,没有迷失自己,最后遇见了真爱,这让我为您感到高兴,当我了解到您结婚六个月后不到一年就因病去世了,我很难过,内心深处希望您幸福美满的日子跟童话故事里一样永远持续下去……

您忠实的读者:黄奕哲

2019 年 9 月 20 日

教师点评:小作者通过与作者对话,走进作者的生平,了解作者的生活,让一个原本模糊的陌生人,变成了一个立体的、真实可感的朋友。跟着作者的经历,感受作者的喜怒哀乐,读者对文学作品的阅读加深了,读者对作品意义的认识也加深了。

（二）与时代融合

您所生活的时代，是一个女性没有工作，大多在家里做家庭主妇，只有依附男性才能生存的时代。当时西方的阶级观念十分浓厚，出身就是决定阶级的重要因素。20岁的您怀着对文学的热爱，带着惴惴不安的心情，把自己认为最好的几首诗，寄给当时大名鼎鼎的桂冠诗人罗伯特·骚塞，希望能得到崇敬的文学前辈的指点、提携。第二年春天，他在信中对您说："在大自然里，小草和大树都是上帝的安排。放弃你可贵徒劳的追求吧——文学，不是妇女的事业，而且也不应该是妇女的事业。"他劝您别妄想成为一名诗人，但是您没有放弃。您像简·爱一样没有放弃您的追求和梦想。您舍弃了当时市面上流行的王子公主这样的老套题材，将目光聚焦在一个贫弱的孤女身上，告诉人们"丑小鸭"通过自己努力也可以成为"天鹅"，获得幸福。《简·爱》可谓是开创了西方女性文学的先河。您用您的成功向世人证明女子未必不如男，您用您的实际行动鼓舞了一代又一代的女性勇敢追求自己的理想。

——学生作品《给夏洛蒂的一封信》节选

教师点评：夏洛蒂在创作《简·爱》时，英国已是世界上的头号工业大国，但是当时的社会普遍认为，一个女性最好的归宿就是嫁入豪门做贤妻良母。小读者结合小说的时代背景和作者生活的时代背景来阅读，了解到小说对简·爱的塑造，突破了欧洲传统小说中上层社会女性攀附男性处于弱势的旧套路。《简·爱》这本书成了欧美女权运动的先声，后世的女性主题小说都不同程度地受到夏洛蒂的影响。小作者与时代对话，融入简·爱所在的时代，与人物共呼吸，感受当时的时代气息。

（三）与名言相伴

我特别喜欢简·爱说的一句话："假如你避免不了，就得去忍受。不能忍受生命中注定要忍受的事情，就是软弱和愚蠢的表现。"这句话不知道出了多少人的心声，鼓舞了多少正遭遇困苦的人。在不知经历过多少次的磨难后，我们才会见到生活的喜悦，但如果你始终打败不了人生中的"拦路虎"，不就是软弱愚蠢的表现吗？不该来的你永远不会面对，该来的你永远都不会错过。

——学生作品《给夏洛蒂的一封信》节选

教师点评：简·爱所经历的磨难让她成为一个更好的自己，《简·爱》中不乏经典名言,例如:"我越是孤独,越是没有朋友,越是没有支持,我就得越尊重我自己。""生命太短暂了,不应该用来记恨。人生在世,谁都会有错误,但我们很快会死去。我们的罪过将会随我们的身体一起消失,只留下精神的火花。这就是我从来不想报复,从来不认为生活不公平的原因。我平静的生活,等待末日的降临。""怜悯,不过是内心自私无情的人,听到灾祸之后所产生的以自我为中心的痛苦,混杂着对受害者的盲目鄙视!""你以为,因为我穷、低微、不美、矮小,我就没有灵魂没有心吗?你想错了!——我的灵魂跟你的一样,我的心也跟你的完全一样!"……当我们面对困难时,简·爱的这些名言都能带给我们继续前进的力量、宽恕他人的度量、内心的平和以及让自己变得更强大的动力。青春期的孩子们,通过阅读走进经典,从经典中汲取人生智慧,在面对困难与挫折时懂得该如何抉择,他们将遇见更好的自己。

《简·爱》是一本爱情小说,它通过第一人称叙述,用简·爱的爱情故事告诉我们,自尊和自爱、自由和平等才是爱情最美的样子,也只有这样我们才能获得真正的幸福。《简·爱》不仅仅是一本爱情小说,它用简·爱与苦难抗争的一生告诉我们,面对困难只有迎难而上,将所有的沙砾包裹起来,经历时间与岁月的沉淀,才能成为光彩夺目的珍珠。好看的皮囊千篇一律,有趣的灵魂万里挑一,一直以来真正吸引罗切斯特和读者的都是简·爱的学识、修养、伟大的人格和精神。

奇遇之旅　探寻过往

——《格列佛游记》整本书阅读指导

　　《格列佛游记》是原苏教版语文教材九年级上册第二单元推荐阅读的名著,这一单元的教学要求是品味、感悟、欣赏。笔者主要从品味、感悟这两点,对《格列佛游记》整本书阅读进行简要的阅读指导。

一、读出点内容

(一) 了解作者和写作背景

　　斯威夫特(1667—1745),是一位讽刺作家,他是一名牧师、一位法政撰稿人、一名才子。早期的两部讽刺作品是《一只桶的故事》和《书的战争》,代表作是《格列佛游记》。1745 年 10 月 19 日,斯威夫特在阴郁和孤苦中告别了人间,终年78 岁。

　　斯威夫特生活的时代正是英国政治形势变革较多的时期。当时的英国存在着种种矛盾:人民群众和统治阶级之间的矛盾、国内统治集团之间的矛盾、英国和殖民地之间的矛盾等。

(二)《格列佛游记》概要

　　《格列佛游记》是一部杰出的纪行体讽刺小说,全书共四卷。

　　第一卷写的是格列佛在利立浦特(小人国)的遭遇。小人国的居民身高仅 6 英寸。在小人国,格列佛就像一座"巨人山"。当时利立浦特正遭到布莱夫斯库(另一个小人国)入侵,格列佛涉过海峡把敌国舰队的大部分船舶拖来,迫使敌国遣使请降。尽管格列佛立了奇功,但后来因为有几件事得罪了国王,国王便决定刺瞎他的双眼,将他饿死。格列佛得知消息,仓皇逃向邻国,修好一只小船起航回家。

　　第二卷描述格列佛在大人国的遭遇。格列佛又一次在出海时,遭遇风暴,船被刮到了一片生疏的新大陆。这块陆地就是布罗卜丁奈格(大人国)。那里的居民高如铁塔。格列佛到了这里,瞬间从"巨人山"变成了侏儒。格列佛被农夫当作玩物带回了家。为了赚钱,农夫竟把他带到市镇,让他耍把戏,供人观赏。后来格列佛被皇后买去,可以与大人国的国王一起生活。之后,格列佛的思乡之情日益强烈,在一次随国王巡视边陲时,他佯称有病,去海边呼吸清新空气。当他钻入岸上的一只小木箱睡觉时,不料木箱被飞来的一只大鹰叼走了。

第三卷写的是格列佛在飞岛国的经历。这一卷以格列佛游历拉普塔(飞岛国)为写作中心,兼及了巴尔尼巴比、拉格奈格、格勒大锥和日本 4 个地方的纪行。装有格列佛的木箱落入大海,被途经的船只发觉,格列佛得救,终于又返回英国。

第四卷描写了格列佛在慧骃国的所见所闻。后来,格列佛遭到了慧骃的流放,他只好闷闷不乐地返回那块生养他如今却使他厌恶的故土,无可奈何地与一个"野猢"在一起度过余生。

(三) 问卷调查

《格列佛游记》学生阅读调查问卷

班级_____　　姓名_____

本调查是借此了解班级学生对《格列佛游记》的阅读情况,以更好地开展本学期《格列佛游记》主题阅读课程,请如实填写。

1. 你对《格列佛游记》的了解,属于以下哪种情况(可多选)　　　　(　　)

A. 看过电影　　　　　　　　B. 阅读过青少版

C. 阅读过原著　　　　　　　D. 其他

2. 你是否喜欢《格列佛游记》?　　　　　　　　　　　　　　(　　)

A. 喜欢　　　　　　B. 不喜欢　　　　　　C. 一般

3. 你阅读了《格列佛游记》原著哪些章节?

_____

4. 你对《格列佛游记》中哪个人物印象最深? 为什么?

_____

5. 你对《格列佛游记》中哪个国家的经历印象最深?

_____

6.《格列佛游记》原著阅读,你有什么困难? 期望老师提供什么帮助?

_____

_____

分析发现：

第一，由于是外国文学作品，译著版本较多，建议学生选择"语文新课标必读丛书"（人民文学出版社）和"经典名著深度导读"（苏州大学出版社）这两种版本进行阅读。

第二，全书约 219000 字，虽然不算很长，但是人名、地名、航海术语等比较复杂，有些还容易混淆，要指导学生有效地阅读还是要花些心思的。

（四）怎么阅读

1. 制订计划——真读

学生每天大概可以阅读 4 个章节，本书涉及的外国人名和地名有些难记，阅读的时间跨度不宜过长，要有连续性，否则容易读了后面忘记前面。另外，不同的学生阅读习惯和理解能力有一定的差异，最好是教师先给出阅读计划的意见，学生再根据自己的阅读情况进行适当调整。制订阅读计划如表 13-1 所示：

表 13-1　阅读计划表

阅读计划	完成情况	阅读心得
一卷（1～4 章）		
一卷（5～8 章）		
二卷（1～4 章）		
二卷（5～8 章）		
三卷（1～4 章）		
三卷（5～8 章）		
三卷（9～11 章）		
四卷（1～4 章）		
四卷（5～8 章）		
四卷（9～12 章）		

2. "三卡"定心——尝味

学生是名著阅读的主体，教师首先要放手让学生自行阅读，同时还可以设计《自读卡片》和以阅读小组为单元的《阅读情况交流卡片》及《阅读小组评价卡片》，借助这 3 份卡片来考查与激励学生进行自主阅读。

（1）自读卡片

自读卡片中每个项目的填写都需要学生在认真阅读的基础之上才能完成，并且内容的设计上也有意识地训练学生的一些能力，如概括内容、赏析文句和感悟内涵等。

（2）交流卡片

为了让学生加强阅读交流，可以把班上的学生分为几个阅读小组，根据学生的学习层次，尽量做到各组水准的平衡。每两周安排一次小组的组内阅读交流，每次交流时间为 20 分钟左右。交流结束后，组长汇总组员的意见填好交流卡片。

（3）评价卡片

结合自读卡片的完成情况和课堂阅读交流情况，按照上述两项分数评比出两个名著阅读优秀小组，进行表扬和嘉奖，让学生尝到认真阅读的甜头。

3.“二读”入心——取精

一次自读过程的完成，并不等同于名著阅读活动的结束。“好书不厌百回读”，只有反复阅读、品味名著，才能吸取更多的精神营养。相对于自主阅读而言，名著赏读课是更高层次的阅读，赏读课要根据“读情”来设计。所谓读情，是指基于学生自身的阅读兴趣和阅读水准在阅读中应运而生的阅读情况，包括阅读障碍和阅读困惑等。

不少学生在阅读《格列佛游记》的过程中反映：小说有些幼稚，不太适合九年级阅读。其实童话色彩只是小说表面的部分特性，深奥的嘲讽才是小说的灵魂。于是笔者自己也静心阅读了原著，并查阅了大量关于斯威夫特的资料。经过一段时间的筹备，笔者设计了一节旨在引导学生深入了解作者及其作品的赏读课。课后，学生阅读的兴趣明显提升了，之前的想法也改变了。

4. 思维导图——读薄

《格列佛游记》共四卷，39 章。学生读完每一章后，需要建立整体感知，即清楚这一章讲了什么内容、从哪几个方面写、出现了哪些人物等，这是十分重要的。有了整体感知，思维导图就有了大致框架，学生可以按章节人物的活动、情节的发展等画出整体架构图，导读完《格列佛游记》后，精心构思，把思维导图的细节补充完整（见图 13 - 1、图 13 - 2）。

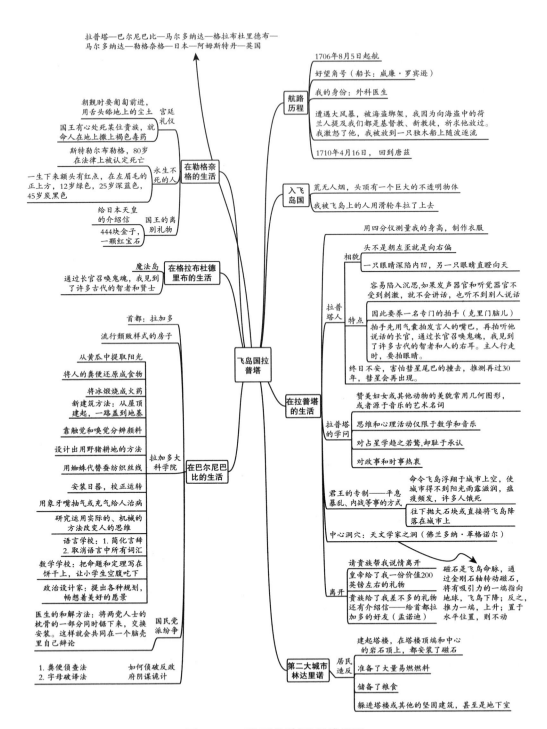

拉普塔—巴尔尼巴比—马尔多纳达—格拉布杜里德布—
马尔多纳达—勒格奈格—日本—阿姆斯特丹—英国

1706年8月5日起航

好望角号（船长：威廉·罗宾逊）

我的身份：外科医生

遭遇大风暴，被海盗绑架，我因为向海盗中的荷兰人提及我们都是基督教、新教徒，祈求他放过。我激怒了他，我被放到一只独木船上随波逐流

1710年4月16日，回到唐兹

航路历程

朝觐时要葡匐前进，
用舌头舔地上的尘土　宫廷礼仪

国王有心处死某位贵族，就
命人在地上撒上褐色毒药

斯特勒布勒格，80岁
在法律上被认定死亡

一生下来额头有红点，在在眉毛的
正上方，12岁绿色，25岁深蓝色，
45岁炭黑色

永生不
死的人

在勒格奈
格的生活

给日本天皇
的介绍信

444块金子，
一颗红宝石

国王的离
别礼物

荒无人烟，头顶有一个巨大的不透明物体

我被飞岛上的人用滑轮车拉了上去

入飞
岛国

用四分仪测量我的身高，制作衣服

头不是朝左歪就是向右偏

相貌

一只眼睛深陷内凹，另一只眼睛直瞪向天

容易陷入沉思，如果发声器官和听觉器官不
受到刺激，就不会讲话，也听不到别人说话

因此要养一名专门的拍手（克里门脑儿）

拍手先用气囊拍发言人的嘴巴，再拍听他
说话的长官，通过长官召唤鬼魂，我见到
了许多古代的智者和人的右耳。主人行走
时，要拍眼睛。

终日不安，害怕彗星尾巴的撞击，推测再过30
年，彗星会再出现。

魔法岛

通过长官召唤鬼魂，我见到
了许多古代的智者和贤士

在格拉布杜德
里布的生活

特点

拉普
塔人

首都：拉加多

流行颓败样式的房子

从黄瓜中提取阳光

将人的粪便还原成食物

将冰煅烧成火药

新建筑方法：从屋顶
建起，一路盖到地基

靠触觉和嗅觉分辨颜料

设计出用野猪耕地的方法

用蜘蛛代替蚕纺织丝线

安装日晷，校正运转

用象牙嘴抽气或充气给人治病

研究运用实际的、机械的
方法改变人的思维

语言学校：1. 简化言辞
2. 取消语言中所有词汇

数学学校：把命题和定理写在
饼干上，让小学生空腹吃下

政治设计家：提出各种规划，
畅想着美好的愿景

拉加多大
科学院

飞岛国拉
普塔

在拉普塔
的生活

赞美妇女或其他动物的美貌常用几何图形，
或者源于音乐的艺术名词

思维和心理活动仅限于数学和音乐

对占星学趋之若鹜，却耻于承认

对政事和时事热衷

拉普塔
的学问

命令飞岛浮翔于城市上空，使
城市得不到阳光雨露滋润，瘟
疫频发，许多人饿死

往下抛大石块或直接将飞岛降
落在城市上

君王的专制——平息
暴乱、内战等事的方式

中心洞穴：天文学家之洞（佛兰多纳·革格诺尔）

在巴尔尼巴
比的生活

医生的和解方法：将两党人士的
枕骨的一部分同时锯下来，交换
安装。这样就会共同在一个脑壳
里自己辩论

国民党
派纷争

请贵族带我说情离开

皇帝给了我一份价值200
英镑左右的礼物

贵族给了我差不多的礼物，
还有介绍信——给首都拉
加多的好友（孟诺迪）

离开

磁石是飞岛命脉，通
过金刚石轴转动磁石，
将有吸引力的一端指向
地球，飞鸟下降；反之，
推力一端，上升；置于
水平位置，则不动

1. 粪便侦查法
2. 字母破译法

如何侦破反政
府阴谋诡计

建起塔楼，在塔楼顶端和中心
的岩石顶上，都安装了磁石

居民
准备了大量易燃燃料

储备了粮食

躲进塔楼或其他的坚固建筑，甚至是地下室

第二大城市
林达里诺

图 13−1　《格列佛游记》思维导图一

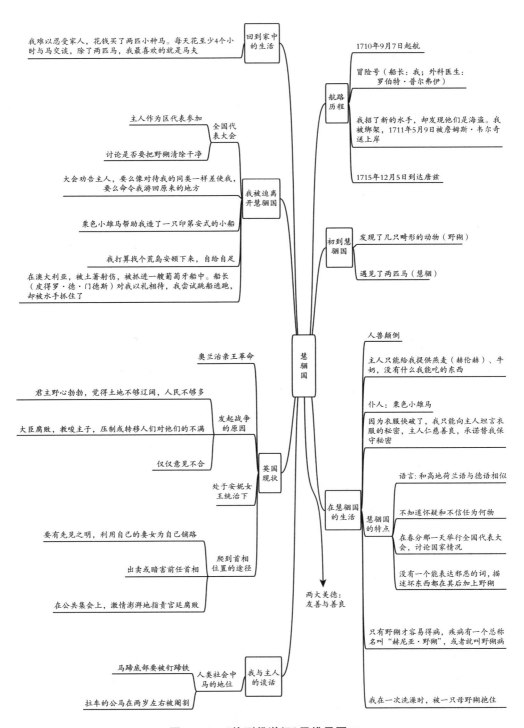

图 13－2　《格列佛游记》思维导图二

5. 趣味阅读——转性

趣题一:贯穿整篇小说的"排泄物"是否有必要?

第一次出现"排泄物",是在第一卷第二章。在小人国里格列佛被 6 英寸小人捆着,格列佛已经两天没有"拉"。周围的一大群小人让他觉得这个生理需要相当难堪。最后到了居所,他赶快爬到屋里,关上门把身体里那难受的东西排掉。

第二次出现在第一卷第五章。皇宫着火了,火势太猛,小人国的水桶实在是于事无补。格列佛灵机一动,想到用尿来救火的主意。昨晚他喝了很多酒,还没有小解过,而这个场景让他热血沸腾,酒也就变成尿了。他对准火灾现场就排空了,把火给灭了。

第三次出现在第二卷第一章。格列佛和老鼠搏斗之后,女主人进来安慰他,他突然想去厕所了。他解释得非常尴尬,又指着门外又鞠躬,好半天女主人才明白了,也知道格列佛不好意思,就带他去花园解手。格列佛最终躲在两片酸模树叶之间解决了生理需要。

第四次出现在第二卷第三章。大人国的苍蝇十分恼人,不停地嗡嗡嗡叫,还会落在格列佛的食物上,拉屎产卵,十分恶心。除了格列佛,没有人注意到。因为格列佛在大人国的比例,他似乎看什么都带着放大镜一样了。

第五次出现在第二卷第五章。大人国皇宫里的侍女带着格列佛在花园,她们显然不把格列佛当回事。她们会毫无顾忌地小解。在格列佛的眼里,再美的人体也变得粗糙、不均匀。

第六次出现在第三卷第五章。在拉格多科学院,格列佛见到的第一个人研究的是怎样把人的粪便还原为食物。他每周的福利是一桶粪便。实验室充满恶臭,这个研究者脸上和胡子上带着惨淡的黄色,衣服上也沾满秽物。

第七次出现在第四卷第一章。格列佛在慧骃岛上遭到野猢的攻击,满身周遭都是野猢的屎。

第八次出现在第四卷第七章。讲到野猢中邪,会把自己的屎和尿混到一起从喉咙里灌下去,作为解药。

第九次出现在第四卷第八章。格列佛抓住一个小野猢,这个 3 岁的小野猢臭得比狐狸和臭鼬还厉害,又咬又抓又暴力,还会突然拉稀,恶心得让人受不了。

"排泄物"不是不可以写,但书写背后须有充分的缘由。《格列佛游记》中对

"排泄物"的书写，从第一卷贯穿到第四卷，理由充分，点到即止。从语言表述上看，文中一开始用词文雅，描写格列佛不得不如厕时感到尴尬无奈，并且反复道歉希望读者原谅。说到飞岛国用粪便来做实验的时候，行文已经表露出很明显的反感。在第四卷中描绘野猢的丑陋粗鄙，对其生活细节的描述则充满污秽和排泄的意象，让读者从生理和心理上都感到不适。换言之，对于自然的不愉快，格列佛以礼相待；对于科学愚蠢的自以为是，格列佛嘲弄鄙视；而对于野猢——人性的丑陋，格列佛的反感痛恨已经登峰造极，夸张的描写背后，是情绪的忍无可忍。

有感而发的写作，为"排泄物"的不同书写方式提供了缘由。在第二卷大人国游记第一章，好心的女主人带格列佛去花园如厕之后，作者发了一通议论：希望读者原谅自己反复提到"细节"（如厕），并且说这样的细节对于"低等的俗人"来说，也许无关紧要，但是对于"哲学家"而言，则可以"拓宽思想和想象，并将其用于公众及私人生活的改善"。为了尽可能完整地呈现此次旅程的真相，作者说自己在写作时，没有遗漏任何一个"实质事件"。在《格列佛游记》中抛出来的这一坨坨"排泄物"，确确实实是不能够更实在的实在物。

趣题二：《格列佛游记》中对人性的阐述有哪些？

▲小人国

（1）阴险狡诈，假仁假义，自私自利的人

小人国中的低跟党和高跟党彼此针锋相对，势不两立。他们的钩心斗角，明争暗斗，讽刺了当时英国政坛上的党派。这些人阴险狡诈、假仁假义、自私自利。不同的政党也不过是一丘之貉。

（2）因教派之间的不和而不断挑起争端的人

小说中小人国内鸡蛋从大端打还是从小端打的矛盾，暗射了当时英国基督教和天主教之间的矛盾，讽刺了那些因小事便要挑起争端的人。小人国中《古兰经》对宗教的模棱两可、糊里糊涂的解释，也表达了作者对教会的批判，对那些以宗教为托词发动大战的人的嘲讽。

（3）表面上虚张声势以为自己很强大，实际上自不量力的人

格列佛刚到小人国时，小人们都搭弓射箭——"然后他们又朝天空一阵乱射，就像我们在欧洲扔炸弹那样。虽然我感觉不到，但是我猜测有许多箭落到了我的

身上。"小人们明明自知打不过格列佛，却还是要虚张声势，以为自己很强大，实在是自不量力的体现。

▲**大人国**

（1）仁慈善良的理想之人

大人国的国王不仅思想深邃、很有见地，而且公正无私、治国有方，有各种令人钦佩、爱慕、敬仰的品格。格列佛曾向他提出一项对其极有利的建议——使用火药，但国王拒绝了，这说明他蔑视权力，主张和平。他待人热情、正义、仁慈，容易令人接近，心中都是美好的念头。在格利佛的心中，他是理想君主的形象，也是一个仁慈善良的理想之人。

（2）深入了解某对象就会生出厌恶的天性的人

格列佛来到大人国后，周围的人都特别高大，而他自己是那么渺小，因此格列佛开始敬畏这些魁梧的人类。但当他见识到各种事物后，发现大人国的女人竟是如此的丑陋。人们往往是这样，最初对一样事物的感觉靠自己主观臆断来判定，往往只是浮于表面，然而真正用心去寻找它原始、内在的东西的时候，要么讶异于与以往的大不相同，要么恍然大悟自己下定论为时过早。

▲**飞岛国**

（1）虚伪、不切实际的人

飞岛国里的人都奇形怪状，且残暴不仁。国王给贵族皇室丰厚的田地和住宅，却让其他岛屿上的子民受苦受难，他们还靠"飞岛"来威胁其他人。飞岛国的科学家们只会研究不切实际的问题，而这样的研究纯粹是为了自己着想，甚至不让人们学习，并将其称为"为了他们的健康"。教授只管道听途说，将没有证实的方案写进书里。这个国家的人，一生都在幻想，所有人都愚昧无知，国王不得民心，民众不为之行动，国家得不到发展迟早会灭亡。

（2）荒唐可笑、阿谀奉承的人

国王恩准"我"用舌头舔着地板觐见国王，多么令人惊讶啊！用舌头舔地板这么荒唐的事情，竟然成了人人讨好国王用以奉承的手段，对于臣子来说那甚至是一种"特殊的恩典"。可见，国王被多么"神化"了，这里的封建君主专制的观念是多么根深蒂固呀！这里同时也讽刺了那些荒唐可笑、阿谀奉承的人。

▲慧骃国

（1）贪婪堕落、撒谎成性、本性难移的人

在这个神奇的国度，有着人兽颠倒的怪诞现象：人成了贪婪粗鲁的"野猢"，马却是理性智慧的"慧骃"。这种写法，巧妙地讽刺了一部分人类，传达出人有时还不如禽兽的意味，这样的"人"着实令人厌恶。作者在这里还将人的贪婪本性放大，与"慧骃"做对比，更让读者对人的本性生疑。

（2）充满淫欲、阴险、野心的人

"它假装躲躲藏藏，做出些古怪夸张的动作，还不停地扮些鬼脸，同时散发出一股难闻的骚臭味。""或许女人天生就有放荡、轻浮、刁难、诽谤的习惯吧。"母野猢仿佛成了野蛮的象征，当然不仅仅指女人，还有当时的整个英国社会中充满淫欲、阴险、野心的人们。

（3）智慧优雅的理想中的人

作者对人性的弱点进行无情鞭挞的同时，也对美好的人性进行了倾情的勾勒。"这些高贵的慧骃是所有美德的化身，作为理性的动物，它们不知道什么是罪恶。因此，它们视培养理性并受理性的支配与教导为它们的座右铭。"多么令人向往的天然美好的"人性"！

二、读出点方法

（一）提升阅读能力的方法

名著阅读是语文学习中不可缺少的必要环节，读好一本书需要用到多种阅读方法，如速读、跳读、览读、精读、比较阅读、悟读等方法。《格列佛游记》作为拓展阅读书目，学生阅读这本书除了要有浓厚的阅读兴趣之外，还需要较丰富的阅读方法，但初中生的阅读经验较为缺乏，也未能掌握比较多的阅读方法，这导致学生在名著阅读中遇到困难。面对这种现状，教师有必要对学生进行名著阅读方法的指导，促使学生自主开展科学阅读。对这本名著，我建议学生采用精读、对比阅读、悟读的方法去阅读。

1. 精读

精读即逐章逐节进行深入细致的阅读的方法。精读就是细读、精思、鉴赏，读到精彩之处不妨驻足细品。学生可以对名著中的细节、重要情节等进行细细品味和认真揣摩,反复诵读、朗读、圈点批注,获得深入的情感体验。当有时间慢慢思考时,也要有耐心和理解力去精读书籍。通过阅读,学习分析力,以使自己能够进行理性的思考。精读的目的在于全面了解名著内容,把握人物的性格特征,明确名著的主题等。学生在读《格列佛游记》时,可以把书中的主要人物都列出来,结合具体事例概括其性格特征。如:主人公格列佛是一个怎样的人?你能结合具体事例谈谈你的看法吗?(参考:主人公格列佛是个英国外科医生,后升任船长;他勤劳、勇敢、机智、善良,广闻博见,对政治、经济、文化风俗都有独到见解。他受过良好教育,为祖国而自豪,对职业和政治似乎都颇有见识。可是他本质上却是一个平庸的人,他嘴里谴责着骄傲这种罪恶,实际上自己犯的正是这个错误。)在精读的基础上,老师要指导学生去写好每章梗概,条分缕析,突出重点。我们平时在教读课文时,文中的重点语段也可以让学生去精读,从而让学生更好地掌握课文内容。

2. 对比阅读

对比阅读法是让学生将不同的名著或者是同一名著中的不同章节进行对比阅读,引发学生对名著中的多元文学要素进行对比和思考,让学生获得更加深入全面的阅读感受的阅读方法。读《格列佛游记》时,我建议学生把格列佛在小人国、大人国的经历进行对比阅读,学生梳理出了两个不同点:国王的特点不同——小人国国王昏庸,大人国国王博学而善良;映射角度不同——小人国是当时英国的缩影,大人国是比英国社会更理想的国家。

3. 悟读

悟读强调在读中加深理解和体验,在阅读中受到情感熏陶,获得思想启迪,享受审美乐趣。"悟"能悟出文本的内涵,悟出文本的滋味,悟出人生的意义。如学生在读"宫廷游戏"这部分时,我就引导他们思考了这两个问题:

(1) 对跳舞者来讲,绳上游戏有趣味吗?为什么?(参考:没有趣味,然而绳上跳舞的技艺却是小人国选拔官员的标准。讽刺靠绳子跳舞选拔出来的官员没有作为。)

(2) 作者借小人国的故事意在揭露什么社会现实?中国历史上有没有类似于用"绳上跳舞"来选拔官员的?(参考:揭露当时英国宫廷和大臣们的昏聩无能,无情地讽刺了大臣们奸佞献媚的丑恶嘴脸;在中国历史上也有类似人物——宋朝的高俅,其发迹就是因为能踢球。)

学生带着问题去阅读,就不会读得匆忙,哪怕自己一下子不能解决问题,他们可以相互讨论或者可以请教老师。这样读名著,学生就觉得很有意思,同时他们也能悟出点名著以外的道理。

(二) 提升写作能力的方法

《格列佛游记》在写法上最突出的是讽刺手法的运用,主要体现在以下方面:

1. 强烈的对比讽刺

在小说中,斯威夫特通过一系列强烈的对比,对当时英国社会中存在的诸多弊端进行了深刻的讽刺与猛烈的抨击。

对比讽刺在小说中主要通过格列佛对小人国与大人国的感触呈现。在小人国游历时,格列佛与小人国国民形成鲜明的对比:一是身形上的对比,与小人国的国民相比,格列佛显得无比巨大;二是性格上的对比,小人国有些国民心胸狭隘,而格列佛心地善良、有强烈的正义感。在大人国游历时,格列佛与大人国的国民对比,瞬间变成了"小人":格列佛被当作小玩意儿装入手提箱里,被带到各城镇表演展览;在性格上,大人国的国王是一个令格列佛敬佩的仁孝、理想的国君。

斯威夫特还将慧骃国"马"的善良与"野猢"的丑恶做了鲜明而强烈的对比。慧骃国国王公正、诚信,勤劳勇敢,理智、贤明,而"野猢"却贪婪、残酷。在马与野猢的强烈对比之下,人类的某些恶习得以彰显。同时,作者对于丑恶嘴脸的憎恨,对高贵品质的赞美也淋漓尽致地表现出来。

2. 鲜明的反语讽刺

反语的讽刺手法,是指运用赞美和肯定的语言来描述明显的虚假、丑恶的现象,用正话反说的方式表达作者的讽刺与不满。

在游历大人国时,格列佛向大人国国王介绍了英国的政治、文化、历史等,但国王对此却并不赞叹。对此,格列佛认为:"我的祖国是道德、虔诚、荣誉和真理的中心,不但令全世界景仰膜拜,更令全世界羡慕不已,可是在这里却受到他如此的轻蔑。"此处,斯威夫特对英国社会进行抨击的意图十分明显,但他却并没有直接表述观点,而是通过大人国国王对格列佛的不屑态度间接表达出来。格列佛看似在维护自己的祖国,实则进行了反面的表达。斯威夫特用巧妙而委婉的反语讽刺来表达自己的主张,抨击了当时的社会现实。

对于格列佛在巴尔尼巴岛的经历,斯威夫特同样使用了反语的讽刺手法。格列佛参观了岛上的"拉格多科学院",这所科学院研究的都是一些荒诞离奇的课题,诸如繁殖无毛绵羊、从黄瓜中提取阳光来取暖、软化大理石、把粪便还原为食物等,这些毫无实际用途的科学研究严重地影响了人民的生产。此外,斯威夫特也对英国社会的诸多方面进行了绝妙的讽刺,比如,格列佛向科学家提出了一项项极为荒谬的设想,而科学家居然还光荣地接受了,还非常感激格列佛给他们提出了这些意见。另外还有用同一处方治愈人体和政体两者的疾病;应在大臣报告完公事后要告退时给予他一些体罚,来防止他记性的衰退等。

3. 幽默的夸张讽刺

夸张的讽刺手法在小说中更是屡见不辞。例如,在小人国,国王的形象被进行了十分夸张的描写:"至高无上的利立浦特的皇帝,威震整个宇宙,令全宇宙人爱戴……他是至高无上的万王之王,他威猛高大的身材胜过了所有人类,他的双脚踩在世界的中心,他的头颅与太阳齐平。他轻轻点头,全世界的君王都会双膝颤抖。"然而,这个"高大神武"的国王在格列佛看来甚至只有格列佛指甲盖那么大。虽然小人国小得令人难以想象,但"小人国"的政府机构却一应俱全。作者用极为幽默的夸张讽刺手法,讽喻了当时英国的一些社会问题,给读者以想象的空间。此外,对于大人国的描写,斯威夫特同样使用了夸张手法,大人国国民身形十分巨大,他们甚至可以将格列佛当作小玩意儿装入手提箱里。

在小说中,作者利用对比、反语、夸张的讽刺手法,对当时的英国社会进行了尖锐的批判,这部小说为英国的讽刺小说乃至世界的讽刺文学的发展做出了巨大的贡献。

三、读出点精神

经典是人类智慧的结晶,经典可以涵养性情,启迪人生。阅读经典作品,可以引导我们思考许多人生问题。斯威夫特自己说,他写《格列佛游记》的目的就是要"烦扰世人而不是逗他们乐"。斯威夫特想要把他的读者从自己是"纯理性的动物"这一迷梦中惊醒,要他们正视自己的问题。这种正视问题的意识正是解决问题的开始。

读完《格列佛游记》后,可以让学生与作者、文中人物对话,与时代对话,与名言为伴,引导学生深入了解人物的精神世界,进而领悟作品的内涵。

(一) 与人物对话

"斯威夫特一生的经历,如同一个帝国没落一样。"这句话出自英国著名作家萨克雷之口,同时萨克雷还说了斯威夫特是"一位了不起的天才人物"。在学生心目中,斯威夫特又是怎样一个人呢? 有学生为斯威夫特写了这样一首小诗:

致斯威夫特

你是爱尔兰都柏林贫苦家庭的孩子,

你是喜欢历史和诗篇,攻读哲学和神学的博士,

你是谭博尔爵士家中的私人秘书,

你是都柏林附近地区的牧师。

你不幸卷入了党派之争,

你辗转到都柏林圣得立克教堂做教长,直到归天。

你塑造的格列佛 4 次航海探险,情节跌宕起伏,故事奇幻精彩。

你用如椽巨笔绘制了一幅幅人生百态图,

你用不朽的文学作品撕开了英国社会温情脉脉的面纱,

你用满怀的愤懑拨开了 18 世纪欧洲国家上空的阴霾。

你不愧是那时社会正义与良知的辩护者、部族的斗士、部族的英雄。

这首小诗包含了 3 层意思:斯威夫特的生平;《格列佛游记》这部作品的价值;对斯威夫特的高度评价。学生能用如此精练的文字来和作者对话,确实是下了一番功夫的。值得老师和同学为他点赞!

(二) 与时代对话

斯威夫特是一位激进的英国启蒙主义者。在《格列佛游记》中,斯威夫特用天才的想象力,创造了一个神奇的梦幻世界,这个世界讽刺了 18 世纪初期英国社会的部分矛盾,批判了英国统治阶层的腐败与罪行。

18 世纪距离我们已经有点遥远,虽然《格列佛游记》中揭示了英国社会的种种弊端,但有些学生读完这本书,也被作品中的真善深深打动了。下面摘录一篇读后感:

遇见慧骃，真好

——读《格列佛游记》有感

18世纪虽然距今有些遥远，但我读完《格列佛游记》后，深切地感到许多情节仍具有现实意义。小说中最打动我的是"慧骃国纪行"。"慧骃"的仁慈、"慧骃"的诚实都深深地触动了我的心。在慧骃国里，人类是粗俗、恶劣的生物，被看作是最低级的物种，是慧骃国里的"野猢"，被智慧的马所统治。但是格列佛却在这里享受到了许多在人间不曾享受过的快乐，在"慧骃"各种美德的感染下，格列佛产生了要在慧骃国生活一辈子，再也不回自己国家的念头，但是慧骃国全国代表大会决议要消灭那里的野猢。最后，格列佛只能悲戚地依从，被迫离开了这个充满理性的国家，返回英国。因为一直怀着对慧骃国的思念，格列佛与马成了一辈子的好朋友。

"慧骃"有理性、善良、乐于助人、维护正义。我最赏识的是"慧骃"的理性。它们的生活具有一种原始的淳朴、和谐。当我转换角度，放眼我们当下的社会，现实的世界里仍有太多我们不愿看到的事情在发生：有人用花言巧语骗取别人的血汗钱、有人拐卖人口谋取暴利、有人为了金钱，抛弃自己的父母……我们的老师、长辈从小就教育我们要提高警惕，不要上当受骗。这与我们提倡的帮助他人、爱护他人又是很难统一的。当我遇到有困难的人、想要伸出援助之手时，我迟疑；当有人替我解围时，我也不敢接受。所有这些都让我感到彷徨、纠结、无所适从。我已经"爱"别人，同时也错过了别人的"爱"，这难道不是一种悲哀吗？

慧骃国是一个理想的国度，斯威夫特对"慧骃"的描绘，寄托了他对理想人性和道德的追求，我们的现实生活中还没有可能完全如慧骃国一样，也没有可能完全实现和平、公正。尽管如此，我们仍要为达到这个理想境界而不断努力，希望大家都能从自己做起，从现在做起，让这个社会多一点真诚、少一点虚假，向理想社会迈进！

点评：小作者被小说中"慧骃"的美德感动着、影响着，真诚地希望现实社会中多一些真诚，少一点虚伪，这也是我们大家的心愿。

（三）与名言相伴

一部好的名著，一定有很多耐人寻味的名言警句。读完《格列佛游记》后，学生摘抄了一些有关做人的名言。现摘录几句，与大家共勉：

　　在选拔政府各部门的工作人员时,他们更加注重良好的道德修养,而非专业才能。

　　在它的感召下,我开始憎恨一切谎言和伪装,并把真理看得弥足珍贵。为了真理,我甚至可以牺牲一切。

　　现在我怀疑有些作家由于虚荣心作祟,为了名利,或是为了博得读者的欢心,便不惜偏离事实真相。

　　如果周围的人都比你强大,你跟任何人都无法比拟,却还要妄自尊大,那真是白费力气、自讨没趣。

　　学生通过潜心阅读,能把这些名言摘录下来,好好去品味,明白一些做人的道理,这也就达到了阅读的目的。

图书在版编目（CIP）数据

核心素养下的初中生整本书阅读方法初探/戴银编
著. -- 苏州：古吴轩出版社，2020.8（2022.3重印）
ISBN 978-7-5546-1597-3

Ⅰ.①核… Ⅱ.①戴… Ⅲ.①阅读课—初中—教学参
考资料 Ⅳ.①G634.333

中国版本图书馆CIP数据核字(2020)第179835号

责任编辑：韩桂丽
见习编辑：李　倩

书　　名：**核心素养下的初中生整本书阅读方法初探**
编　　著：戴　银
出版发行：古吴轩出版社
　　　　　地址：苏州市八达街118号苏州新闻大厦30F　　邮编：215123
　　　　　电话：0512-65233679　　　　　传真：0512-65220750
出 版 人：尹剑峰
印　　刷：无锡市证券印刷有限公司
开　　本：787×1092　1/16
印　　张：16.75
版　　次：2020年8月第1版
印　　次：2022年3月第2次印刷
书　　号：ISBN 978-7-5546-1597-3
定　　价：60.00元
如有印装质量问题，请与售后联系。0512-87662766